과학교사의 성장과

수업 개선을 위한

셀프스터디

이론과 실천

Self Study

정용재 · 김희경 · 조광희 · 최재혁 지음

북스힐

머리말

“ Everyone thinks of changing the world, but no one thinks of changing himself. ” - *Leo Tolstoy*

우리는 힘들었다. 우리는 조금씩 시차를 두고 대학 교원이 되었다. 교사로, 연구원으로, 공공기관 근무자로 활동하다가 교수가 되었다. 역할이 바뀌면서, 새로운 기대가 우리를 둘러쌌다. 그리고 그 기대에 부응하고 새 환경에 적응하기 위하여, 부단히 노력해야 했다. 하지만 이 과정은 쉽지 않았다. 경계 넘기의 어려움. 남들이 다 집에 간 저녁에 혼자 남아 운동장을 달리는 느낌이었다. 그래서 모였다. 같이 뛰면 조금이나마 덜 힘들지 않을까? 당시 유행하던 ‘힐링’을 위한 모임이 될 수 있기를 바라면서, 2013년 어느 날 연구 모임을 시작하였다. 그즈음 우리는 4~8년 차 대학 교수였다. 더 이상 신임 교수라고 부를 수 없는, 어느 정도 대학 상황에 익숙해진 시기였지만, 여전히 이유가 불분명한 불안함과 목마름이 있었다. 그리고 더 시간이 흘러 ‘낯설게 볼 수 있는 시선’을 잃어버리기 전에, 우리 내면을 기록해두고 싶었다. 우리처럼 힘들게 비슷한 경험을 할 뒷사람들을 위해서 말이다.

우리는 비슷했다. 꽤 오랜 시간을 함께 한 사이였다. 거의 같은 시기에 연구실에서 생활했다. 나이도 비슷했다. 연구 관심사는 조금씩 다르지만, 과학교육, 특히 그중에서도 물리학에 근거하여 교육을 바라보고자 하였다. 남들이 보면, 아마도 우리는 거의 같은 생각을 가진 연구자 집단으로 보일 것이다. 우리도 그런 줄 알았다. 그래서 시작은 비교적 쉬웠다. 편한 마음으로, 겁 없이 공동 연구에 뛰어들었다. 약속은 하나였다. 연구하는 도중에 합의하기 어려운 갈등이 생기면, 인간 관계를 지키기 위해 연구를 포기하자고 했다.

그런데 막상 시작해보니, 우리는 서로 달랐다. 다들 나와 비슷한 생각일 것이라고 예상하고 말을 꺼내면, 기대와 다른 반응이 나왔다. 4명 모두 교원양성대학에 근무하지만, 조건은 조금씩 달랐다. 예를 들어 한 사람은 교대에, 한 사람은 사립대학에 근무하였고, 한 사람은 다른 3명과 성별이 달랐다. 처음에는 제대로 인식하지 못하였지만, 이러한 요인들이 때로 나머지 3인은 잘 이해하지 못하는 나만의 어려움을 유발하기도 하였다. '함께'라고 생각했지만, 또다시 혼자가 되는 느낌. 그러나 그렇기에 타자의 관점에서 다시 나를 돌아볼 수 있었다. 이렇게 내적 요인과 외적 요인들이 합쳐져, 때때로 같은 말을 하고 있어도 제각기 해석이 다름을 알게 되었다. '생각이 너무 비슷하면 어쩌지?'라는 걱정으로 시작하였지만, 막상 들여다보니 그렇지 않았다. 그렇게 오래 알고 지냈음에도 삶에, 연구에, 가르침에 관한 깊은 이야기를 서로 별로 한 적이 없음에 놀라곤 했다. 그렇게 또 꽤 오랜 시간이 필요했다. 지금까지 7년 넘게 한 주제로 같이 연구하고 논의를 하였음에도 여전히 서로의 다름을 발견하면서 종종 놀란다. 그리고 그것이 우리에게 늘 신선한 지적 자극이 되었다.

우리는 궁금했다. 교수로 생활하면서 겪은, 다른 듯하면서도 비슷한 어려움. 이것은 무엇인가? 왜 그럴까? 이것을 살펴보는 방법은 무엇인가? 어떻게 연구의 틀에서 담아낼 수 있을까? 공통점을 찾고 원인을 찾는 것은 연구의 기본이다. 화가는 붓으로, 음악가는 악기로, 사진사는 이미지로 세상을 바라보고 해석한다. 우리는 연구자로서 어떤 도구로, 어떻게 세상을 바라보고 있으며, 어떻게 보여줄 것인가?

우리는 가르쳐야 한다. 우리는 모두 교사교육자이다. 교사의 교사. 그것이 현재 우리의 직업이자, 사회적 역할이다. 우리는 교사를 양성하고 그들에게 항상 힘을 내라고 용기를 주어야 한다. 우리의 제자들도 우리와 비슷한 어려움을 겪을 것이다. 학생 신분에서 갑자기 교사가 되면서 경계 넘기를 해야 하고, 사회생활을 하면서 낯선 환경에서 살아남아야 한다. 옆에 앉은 선배 교사들에게는 대수롭지 않은 일임에도, 초보인 우리 제자들에게는 손이 떨리는 순간들이 분명히 찾아올 것이다. 먼저 경험한 선생(先生)으로서, 우리는 그들에게 이러한 어려움을 슬기롭게 극복하는 방법을 알려주어야 한다. 특히 더 이상 우리가 가르쳐 줄 수 없는 미래의 어느 시점에서부터 제자 본인이 스스로 꾸려나갈 수 있어야 한다. 그때 그들은 이미 누군가의 리더이자 안내자이기 때문이다.

그래서 이제 우리는 말하려 한다. 믿을 수 있는 동료와 함께, 내 문제를 스스로 들여다보는 방법에 대해서 말이다. 조금 더 나은 교육, 조금 더 나은 미래를 위해 자기 자신을 돌아보면서 지속적으로 성장할 수 있는 방법을 우리는 계속 고민해 왔다. 그리고 이제 조금이나마 우리가 알게 된 내용들을 공유하고자 한다. 막막한 미래를 두려워하는 예비교사에게, 하루하루 지쳐가는 자신을 바꾸고 싶은 현직 교사에게, 연구가 낯선 대학원생에게, 새로운 역할이 당황스러운 신임 교원에게, 우리가 겪었던 어려움을 들려주고 조금이나마 그 짐을 덜어주고 싶다.

여전히 우리도 셀프스터디에 대하여 잘 모른다. 감히 글을 쓰고 책을 내는 것이 두렵기까지 하다. 하지만 누군가는 이렇게 먼저 힘들어했고, 지금도 힘들어하면서, 이것을 해결하고자 몸부림치고 있음을, 그래서 당신은 결코 외롭지 않음을 알려주고 싶었다. 연구(study)의 대상(subject)으로서 나(self)를 바라보고, 동료와 함께 고민하면서 나(self)는 더 이상 혼자가 아님(selves)을 깨닫는 실천적 경험. 이를 통해 인생의 주인은 '나'이며 교육 연구는 나의 교육 활동과 불가분의 관계라고 독자가 말할 수 있기를 기대한다. 이것이 우리의 작은 소망이다.

2021년 가을, 저자 일동

서문

1 저술 목적과 특징

이 책은 셀프스터디를 과학교육에 접목하기 위하여 이론적 배경과 실천적 사례를 다룬 학술 서적이다. 과학교육에서 셀프스터디를 이용한 예비교사교육, 현장 교사 재교육, 대학원 강의 등의 목적으로도 활용될 수 있기를 기대하면서, 저자들은 이 책을 집필하였다. 저자들의 전공 배경은 과학교육이지만, 셀프스터디에 관심을 가진 현장 교사, 교과교육 전공자, 사회과학 연구자라면 큰 어려움 없이 접근할 수 있을 것이다. 구체적으로 저자들은 다음과 같은 공감대를 가지고 공동 저술을 진행하였다.

첫째, 이 책은 셀프스터디에 대한 개론서라기보다는 실제 연구나 교육의 과정에서 참고할 수 있는 지침서이다. 이 책의 저자들은 기존 저서와는 다른 방향에서 책 내용을 구성하고자 하였다. 이미 시중에는 셀프스터디의 방법론에 대한 여러 서적이 번역본의 형태로 출판되었다. 그러나 국내 교과교육 연구자들이 실제 연구 또는 교육 활동을 바탕으로 구체적인 사례를 제시한 저서가 거의 없음을 발견하였다. 자신의 강의를 외부로 공개하기를 꺼리는 분위기에서, 내밀한 수업의 모습을 날것 그대로 담아내기에는 용기가 필요하기 때문일 수도 있다. 공동 연구를 진행하는 동안 우리나라 학계와 교육계에서 이에 대한 요청과 기대가 있음을 확인하였다. 이러한 이유로, 미흡한 부분이 있음에도 불구하고 이렇게 활자화를 시도하고 첫걸음을 내딛기로 하였다.

둘째, 이 책은 초중등 과학교육의 실제 사례를 제시한다. 본문의 사례들은 주로 교육대학교와 사범대학에서 진행한 예비교사교육 상황을 배경으로 한다. 실제로 저자들이 수행한 연구, 수년간 강의실에서 시도한 교육 경험이 이 책의 토대이다. 즉, 이 책은 현재 국내 교사 양성과정 현장을 기반으로 한다. 그리고 이 내용을 조금씩 변형하면,

현직 교사를 위한 재교육 자료, 대학이나 교육청 등에서 필요한 연수 자료로 활용할 수 있을 것이다. 그리고 저자와 같은 교사교육자에게도 도움이 되기를 기대한다.

셋째, 이 책에서는 여전히 발전적이고 성장하고 있는 연구 방법을 다룬다. 그래서 독자의 배경이나 관점에 따라 저자들의 견해와 다소 다른 해석이 가능할 수 있다. 그러나 이는 학문의 발전 단계에서 일어나는 자연스러운 현상이다. 논쟁적인 부분을 포함하고 있으므로, 독자들이 열린 마음으로 이 책을 대해주기를 바란다. 앞으로 더 치열한 정련의 과정을 거쳐, 훗날 조금이라도 더 나은 방법으로 연구를 수행하고, 그 결과가 다시 교육에 반영되기를 기대한다.

2 책의 구성

이 책은 크게 2부, 5장으로 구성되었다. 1부는 셀프스터디의 의미와 교육, 2부는 셀프스터디의 사례와 적용이다. 1부에서는 셀프스터디에 관한 개론적 소개(1장), 셀프스터디를 이용한 반성적 실천 전략의 도입(2장)을 다룬다. 1장은 셀프스터디에 관한 개요와 이론적 논의를 바탕으로, 셀프스터디가 잘 가르치고자 하는 교육자의 고민, 지속적인 교육의 개선과 밀접한 관련이 있음을 제시하였다. 2장에서는 교사교육에서 자기이해와 변화역량의 필요성을 언급하고, 이를 교육하고 증진하는 방법의 하나로써 셀프스터디를 이용한 반성적 실천 전략(RPUS)을 제안하였다.

2부에서는 사범대학 교원의 교과교육 강의 관련 셀프스터디(3장), 초등교사 양성과정에서 셀프스터디를 이용한 수업 사례(4장), 실제로 셀프스터디를 시도하는 데 필요한 세부 사항(5장)을 제시하였다. 3장은 사범대학 물리교육과 교수가 비판적 동료 3인과 수행한 셀프스터디의 사례이자, 일종의 연구 결과물이다. 이를 통해, 셀프스터디를 시작하려는 교육자나 연구자에게 구체적인 예시를 제공하고자 하였다. 4장에서는 초등예비교사를 대상으로 한 셀프스터디 기반 과학교육 관련 수업 사례를 다루고 있다. 학생들이 셀프스터디를 할 수 있도록 수업을 구성하려는 교수자에게 도움이 될 것이다. 마지막으로 5장은 셀프스터디를 위한 일종의 안내서에 해당한다. 셀프스터디에 관심이 있으나, 막상 혼자 시작하기에는 막막한 예비교사, 대학원생, 교수자가 직접 읽으면서 따라 할 수 있는 일종의 실습지침서라고 볼 수 있다.

책의 저술은 먼저 장별로 1명의 책임 저자를 정해 초고를 작성하는 방식으로 이루어졌다. 그러나 수십 차례의 공동 검토와 논의를 거쳤기에, 결과적으로 저서 전체가 공동 저작이라고 볼 수 있다. 다만 더 많은 내용을 담고자 욕심을 부리다 보니, 지속적으로 수정했음에도 불구하고 여전히 열린 상태로 인쇄된 부분이 있음을 고백한다. 이 책에서 발견되는 미흡함과 부족함은 모두 저자들의 몫이다. 향후 연구에 더 매진하여 조금 더 나은 결과물을 만들어 개선하고자 한다.

3 활용 방법에 대한 제안

이 책은 연구 성과물을 모아 엮은 학술도서이지만, 학부 전공 3, 4학년을 위한 예비교사교육 자료, 현직 교사를 위한 연수 자료, 교육 관련 대학원생을 위한 강의 교재로 활용될 수 있다. 예를 들어 한 학기 강의의 교재로 사용하고자 한다면, 15주차 기준으로 강의 전반부는 교재를 이용한 강의형 수업을, 후반부는 실제로 셀프스터디를 적용한 실습을 권장한다. 또는 셀프스터디에 대한 상세 내용을 추가하여 10주 정도 강의를 진행하고, 여기에 5주 실습을 병행하는 방식으로 운영할 수 있다. 이미 셀프스터디를 숙지하고 있거나, 연구 경험이 있는 대학원생을 대상으로 한다면, 이 책을 연구법 강의의 부교재로 사용할 수 있을 것이다. 이외에도 교수자의 강의 계획에 따라 다양한 방식으로 강의에서 활용할 수 있다.

차례

PART

1

셀프스터디의 의미와 교육

CHAPTER 1

셀프스터디란?

잘 가르치기 위해 우리는 어떠한 노력을 해야 할까? 애초에 누가 누구를 가르친다는 것 자체가 쉽지 않은 일이다. 그러니 누가 누구를 '잘' 가르친다는 것은 얼마나 어려운 일이겠는가? 도대체 잘 가르친다는 것이 무엇을 말하는 것인지, 잘 가르치기 위해서는 어떻게 해야 하는지, 그렇게 하기 위해서는 어떠한 준비와 노력을 해야 하는지 등, 잘 가르친다는 것은 많은 고민과 준비, 그리고 노력을 필요로 하는 더없이 어려운 일일 것이다. 그러나, 어렵다고 해서 교사로서, 예비교사로서, 혹은 교사교육자로서 잘 가르치는 것을 포기할 수도 없는 노릇이다. 셀프스터디는 이러한 고민과 준비, 노력의 연장선에 있다. 이러한 맥락에서, 이 장에서는 잘 가르치기 위해 어떠한 점을 고려할 필요가 있는지를 바탕으로 셀프스터디의 필요성에 대해 논의한 후, 기존 문헌들에 대한 이론적 고찰을 통해 셀프스터디의 개념과 특징, 방법론적인 특징과 실제 사용되는 방법들에 대해 논의하였다. 그리고 이러한 논의를 통해 셀프스터디가 잘 가르치기 위한 노력의 일환으로 주목할 만한 한 가지임을 제안하였다

1 왜 셀프스터디인가? : 잘 가르치기 위한 고민과 셀프스터디

셀프스터디(self study)는 타자를 대상으로 하는 기존의 연구와는 달리 자기 자신, 자신의 실천, 자신의 생각 등을 대상으로 하는 연구를 말한다(Hamiliton & Pinnegar, 1998). 특히, 교육적 실행과 관련하여 자기로부터 연구가 시작되고, 비판적 성찰 등을 통해 자기 자신과 자신의 실천에 대한 천착에 초점을 두어 연구가 진행되며, 연구의 결과로 교육자로서 자신에 대한 깊이 있는 이해와 교육적 실천의 개선을 추구하는 연구를 말한다(Loughran, 2007; 이혁규 등, 2012; 조광희 등, 2016).

이러한 셀프스터디는 잘 가르치기 위해서 어떠한 노력을 기울여야 하는지에 대한 고민의 연장선에 있다(Loughran, 2007). 그렇다면, 잘 가르치기 위해 교사로서, 예비교사로서, 그리고 교사교육자로서 우리는 어떠한 노력을 해야 할까? 다양하고 수많은 노력이 필요

하겠지만, 이러한 노력의 과정에서 최소한 다음의 세 가지를 고려할 필요가 있어 보인다. 우선, 첫째, '잘 가르친다.'라는 것이 가지고 있는 복잡성을 고려할 필요가 있다. 예를 들어, 좋은 과학 수업이란 무엇인가? 이에 대해 교사들은 교육 내용 면에서 학생의 눈높이와 발달 단계, 사전 지식수준에 맞게 교육 내용을 재구성한 수업을, 교육방법 면에서 교사와 학생 사이의 상호작용이 활발하게 일어나는 수업과 학생 사이의 상호작용과 협동이 활발하게 일어나는 수업을, 교육 환경 및 분위기 면에서 교사와 학생 간에 신뢰하고 존중해주는 분위기의 수업을, 평가 면에서 평소 수업 활동과 연계해서 수행평가를 하고 평가를 통해 학생들이 배울 기회가 제공되는 수업을 얘기한다(이봉우, 2016). 또, 학생들이 지적, 정서적으로 만족하는 수업, 학생들이 주도적으로 참여하는 수업, 교사와 학생 사이의 상호작용이 있는 수업, 학생들의 눈높이를 고려한 수업 등을 좋은 과학 수업으로 보기도 한다(곽영순과 김주훈, 2003). 모두가 수긍할 만한 얘기들이다. 그러나 뒤집어 생각해 보면, 이는 좋은 수업을 하기 위해서는 해야 할 것이 상당히 많고 복잡하다는 것을 보여준다. 즉, 잘 가르치기 위해서는 우선, 학생들의 눈높이를 알아야 하고, 이에 맞추어 내용 지식을 적절히 변환하여 제시해야 하며, 이것이 학생에게 지적인 만족을 줄 수 있도록 주의 깊게 지도해야 한다. 교사와 학생, 학생과 학생 사이의 상호작용이 활발하게 일어나도록 하기 위해서는 어떠한 소재와 방법이 있는지 알고 있어야 하고, 실제로 수업 속에서 실행되어야 한다. 교사와 학생 사이에 신뢰와 상호존중의 분위기가 형성되어야 하고 이것이 학생에게 정서적인 만족으로 이어질 수 있어야 한다. 평가는 평소 수업과 연계되어 있으면서 단순히 줄 세우기가 아니라 새로운 학습으로 이어질 수 있도록 계획되고 실행되어야 한다. 게다가, 좋은 과학 수업을 하기 위해 생각해야 할 게 많기도 하지만, 그 하나하나가 쉽지 않은 것이기도 하다. 예를 들어, 흔히 학생의 흥미를 유발하면서 동시에 지적인 성취도 가져오는 학습으로 실험·실습 학습을 얘기하지만, 교사들은 명확하지 못한 실험 결과가 나온 경우, 실험 도구가 낡거나 미비한 경우, 예상치 못한 실험 결과가 나온 경우, 지도서에 실험 방법이 명확하게 제시되지 않아 실험이 제대로 이루어지지 않은 경우, 안전사고의 위험이 많은 경우, 사전 실험 및 수업 준비 시간이 부족한 경우 등, 다양한 어려움을 호소하고 있다(이수아 등, 2007). 이처럼, 잘 가르친다는 것에는 하나하나가 쉽지 않은 여러 가지 요인이 포함되어 있다.

그런데, 잘 가르친다는 것의 복잡성은 쉽지 않은 여러 요인이 포함되어 있다는 것에 그치지 않는다. 위의 좋은 수업 장면들이 다분히 학생이 흥미를 가지고 적극적으로 참여하여 효과적인 학습을 수행하도록 하는 수업의 기능적인 측면에 초점이 맞춰져 있다면, 이러한 기능적인 측면만으로는 좋은 수업을 설명하기 어렵다는 관점도 있다. 즉, 수업은 내적, 외적으로 주어지는 다양한 가치들 속에서 끊임없는 선택의 결과로 나타나는 것이므로 좀 더 복합적인 측면에서 봐야 한다는 것이다(조영미와 오필석, 2011; 오필석, 2013). 수업에 영향을 미치는 요인들에 대해 기존 연구들은 대체로 교사가 가지는 교과 지식, 교사의 신념, 교사가 추구하는 가치, 교사의 경험 등 교사 자신에게 해당하는 요인과 학생, 학부모, 학교, 지역 사회의 특성, 사회적 요구, 국가적 요구 등의 교사 외적인 요인들을 언급하고 있다(이봉우, 2016). 이러한 다양한 요인들이 영향을 미치고 있다는 얘기는, 바꿔 얘기하면, 어느 요인에 중점을 두느냐에 따라 좋은 수업의 모습이 달라질 수 있음을 말한다. 더욱이 이러한 요인들은 순차적인 비중으로 가치를 가진다고 보기 어려우며, 때로 서로 충돌하기도 한다. 예를 들어, 과학 수업에서, 외부적 요인이 통제된 상황을 가정하더라도, 교사는 과학 지식의 이해, 과학적 태도의 함양, 과학적 방법의 체득, 과학의 본성 이해, 과학적 소양의 증진 등 과학 교과 본연의 다양한 가치들 사이에서도 여전한 고민과 선택의 과정을 거치게 되는데, 이들 모두 과학 교과 본연의 가치에 해당하므로 이 중에서 어느 것이 더 가치 있다고 얘기하기 쉽지 않고, 더욱이, 학생들의 흥미 유발과 엄밀한 과학적 방법의 체득, 학생 주도의 탐구와 올바른 과학 지식의 이해 등, 두 가지 이상의 가치가 수업 속에서 서로 충돌하기도 한다(오필석, 2013). 이러한 좋은 수업이 갖는 복잡성과 그 안에서 일어나는 가치들의 충돌은 교사들이 느끼는 어려움이나 갈등, 딜레마로 나타나기도 한다. 예를 들어, 교과서의 권위를 지나치게 인정하여 실험 수업에서도 학생들이 자신의 실험 결과나 해석보다 교과서를 좇아가는 것을 바람직하지 않다고 생각하면서도 수업 중에 그러한 교과서의 권위를 더해주고 있는 자신을 보면서 초등교사들은 딜레마를 느끼기도 한다(윤혜경, 2005). 또, 실험 활동이 중요함을 알고 있지만 학생 평가나 성취도에는 잘 반영하지 못하는 현실, 안전한 실험을 위해 학생을 통제하지만 이것이 때때로 학생의 자유로운 탐구를 방해하게 되는 현실 등에 딜레마를 느끼기 한다(윤혜경, 2005). 이외에도, 학생들의 흥미와 안전 사이의 충돌, 확립된 과학 지식의 이해를 돕기 위함이라는 것과 답을 모르는 과제에 대해 참된 과학 탐구를 경험할 기회를 제공하기 위함이라는 실험 수업의 두 가지 목적 사이의 충돌 등에 어려움과 딜레마를 느끼기도 한다(윤혜경, 2008).

이처럼, 잘 가르친다는 것은 단순히 몇몇 명제로 정의 내릴 수 있거나 어느 한두 요인을 변화시킨다고 달성할 수 있는 어떤 것이라기보다는, 교사의 신념, 교과 내용, 교과의 본질적 가치, 학생의 특성, 교육방법, 환경, 제도, 공동체 가치 등, 다양한 내적·외적 요인들의 복잡한 뒤얽힘 속에서, 그리고 이들의 상승작용과 갈등이 반복되는 역동적인 과정 속에서 좀 더 나은 선택을 하고자 하는 끊임없는 노력의 결과로 봐야 할 것이다(오필석, 2011; 조영미와 오필석, 2011). 이런 점에서, 잘 가르치기 위해서 우리는 어느 한 가지 요인의 개선 노력에 만족하기보다는, 잘 가르친다는 것의 복잡성을 인식하고 교사의 신념을 비롯한 다양한 요인의 특징과 복합적인 관계를 파악하고 이를 개선하기 위해 지속해서 노력할 필요가 있다.

둘째, 잘 가르치기 위한 노력의 과정에서 우리는 일반적인 것뿐만 아니라 다분히 개인적이고 특정한 상황에 결부된 실천적 지식과 방법을 고려할 필요가 있다. 흔히 지식은 명제적이고 이론적인 지식(propositional or theoretical knowledge)과 경험적이고 실천적인 지식(experiential or practical knowledge)으로 나뉜다(Berry, 2007). 명제적이고 이론적인 지식은 과학적인 방법을 통해 생성된 상황 독립적인 일반화된 명제 형태의 지식으로, '간결함'(elegance)과 '불변의 진리'(timeless truth)를 추구하는 학문적 영역의 산출물로 여겨져 왔다. 잘 가르치기 위해 필요한 지식이 이같이 시기와 장소, 상황을 불문하고 일반적으로 통용될 수 있는 명제적이고 이론적인 지식이라면, 우리는 잘 가르치기 위해 교육학과 교과교육학 책에 있는 지식과 방법을 사용해 학생들을 가르치면 될 것이다. 그러나 그렇지 않은 듯하다. 예를 들어, Bruner(1963)는 과학자처럼 탐구하여 학생 스스로 원리를 발견하는 학습을 강조한다. 반면, Driver(1983)는 쥐며느리의 다리 개수를 서로 다르게 관찰하는 학생들의 예를 들어가며 학생 스스로 과학자처럼 탐구하여 원리를 발견할 수 있다는 주장에 대해 의문을 던진다. 우리는 수업을 하면서 두 이론 중에 어느 것을 적용해야 하나? 혹은, 두 이론을 적절히 혼합해야 한다면, 그 적절함은 어느 정도이고, 어떻게 판단해야 하는가? 실제로 학생 스스로 하는 탐구의 중요성을 인정하면서도 학생들이 과학적 개념에 이르지 못한 경우에는 어떻게 해야 하는지, 학생 스스로 하는 탐구를 얼마큼 인정해야 하는지 그리고 학생들을 얼마나 통제해야 하는지에 대해 교사들은 어려움을 호소한다(윤혜경, 2005 & 2008). 명제적/이론적 지식이 간결함과 불변의 진리를 추구한다고 하지만, 서로 충돌하는 명제적/이론적 지식이 존재하고, 그렇기 때문에 교사는 특정한 수업 상황 속에서 서로 충돌하는 명제적/이론적 지식 중에서 어느 하나를 선택하거나, 둘을 적절히 혼합하는 판단을 내려야만 한다. 즉, 명제적/이론적 지식만으로는 충분하지 않다는 것이다.

명제적이고 이론적인 지식의 한계는 둘 이상의 충돌에서뿐만 아니라, 여러 고민 끝에 한 가지 이론을 적용하겠다고 결정한 후에도 나타난다. 예를 들어, 여러 고민 끝에 과학자처럼 스스로 탐구하여 발견하는 학습 대신에, 교사의 적절한 안내와 함께 학생이 자신의 생각을 명료화하고 다른 생각들과 비교·토론하면서 개념을 구성해 가는 개념변화학습 이론(Driver, 1983)을 선택했다고 해보자. 보통 개념변화학습은 학생이 수업에 들어올 때 이미 어떤 개념을 가지고 들어온다고 가정하고, 그 개념으로는 잘 설명되지 않는 현상을 제시함으로써 학생이 자신의 개념에 불만족을 느끼게 되었을 때, 이해 가능한 과학적 개념을 제시하여 학생이 그럴듯함과 유용함을 느끼면서 자신의 개념을 과학적 개념으로 재구성하기를 기대한다(Strike & Posner, 1982). 이러한 개념변화학습 이론은 학생들의 개념을 변화시키는 데에 도움이 되어 왔고, 관련 연구는 한때 과학교육 연구에서 가장 큰 비중을 차지하기도 했다(Tsai & Wen, 2005). 그러나 실제로 우리 반의 개념학습을 위해서는 개념변화학습 이론 이상의 무엇인가가 필요하다. 예를 들어, 개념변화학습을 위해서는 학생이 수업에 어떤 개념을 가지고 들어오는지 교사가 그리고 학생 스스로가 인식하는 것이 필요하다.

그렇다면, 우리 반의 어떤 특정한 학생은 어떤 개념을 가지고 있는지 어떻게 조사할 수 있고, 어떻게 학생이 인식하게 할 수 있을까? 예를 들어, Driver(1983)는 학생이 무게와 위치에너지 개념을 혼동하고 있을 수 있음을 제시한 바 있다. 그녀는 추를 하나둘 늘려가며 용수철이 늘어나는 길이를 측정하는 실험에서 추는 똑같이 매단 채 용수철 자체를 높게 들었다 낮게 들었다 하는 학생의 사례를 든다. 학생의 행동을 이상하게 여긴 교사가 그 까닭을 묻자, 학생은 "위로 올라갈수록 중력이 물체를 더 세게 잡아당기니까요. [···] 여기에서 사람 머리 위로 작은 돌(pebble)을 떨어뜨리면 조금 아픈 정도겠지만, 비행기에서 떨어뜨리면 계속 가속되어서 그 사람을 죽게 할거에요."(Driver, 1983, p. 6)라면서, 위로 올라갈수록 물체의 무게가 무거워지고 용수철의 길이도 늘어나는지 알아보고 싶었다고 대답한다. 과연, 우리 반의 학생들도 이와 동일한 생각을 하고 있을까? 그럴 수도 있고, 아닐 수도 있다. 그렇다면, 어떤 방법으로 학생의 생각을 알아보는 것이 좋을까? 설문지를 사용해서 조사한다면, 어떤 질문이 포함된 어떤 설문지를 사용하는 것이 좋고, 특히 우리 반 학생들에게는 어떤 문항들이 필요할까? 이때 우리 반에 주어진 수업 시간이 충분하지 않다면, 설문 조사는 언제 어떤 방법으로 해야 적절할까? 어찌어찌해서 우리 반 학생들이 가지고 있는 개념을 조사했다면, 이제 학생들이 기존 개념으로는 설명이 되지 않아 불만족을 느끼게 할 수 있는 상황을 제시해야 할 텐데, 어떤 내용을 어떻게 제시해야 할까? 우리 반 학생들의 경험은 영국이나 미국 학생들의 경험과는 다를 텐데, 이걸 어떻게 참작하면 좋을까? 우리 반 학생들이 다른 반 학생들보다 학업 성취도가 높다면 어찌해야 하고, 낮다면 어찌해야 할까? 우리 반 내에서도 학생 A의 생각과 경험이 다르고 학생 B의 생각과 경험이 다를 수 있을 텐데, 각각의 학생에게 적절한 상황은 무엇이고 또 어떻게 제시해야 할까? 개념변화 과정에서 내 생각과 다른 사람의 생각을 비교할 수 있는 토론이 중요하다고 하는데, 어지간해서는 말을 잘 하지 않는 우리 반 학생들의 경우에도 토론을 꼭 해야 할까? 꼭 해야 한다면, 어떻게 하면 우리 반 학생들을 토론에 적극적으로 참여하게 할 수 있을까? 어찌어찌해서 학생의 개념이 변화하기 시작하였다면, 개념의 변화 정도는 어떻게 파악할 수 있으며, 어느 수준이면 학습이 이루어졌다고 봐야 할까? 특히, 우리 반 학생들의 특성을 고려할 때, 우리 반 학생 모두 똑같은 수준의 개념변화가 일어날 때까지 학습을 지속해야 할까, 아니면 학생의 개인차를 고려해서 약간의 개념변화만 일어나도 학습을 잘했다고 격려해야 할까? 이 학생들이 대학 수능시험을 볼 때 어려움을 겪지 않도록 개념변화를 시켜줘야 할까, 아니면 생활 속에서 어려움이 없을 정도로만 과학적 개념을 가지게 하면 될까? 개념변화학습 이론은 분명 학생들의 과학학습에 많은 역할을 해왔고 많은 시사점을 주고 있지만, 실제 우리 반 학생들의 과학 개념학습을 위해서는 이론 이상의 어떤 것, 즉, 예를 들어, 교사로서 나, 우리 반 학생들, 우리 반, 우리 학교라는 특수한 상황을 고려한 지식과 그 상황 속 실천에 도움이 될 수 있는 지식이 필요하다. 그리고 이를 위해서는, 명제적이고 이론적인 지식과 방법을 공부하고 익히는 것도 필요하지만, 동시에 우리 반과 비슷한 상황에 놓여 있는 다른 반에서는 어떻게 하고 있는지, 그리고 무엇보다 나는 그동안에 어떤 신념을 가지고 어떤 교육적 실천을 했으며 그때 학생들의 반응과 학습의 결과는 어떠했는지를 돌아보면서, 상황과 경험에 바탕을 둔 지식과 방법을 반성적으로 실천하는 것을 고려할 필요가 있다. 다시 말해, 상황이 어떻게 구성되어 있는지를 고려하면서(Dewey, 1938), 경험의 권위(authority of experience) (Munby & Russell, 1994)와 반성적 실천(Schön, 1987)에 주목할 필요가 있다.

이처럼, 명제적이고 이론적인 지식은 일반화된 지식을 추구함으로써 세상과 교육을 이해하는 데 있어 중요한 역할을 하지만, 그것이 상황 독립적 특성을 추구한다는 점에서 오히려 개별 수업 상황에서 벌어지는 교사의 개인적인 필요나 관심, 실천에는 부응하지 못하는 한계를 지닌다. 바꿔말하면, 교사는 잘 가르치기 위해 명제적이고 이론적인 지식과 더불어, 개인적이면서 상황에 결부되어 있고 암묵적인 앎(implicit knowing)까지 포함하는 좀 더 경험적이고 실천적인 지식을 필요로 한다(Berry, 2007). 이런 점에서, 잘 가르치기 위한 노력의 과정에서 우리는 다분히 개인적이고 특정한 상황에 결부된 경험적이고 실천적인 지식과 방법을 고려할 필요가 있다.

셋째, 잘 가르치기 위한 노력의 과정에서 우리는 변화에 대한 주체적인 인식과 대응을 고려할 필요가 있다. 교육의 과정에서 우리는 수많은 변화에 마주한다. 세계가 변화하고, 국가와 사회, 마을이 변화하고, 학교와 교실, 학생들이 변화하며, 때때로 교사, 예비교사, 교사교육자로서 나도 변화한다. 앞서 잘 가르친다는 것의 복잡성과 특정한 상황에 결부된 경험적이고 실천적인 지식과 방법을 고려할 필요가 있음을 논의하였다. 그런데, 그 특정한 상황이 변화하고 복잡성을 이루고 있는 요소들과 그 관계도 변화할 수 있다. 예를 들어, 어제와 오늘 우리 반 학생들이 느끼는 학습에의 의지가 다를 수 있다. 똑같은 중학교 1학년이어도 작년 학생들과 올해 학생들은 다를 수 있다. 새로운 교장 선생님이 부임하면서 학교 차원에서 강조하는 학습 방법이나 산출물이 달라질 수 있다. 새로운 과학실이 완공되어 태블릿 PC, 컴퓨터 기반 실험 기기, 증강현실 및 가상현실 구현 장치 등 각종 첨단 실험기구와 학습 도구가 갖추어지면서 과학실에 대한 학생들의 인식이 달라질 수 있고 기대하는 실험의 성격과 내용이 달라질 수 있다. 교육과정이 바뀌면서 교과서의 내용이 달라질 수 있고, 대학 수능이 바뀌면서 실질적으로 학생들에게 어떤 것을 강조해야 하는지에 변화가 생길 수 있다. 동료 교사와의 토론 과정에서 나의 학습에 대한 관점에도 변화가 생길 수 있고, 덕분에 여러 변화를 바라보는 나의 시각에도 변화가 생길 수 있다. 이처럼, 물론, 상대적으로 덜 변화하는 것도 있겠지만, 가르치는 것과 관련하여 우리는 수많은 변화에 마주하게 되고, 이는 자연스럽게 이러한 변화에 어떻게 대응해야 하느냐는 고민을 수반하게 된다.

한편, 변화는 나의 주변이나 교육 영역 내에서만 일어나지 않는다. 2020년 COVID-19 팬더믹 사태가 가져온 것처럼, 변화는 전 세계에 걸쳐 일어나기도 하고 국가나 사회 수준에서 일어나기도 한다. 그리고 이러한 사회 전반적인 변화는 우리에게 좀 더 폭넓은 변화와 대응을 요청하기도 한다. 예를 들어, 최근 우리 사회는 초연결사회(hyper-connected society)로 변화하고 있으며, 이러한 사회적 변화는 교육자로서 우리에게도 여러 변화를 요청하고 있다. 초연결사회는 인공지능, 빅데이터, 사물인터넷 등의 첨단 과학기술을 바탕으로 모든 것이 연결된 사회, 즉, 사람과 사람뿐만 아니라 사람과 사물, 사물과 사물, 데이터와 데이터 등 모든 것이 연결된 사회로서 이미 도래하고 있는 미래사회의 주요한 특징이다(정지선, 2011; 윤미영과 권정은, 2013). 이러한 사회적 변화는 교육에도 변화와 적절한 대응을 요청하고 있는데, 2045년을 바라보면서 과학교육의 중장기적인 비전과 표준을 담은 '미래세대를 위한 과학교육표준'(송진웅 등, 2019)이 그 한 결과이다. 미래세대를 위한 과학교육표준에서는 과학학습을 통해 함양해야 할 미래세대의 역량으로 과학적 탐구력, 과학적 사고력, 의사소통과 협업 능력, 정보처리와 의사결정 능력, 초연결 사회 대응과 평생학습 능력 등을 제시하고 있는데, 특히, 초연결사회 대응과 평생학습 능력은 '다양한 행위자와 존재자들을 아우르는 폭넓은 유연한 관계를 맺고 능동적인 평생학습을 수행할 수 있는 능력'(송진웅 등, 2019, p. 467)으로, 초연결사회 진입이라는 사회 변화에 대응하기 위해 제시된 역량이다. 이에 따르면 교육자로서 우리는 사람과 사람 사이의 관계뿐만 아니라 자연, 사물, 인공지능 등 다양한 존재자들과의 관계도 중시할 필요가 있다. 또, 네트워크 사회를 향한 사회적 변화는 우리에게 학습에 대한 관점을 개인학습에서 네트워크 학습으로, 학생에 대한 관점을 지식의 소비자에서 참여형 소비자(prosumer)로 변화시킬 필요가 있음을 요청하기도 한다(이상수, 2012). 좀 더 폭넓게는, 미래사회의 특징과 이를 향한 사회의 빠른 변화는 인간을 배타적으로 중심에 둔 기존 인본주의적 학습 패러다임에서 벗어나 인간의 지위를 다른 존재자들과의 관계 속에서 탈중심화하는 포스트휴먼(posthuman) 관점의 학습 패러다임으로 변화할 필요가 있음을 요청하고 있고, 이에 따라 사물의 능동성, 네트워크적 소통, 유비쿼터스 환경 등을 활용한 학습에 주목할 것을 요청하기도 한다(박휴용, 2019a & 2019b). 이처럼, 사회는 변화하고 있고, 변화하는 사회는 교육에 다양한 요청을 하고 있다. 만약, 잘 가르친다는 것이 미래세대로서 학생이 행복하고 잘 살 수 있게 도와주는 것과 무관하지 않다면, 교사, 예비교사, 교사교육자로서 우리는 이러한 사회적 변화와 요청에 대해 어떻게 대응할 것인지를 고려하고 고민해야 할 것이다.

단, 잘 가르치기 위해서 변화에 대한 인식과 대응을 고려해야 한다는 것이 교사를 혹은 예비교사와 교사교육자를 변화의 '대상'으로 봐야 한다는 것을 주장하는 것은 아니다. 오히려 교사, 예비교사, 교사교육자는 변화를 인식하고, 변화와 대응의 필요성을 판단하면서, 만약 필요하다면 나와 주변의 변화를 만들어 가는 변화의 '주체'이어야 할 것이다. 혹, 우리가 지향해야 할 절대불변의 어떤 원본이 존재하고 그 원본에 비추어봤을 때 못 미치는 부분이 있다면, 교사, 예비교사, 교사교육자는 변화의 '대상'이 될 수 있을 것이다. 그러나 그러한 원본이 존재할까? 혹은 지금 변화를 요청하고 있는 이론이나 주장, 상황, 사회가 그러한 원본일까? 언제가 아주 먼 미래에 우리가 그야말로 원본에 해당하는 어떤 것에 도달할 수 있을지는 알 수 없으나, 적어도 지금 우리 눈앞에 있는 여러 이론과 주장, 상황, 사회가 불변의 원본은 아닌 것 같다. 지금껏 끊임없이 변화해 온, 그리고 지금도 변화 중인 여러 교육 이론과 사회의 모습들이 이를 방증한다. 즉, 우리에게 변화를 요청하는 새로운 이론이나 사회의 변화 등은 불변의 원본이라기보다는, 현재 혹은 역사적으로 사람, 자연, 사물, 기계, 규칙, 제도, 언어, 문화 등이 복잡하고 다양한 관계 맺음을 통해 '구성'된 어떤 것이고, 언제라도 새로운 구성원과 관계들로 변화하거나 대체될 수 있는 어떤 것이다(Law, 1992; Latour, 2005). 다시 말해, 교사, 예비교사, 교사교육자에게 변화를 요청하고 있는 이론, 주장, 사회 등은 우리가 무조건 따라야 하는 원본이라기보다는, 오히려 우리가 다양한 관계 맺음을 통해 구성해 나가야 하는 구성물인 것이다. 따라서, 교육자로서 우리는 변화의 대상이 아니라, 변화를 인식하고 변화의 필요성을 판단하며, 그래서 필요하다면, 그 변화를 주체적으로 구성해 나가는 변화의 '주체'이어야 할 것이다. 즉, 교사, 예비교사, 교사교육자는 스스로 자신과 자신의 교수 실행에 대한 평가와 비판적 성찰을 하고 이를 통해 변화와 발전을 모색하는 반성적 실천가(reflective practitioner)이자(Schön, 1987; Sparks-Langer & Colton, 1991; 진영은과 함영기, 2009), 이미 익숙해져 있는 문제의 해결뿐만 아니라 때로는 변화에 적응하고, 때로는 변화를 선도하는 적응적 전문가(adaptive expert)로서(Bransford, Brown, & Cocking, 2000; Anthony, Hunter, & Hunter, 2015), 그리고 스스로 바람직한 변화를 만들어나가려는 목표를 토대로 실제 변화를 이끌어가는 변화역량(Fullan, 1993; 엄채윤, 2012; 조광희 등, 2018)을 갖춘 전문가로서 변화에 대한 주체적인 인식과 대응을 고려할 필요가 있다.

이상에서 논의한 바와 같이, 잘 가르치기 위한 노력의 과정에서 우리는 적어도 잘 가르친다는 것이 가지고 있는 복잡성, 개인적이고 특정 상황에 결부된 실천적 지식과 방법, 변화에 대한 주체적인 인식과 대응 등을 고려할 필요가 있다.

그렇다면, 이들을 고려하기 위해서 우리는 무엇을 어떻게 해야 할까? 많은 것을 해야 하고 많은 것을 할 수 있겠지만, 그중 하나는 교육적 실행과 관련하여 자기 자신과 자신의 실천에 대해 천착하고 이를 바탕으로 교육적 실천의 개선을 추구하는 것이다. 왜 그러한가? 우선, 첫째, 잘 가르치는 것의 복잡성을 고려한다는 것은, 앞서 논의한 것처럼, 어느 한 가지 요인의 개선 노력에 만족하기보다는, 잘 가르친다는 것의 복잡성을 인식하고 교사의 신념을 비롯한 다양한 요인의 특징과 복합적인 관계를 파악하고 이를 개선하기 위해 지속해서 노력하는 것을 말한다. 그런데 이를 위해서는 잘 가르친다는 것의 복잡성에서 한 축을 형성하고 있으면서, 교육 실행의 전반에 영향을 미치는 교육자로서의 나의 정체성(Cuban, 1993; Day et al., 2005; Luft & Roehrig, 2007; Samaras, 2011)에 대한 천착을 소홀히 할 수 없다.

둘째, 개인적이고 특정 상황에 결부된 실천적 지식과 방법을 고려한다는 것은, 앞서 논의한 바와 같이, 교사로서 나는 그동안에 어떤 신념을 가지고 어떤 교육적 실천을 했으며 그때 학생들의 반응과 학습의 결과는 어떠했는지를 돌아보면서, 상황과 경험에 바탕을 둔 지식과 방법을 반성적으로 실천하는 것을 말하는데, 이는 그 자체로 교사로서 나에 대한 천착과 이에 따른 실천의 개선 노력을 필요로 한다.

셋째, 변화에 대한 주체적인 인식과 대응을 고려한다는 것은, 역시 앞서 논의한 바와 같이, 스스로 자신과 자신의 교수 실행에 대한 평가와 비판적 성찰을 하고 이를 통해 변화와 발전을 모색하는 반성적 실천가(Schön, 1987; Sparks-Langer & Colton, 1991; 진영은과 함영기, 2009)이자, 적응적 전문가(Bransford, Brown, & Cocking, 2000; Anthony, Hunter, & Hunter, 2015), 그리고 변화역량(Fullan, 1993; 엄채윤, 2012; 조광희 등, 2018)을 갖춘 전문가로서 노력하는 것을 말하는데, 이는 자기에 대한 이해를 바탕으로 가능하므로(조광희 등, 2018), 역시 자기 자신에 대한 천착과 이에 따른 개선을 필요로 한다.

예컨대, 교사교육자의 경우를 생각해 보자. 교사와 예비교사도 그렇지만, 교사교육자 역시 복합적인 정체성과 능력을 요구받는다(조광희 등, 2016). 교사교육자는 연구를 수행하는 연구자이면서 동시에 예비교사, 대학원생, 현장 교사 등 교육 수요자를 가르치는 교육자의 역할을 요구받는다(Cochran-Smith, 2005). 즉, 전문적인 연구 능력도 필요하지만, 동시에 학습자의 특성과 요구, 사회적 요구 등을 인식하고 고려할 수 있는 능력이 요구된다(Berry, 2007). 또, 높은 수준의 지식뿐만 아니라, 의사소통 능력, 교육학적 소양과 자질 등이 요구되고(Koster et al., 2005), 연구 능력뿐만 아니라, 반성적 사고 능력, 교육체제에 대한 이해, 교사교육 전반에 대한 식견과 관점 등이 요구된다(Cochran-Smith, 2003 & 2005). 이러한 요구들로 인해 때때로 교사교육자들은 두 가지 정체성 사이에서 혼란을 겪기도 하고, 강의 중에 서로 충돌하는 가치들로 인해 어려움을 겪기도 한다(Berry, 2007). 앞서 논의한 바와 같이, 잘 가르친다는 것이 가지고 있는 복잡성에 직면하고 있는 것이고, 그 안에서 좀 더 나은 선택을 하기 위한 고민을 하고 있는 것이다. 그런데, 이러한 정체성은 교사나 교사교육자의 교수 행위와 개선 의지 등(Day et al., 2005), 교육적 실행 전반에 영향을 미친다(Luft & Roehrig, 2007). 즉, 교사교육자로서 나의 정체성이, 혹은 나의 정체성에 대한 나의 인식이 나의 강의에서 추구하는 목표, 주목하는 내용과 강의 방법, 사용하는 교구와 자료, 장려하는 학습 방법, 마련하고자 하는 강의 분위기, 평가의 방법과 결과의 활용, 강의와 관련된 변화의 필요성 인식 및 개선하고자 하는 의지와 노력 등, 앞서 논의한 개인적이고 특정 상황에 결부된 실천적 지식과 방법, 변화에 대한 주체적인 인식과 대응을 포함하는 교육적 실행 전반에 영향을 미친다. 이는 곧, 뒤집어 얘기하자면, 교사교육자가 강의 중에 어떠한 어려움에 봉착했다면, 그래서 그 어려움을 해결하고자 한다면, 우선, 나는 교사교육자로서 어떤 정체성을 가지고 있는지, 어려움의 발생 원인은 내가 인식하고 있는 나의 정체성과 어떠한 관련이 있는지, 그 정체성은 과연 바람직한지, 나의 정체성에 대한 인식이 나의 교육적 실천에 어떠한 영향을 미치고 있는지, 혹은 나의 교육적 실천이 나의 정체성 형성에 어떠한 영향을 미치고 있는지, 그 어려움은 진정 해결되어야 할 어려움인지 혹은 그것을 어려움으로 바라보는 나의 인식에 변화가 필요한지, 그래서 나의 교육적 실천에는 변화가 필요한지, 혹, 필요하다면 어떠한 변화가 필요한지 등, 교사교육자로서 나에 대한 천착과 이에 따른 실천의 개선 노력이 필요함을 말해준다.

아울러서, 이러한 필요성은 교사교육자에게만 해당하는 것이 아니다. 예를 들어, 교사들 역시 자신이 가지고 있는 신념에 따라 변화하고자 하는 특성이 있으며(Valli & Buese, 2007), 어떤 지식과 믿음, 태도 등을 가지고 있느냐가 교육적 행위와 수업 실행의 핵심에 영향을 미치고(Cuban, 1993), 교사로서 자신의 정체성에 대해 어떻게 인식하고 있느냐가 수업 실행 전반에 영향을 미친다(Samaras, 2011). 이런 점에서 교사 역시 나에 대한 천착과 이를 바탕으로 한 실천의 개선 노력이 필요하다. 그리고 이는 예비교사에게 있어서도 마찬가지이다(Trumbull & Fluet. 2008; Aubusson, Griffin, & Steele, 2010). 대학 수업에서 교사교육자와 함께 잘 가르치고자 하는 노력을 기울일 때도 그렇지만, 특히 교육실습 과정에서 예비교사들 역시 교사나 교사교육자와 마찬가지로 교육자로서 나에 대한 천착과 이를 바탕으로 한 교육적 실천의 개선을 경험하고 또 노력할 필요가 있다(Trumbull & Fluet. 2008; Beck, Freese, & Kosnik, 2007). 결국, 교육자로서 우리는 '잘 가르친다.'라는 것이 가지고 있는 복잡성, 개인적이고 특정 상황에 결부된 실천적 지식과 방법, 변화에 대한 주체적인 인식과 대응을 고려할 필요가 있고, 이를 위해 교육자로서 나에 대한 천착과 이를 바탕으로 한 교육적 실천의 개선에 노력할 필요가 있다.

이와 같은 교육자로서 나에 대한 천착과 이를 바탕으로 교육적 실천을 개선하기 위한 노력의 일환으로 근래 주목받고 있는 것이 셀프스터디이다(Loughran, 2007; Samaras, 2011: 이혁규 등, 2012; 최재혁 등, 2016; 황혜영, 2013). 셀프스터디는, 앞서 언급하였듯이, 타자를 대상으로 하는 기존의 연구와는 달리, 자기 자신, 자신의 실천, 자신의 생각 등을 대상으로 하여 수행하는 연구로서(Hamiliton & Pinnegar, 1998), 교육적 실행과 관련하여 자기로부터 연구가 시작되고 자기 자신과 자신의 실천에 대한에 대한 천착에 초점을 두어 교육적 실천의 개선을 추구하는 연구를 말한다(Loughran, 2007; 이혁규 등, 2012; 조광희 등, 2016). 즉, 셀프스터디는 교육적 실행 및 연구 실행과 관련하여 다양한 역할이 부과된 우리 자신에 대한 천착을 바탕으로 교수, 학습, 그리고 이들에 대한 지식의 발달 등에 대한 더 나은 이해와 개선을 추구한다(Bullough & Pinnegar, 2007). 특히 셀프스터디는 다양한 질적 자료의 활용을 통해 자신에 대한 심도 있는 비판적 성찰이 가능하고(Loughran, 2007), 학습의 사회구성주의적 특성과 상황 의존적인 인간의 인지 특성을 바탕으로 하고 있어(LaBoskey, 2007), 복잡하고 상황 의존적인 교육적 실행의 특성을 고려하기에도 적합하다는 특징을 가지고 있다. 이러한 특징들로 인해 셀프스터디는 교육자 자신의 정체성, 신념, 교육적 실천 등을 탐구하는 데에 적절한 방법으로 여겨져 왔으며(Hug & Möller, 2005; Dinkelman, 2003), 다양한 차원의 교육적 실천을 지원하고 개선하는 데에 유용한 것으로 알려져 있다(Trumbul & Fluet, 2008; Pinnegar & Hamilton, 2009; Aubusson, Griffin, & Steele, 2010).

요컨대, 잘 가르치기 위한 노력의 과정에서 우리는 잘 가르친다는 것이 가지고 있는 복잡성, 개인적이고 특정 상황에 결부된 실천적 지식과 방법, 변화에 대한 주체적인 인식과 대응을 고려할 필요가 있고, 교육자의 자신에 대한 반성적 성찰은 교육과 관련된 여러 문제를 해결하는 출발점(Mezirow, 1991; Kember & McKay, 1996)임을 감안할 때, 교육자인 나로부터 시작하여 나에 대해 천착하고, 이를 통해 교육자로서 나에 대한 깊이 있는 이해와 교육적 실천의 개선을 추구하는 셀프스터디는 잘 가르치기 위한 노력의 한 방법으로 주목할 만하다(조광희 등, 2016).

2 셀프스터디의 개념과 특징

2.1 셀프스터디의 개념

셀프스터디는 앞서 언급하였듯이, 자기 자신, 자신의 실천, 자신의 생각 등을 대상으로 하는 연구로서, 특히, 교육적 실행과 관련하여 자기로부터 연구가 시작되고 자기 자신과 자신의 실천에 대한 천착에 초점을 두어 교육자로서 나에 대한 깊이 있는 이해와 교육적 실천의 개선을 추구하는 연구를 말한다.

그런데, 셀프스터디라는 용어는 교육 분야에서도 여러 의미로 사용되어 왔기 때문에 자칫 이 책에서 얘기하는 셀프스터디와 다른 의미의 셀프스터디 셀프스터디를 혼동할 수 있다. 이와 관련하여 Loughran(2007)은 교육 분야에서 사용되어 온 다음과 같은 네 가지 셀프스터디 개념을 비교하면서 명료화를 시도하였다. 우선, 첫째, 셀프스터디는 전통적인 교실 수업에 반하여 학생의 자기주도학습을 강조하는 의미로 사용되기도 한다. 이때 셀프스터디는 학생 개인이 자기 평가와 자기 진도(self-paced)에 따라 스스로 수행하는 학습을 말하는 것으로, 셀프는 학생을, 스터디는 학습을 의미한다고 볼 수 있다. 즉, 학생이 스스로 하는 학습을 말한다.

둘째, 셀프스터디는 개인이 가지고 있는 자기개념(concept of self)에 대한 탐구의 의미로 사용되기도 하였다. 이때 셀프스터디는 한 개인의 인성(personality)과 자기 이미지의 발달에 대해, 그리고 이들에 영향을 미치는 요인들에 대해 이해하기 위한 심리학적인 연구를 뜻한다. 예를 들어, 초임 교사의 성장 과정에서 개인의 인성이나 자기 이미지가 어떻게 형성되고 이에 영향을 미치는 요인이 무엇인지 좀 더 잘 이해하기 위한 연구 등이 있다.

셋째, 셀프스터디는 대학과 같은 한 기관을 셀프로 보고, 이 기관의 구조나 기능, 역할 수행을 위한 새로운 방안들을 탐구하는 연구를 가리키기도 한다. 이때 셀프스터디는 주로 그 기관의 구조적인 문제나 프로그램 등을 평가하고 이를 개선하는 것을 목적으로 한다. 즉, 대학이나 연구기관, 행정기관 등에서 자체적으로 기관에 대한 다양한 측면의 평가를 실시하고, 이를 바탕으로 기관의 체질을 개선하거나 구체적인 프로그램, 제도 등의 개선을 추구하는 연구를 말한다.

그리고 넷째, 셀프스터디는 교수 행위(teaching)와 교사교육 실행(teacher education practice)과 관련하여 자기를 대상으로 수행하는 연구를 가리키기도 하는데, 이 네 번째 의미가 바로 이 책에서 말하는 셀프스터디의 의미이다. 이때 셀프는 교사, 예비교사, 교사교육자 등 교육자 본인이 되고, 스터디는 "그 자신, 교수, 학습, 그리고 이들에 대한 지식의 발달"(Loughran, 2007, p. 9)을 좀 더 잘 이해하기 위한 연구를 말한다. 이러한 교수 행위와 교사교육 실행 관련 셀프스터디는 교사와 교사교육자 공동체 스스로에 시작되었고 발전되었다. 즉, 교수와 학습이라는 문제적 세계(problematic worlds)에 대해 더 잘 이해하려는 교사와 교사교육자의 시도가 그들 자신의 일에 대한 관심을 증가시켰고, 이에 따라 교사와 교사교육자의 실천에 대한 연구가 증가하였으며, 이로 인해 그들의 교수 행위와 학생의 학습을 향상하는 다양한 방안을 마련할 수 있게 되는 과정에서 셀프스터디는 시작되고 발전되어 왔다. 이처럼, 이 책에서 말하는 셀프스터디는 교사와 교사교육자 공동체에 의해 발전되어 온 것으로 교수 행위와 교사교육 실행과 관련하여 자기를 대상으로 수행하는 연구를 말한다.

이와 같은 셀프스터디의 개념, 즉, 교수 행위와 교사교육 실행과 관련하여 자기를 대상으로 수행하는 연구라는 개념은 셀프스터디에서 말하는 셀프가 구체적으로 누구를 말하는 것인지를 살펴봄으로써 좀 더 명료화될 수 있다. 셀프스터디의 셀프는 기본적으로는 교육적 행위를 하거나 이를 준비하는 교사, 예비교사, 교사교육자 등을 말하지만, 좀 더 구체적으로 다음과 같이 다섯 가지로 해석될 수 있다(Baird, 2007). 첫째, '가르치고 있는 셀프'(self in teaching)이다. 이 경우, 셀프스터디의 대상은 나의 교수 행위(teaching)가 된다. 즉, 내가 가르칠 때 내가 무엇을 하는지를 기술하면서 교사 혹은 교사교육자로서 행위를 하는 나에 대해 연구하는 경우이다. 둘째, '교사로서 셀프'(self as teacher)이다. 이 경우, 셀프스터디의 대상은 교사로서의 나이다. 즉, 내가 교사 혹은 교사교육자라는 것은 무엇인지 그 정체성에 관해 기술하면서, 교사 혹은 교사교육자로 역할을 하는 나에 대해 연구하는 경우이다. 셋째, '나의 교수 행위나 교사로서의 나에 대해 연구하는 셀프'(self as researcher of my teaching or of me as a teacher)이다. 이 경우, 셀프스터디의 대상은 셀프스터를 하고 있는 나이다. 즉, 셀프스터디 연구자로서 내가 무엇을 하는지, 혹은 내가 셀프스터디 연구자라는 것은 무엇을 뜻하는지 기술하면서, 셀프스터디를 하는 나에 대해 연구하는 경우이다. 넷째, '교수 행위, 교사교육, 교육 연구를 연구하는 연구자로서 셀프'(self as researcher of teaching, teacher education, or of educational research)이다. 이 경우, 셀프스터디의 대상은 교수 행위, 교사교육, 교육 연구이다. 단, 내가 이들을 어떻게 실천하고 있는지를 기술하지는 않는다. 즉, 여기에서 셀프는 다른 사람들이 행한 이러한 실천들의 성격(nature)에 대해 연구를 수행하는 연구자로서의 나를 의미한다. 다섯째, '셀프스터디를 연구하는 연구자로서 셀프'(self as researcher of self-study)이다. 이 경우, 셀프스터디의 대상은 셀프스터디이다. 단, 나의 셀프스터디를 기술하지는 않는다. 즉, 여기에서 셀프는 다른 사람들이 행한 셀프스터디의 성격과 실천에 대해 연구하는 연구자로서의 나를 의미한다.

이처럼 셀프스터디의 셀프는 몇 가지 다른 성격의 셀프로 해석될 수 있으며, 이를 고려하면, 이 절의 서두에서 언급한 셀프스터디의 개념은 "나의 교수 행위, 교육자로서의 나, 셀프스터디를 하고 있는 나를 대상으로 하는 연구이며, 때로는 교수 행위, 교사교육, 교육 연구를 연구하는 연구자로서의 나, 셀프스터디를 연구하는 연구자로서의 나를 대상으로 하는 연구로서, 특히, 교육적 실행과 관련하여 나의 교수 행위, 교육자로서의 나, 셀프스터디를 하고 있는 나, 교육 혹은 셀프스터디를 연구하는 연구자로서의 나로부터 연구가 시작되고 이러한 자기 자신에 대한 천착에 초점을 두어 교육적 실천의 개선을 추구하는 연구"와 같이 조금 더 구체적으로 표현될 수 있을 것이다.

2.2 셀프스터디의 특징

셀프스터디는 어떠한 특징을 가지고 있을까? 여러 측면에서 다양한 특징을 얘기할 수 있겠지만, 기존 문헌들에서 언급된 셀프스터디의 주요한 특징은 다음과 같이 세 가지 정도로 요약된다. 우선, 첫째, 셀프스터디는 셀프, 즉, 자기 자신을 강조한다(Baird, 2007; Beck, Freese, & Kosnik, 2007; Berry, 2007). 다시 말해, 셀프스터디는 "자신을 위한(for the self), 자신에 대한(of the self), 자신에 의한(by the self)"(Baird, 2007, p. 1454) 연구를 말한다. 셀프스터디는 기본적으로 교사 혹은 교사교육자로서 자신이 겪고 있는 교육 실천 상황으로 시작하고, 실제적인 관심과 쟁점, 딜레마의 해결을 목적으로 한다는 점(Berry, 2007)에서 자신을 위한 연구라는 특징을 갖는다. 그런데 이러한 문제를 해결하기 위해서 셀프스터디는 자신에 대한 천착에 초점을 맞춘다. 즉, 셀프스터디는 교사, 교사교육자로서 나의 이미지, 모델, 교수 행위에 영향을 미치는 나의 정체성과 철학에 관한 지식의 탐구와 확장에 초점을 두며(Berry, 2007), 교수·학습의 복잡성에 대한 좀 더 나은 이해와 실천을 위해 나의 개인적인 실천과 경험에 초점을 두어 수행된다(Trumbull, 2007). 그리고 셀프스터디에서 이러한 자신을 위한 자신에 대한 천착은 자신에 의해 수행된다. 다시 말해, 셀프스터디는 교사, 예비교사, 교사교육자로서 스스로 자신이 처해 있는 상황과 자신의 실천, 자신의 정체성을 탐구하는 특징을 갖는다(Baird, 2007). 이는 앞서 논의한 잘 가르친다는 것이 가지고 있는 복잡성과 개인적·상황적 특성과도 맥을 같이하는 특징이다. 이런 점에서, 누군가 자서전적 연구를 통해 자신이 교사, 예비교사, 교사교육자로서 어떤 사람인지를 이해하려는 연구는 셀프스터디의 한 특징을 가진 것으로 볼 수 있다(조광희 등, 2016). 또 교사 혹은 교사교육자로서 자신이 어떤 신념을 가지고 있고, 이 신념이 학생들이나 주변 상황과 맺는 관계 속에서 어떻게 교육적 실천으로 드러나는지를 탐구하는 연구 역시 셀프스터디의 한 특징을 갖는 연구이다(Bullough & Pinnegar, 2007). 이처럼, 셀프스터디는 교수·학습과 관련된 일반적이고 이론적인 문제보다는 교사, 예비교사, 교사교육자로서 마주하고 있는 실질적이고 개인적인 문제에 대한 이해와 개선을 위해, 스스로 자신의 정체성과 교육적 실천에 대한 심도 있는 이해와 개선을 추구한다는 특징을 가지고 있다.

둘째, 셀프스터디는 동료와의 협업을 강조한다(Baird, 2007; Beck, Freese, & Kosnik, 2007; Berry, 2007; Clarke & Erickson, 2007; Manke, 2007). 셀프스터디는 기본적으로 자기 자신에게 초점을 두지만, 동시에 비판적 동료와의 협업을 강조한다. 언뜻 보면, 나 자신을 대상으로 나 자신에 의해 수행된다는 특징과 동료와의 협업을 강조하는 특징은 서로 충돌해 보이기도 한다. 그러나 동료와의 협업은 셀프스터디에 있어서 중요한 요소이다. 우선, 동료와의 협업은 셀프스터디의 엄밀성과 신뢰성을 확보해줄 수 있다는 점에서 중요하다(Manke, 2007). 동료와의 협업은 셀프스터디를 하는 내가 다른 누군가를 선택하여 공동으로 셀프스터디를 수행함으로써 이뤄지기도 하고, 교사로서 혹은 교사교육자로서 유사한 상황과 실천에 대해 고민하는 개인들의 공동체 속에서 자연스럽게 이뤄지기도 한다. 이 과정에서 동료와의 협업은 셀프스터디 결과에 대한 삼각검증(triangulation)을 가능하게 해주고, 셀프스터디의 한 부분을 이루는 상호 비판적 맥락을 제공하며, 나아가 셀프스터디를 하는 수행자에게 셀프스터디가 엄밀한 연구임을 일깨우고 여러 다른 목소리에 귀 기울일 수 있도록 해준다(Manke, 2007). 그리고 이를 통해 완전히 개인적인 연구라기보다는 공식적인 비평과 연구 결과의 공유 및 전파 역시 포함한다는 셀프스터디는 특징(황혜영, 2013)이 드러나게 된다. 이런 점에서, 동료와의 협업은 셀프스터디의 신뢰성을 확보해주고 여럿이 공유할 만한 가치 있는 연구로 수행될 수 있도록 해주는 필수적인 요소이다.

셀프스터디에서 동료와의 협업이 강조되는 또 다른 이유는 나 자신과 나 자신의 지식, 행동 등이 갖는 본질적인 특성 때문이다(Berry, 2007; Clift, 2007). 셀프스터디는 사회적 구성주의 관점의 학습이론과 상황인지(situated cognition) 이론을 기반으로 하고 있다(Clarke

& Erickson, 2007; LaBoskey, 2007). 사회적 구성주의 관점의 학습이론과 상황인지 이론은 학습을 개인의 머릿속에서 일어나는 인지적 구조나 기능의 변화로 보는 개인적 관점을 비판하면서, 개인과 사회 문화적 배경 사이의 다면적인(multi-faceted) 상호작용 과정에서 발생하는 사회적 구성물로 학습을 바라본다(Clarke & Erickson, 2007). 예를 들어, 셀프스터디 수행자들은 교사 혹은 교사교육자 역시 학생들을 잘 가르치고자 하는 목적의 실행공동체(community of practice)에 참여하는 한 구성원으로 바라보기도 한다(Beck, Freese, & Kosnik, 2007). 이때 실행공동체 이론은 사회적 구성주의 관점의 학습이론과 상황인지 이론에 바탕을 둔 접근 중 하나로서, 학습을 개인이 지식을 인지적으로 습득하는 과정으로 보기보다는, 개인이 참여하고 있는 공동체 속에서 실행과 상호작용, 관계 형성 등을 수행하면서 공동체의 핵심적인 구성원으로 성장하는 과정에서 정체성의 변화가 일어나는 것을 학습이라고 본다(Lave & Wenger, 1991). 다시 말해, 셀프스터디에서 말하는 교사, 예비교사, 교사교육자는 다른 사람이나 사회와 동떨어져 있는 배타적인 개인이라기보다는 공동체 속 관계에 의해 정체성이 형성된 개인이고, 가르치기 위한 지식과 행위 역시 공동체 구성원들과의 상호작용 속에서 구성된 것이다. 이런 점에서 셀프스터디에서 셀프는 그 자체가 "협업자(collaborator)이자 협업적 관계 속의 공동구성체(co-construction)"(Clift, 2007, p. 1361)이다. 이러한 관점을 가지기에 셀프스터디는 자기 자신에 초점을 두는 동시에, 자신의 정체성과 교육적 실천의 구성에 바탕이 되는 공동체와 공동체 속 구성원 사이의 상호작용에도 초점을 두게 두며, 나아가 공동체 내에서 일어나는 지식의 공동 구성(Berry, 2007; Clift, 2007)과 교수·학습상황 속에서의 공동체 구축(community building)에도 주목한다(Beck, Freese, & Kosnik, 2007). 그리고 이와 같은 동료와의 협업과 지식 구성에서의 공동체에 대한 관점의 연장선에서, 셀프스터디는 교육적 실천과 관련된 공동체와 구성원의 개선을 위해 바람직한 교수 행위에 대한 도덕적·정치적 신념과 가치, 개혁 의제 등에도 관심을 가진다(LaBoskey, 2007).

이처럼, 셀프스터디는 기본적으로 자기 자신에 초점을 두고 있지만, 이와 동시에, 연구의 신뢰성과 공유 가능성을 확보하기 위해서, 그리고 나의 정체성과 지식, 교육적 실천 등은 사회적 구성물이며 공동체 구성원과의 협업으로 개선된다는 점에서, 동료와의 협업을 강조한다는 특징을 가지고 있다.

셋째, 셀프스터디는 교육자로서 나와 나의 실천에 대한 이해와 개선을 위해 반성적이고 상황의존적인 탐구를 중시한다. 앞서 언급하였듯이, 셀프스터디는 교육자로서 나와 나의 실천에 대한 이해와 개선을 추구하는 연구로서, 나를 위한, 나에 대한, 나에 의한 연구이며 동시에 동료와의 협업을 중시하는 연구이다. 그런데, 이 과정에서 셀프스터디는 반성, 협력, 개방성, 상황탐구 등 교육자로서 나와 나의 실천에 대한 반성적이고 상황의존적인 탐구를 중시한다(Samaras & Freese, 2006). 반성적이고 상황 의존적 탐구를 중시하는 셀프스터디의 특징은 셀프스터디가 양적인 연구가 갖는 한계를 직시하고 합리주의 연구 전통의 지배적 영향을 벗어나, 불변하는 원본보다는 변화하는 세상에 주목하고 세상에 대한 해석의 주체로서 개인의 문화적, 사회적, 역사적인 정체성과 목소리에 가치를 두는 포스트모던 철학이나 해석학적 현상학과 맥을 같이 하고 있음을 보여준다(Berry, 2007; 김영천과 이동성, 2011). 이는, 앞선 절에서 논의한 바와 같이, 잘 가르친다는 것이 가지고 있는 특성, 즉, 복잡성, 개인적이고 경험적인 지식과 실천의 필요, 변화에 대한 주체적인 인식과 대응의 필요 등의 특성을 고려하기 위해서는 일반적이고 이론적인 지식의 습득보다는 다양한 질적 자료의 활용을 통한 자신에 대한 깊이 있는 반성적이고 비판적 성찰이 필요하고(Loughran, 2007), 교육자 자신의 반성적 성찰이 교육 실행과 관련된 다양한 문제의 해결에서 출발점의 역할을 한다(Mezirow, 1991; Kember & McKay, 1996)는 인식에도 기인하고 있다. 단, 이때의 반성적이고 비판적이며 상황의존적인 탐구는 개인이 홀로 마음 내키는 대로 수행하는 것이 아니라, 비판적 동료와의 협업을 통해 엄밀성과 신뢰성, 공동적 구성 등을 추구하면서 수행하게 된다(Baird, 2007; Beck, Freese, & Kosnik, 2007; Berry, 2007; Manke, 2007). 이처럼, 셀프스터디는 교사, 예비교사, 교사교육자 등 교육자 스스로 자신의 교육적 실천을 개선하기 위해 자신의 교육적 실천과 그에 결부된 상황을 체계적이고 비판적으로 검토하는 과정이고(Samaras, 2002), 자기 자신의 내면에 초점을 맞춘 질적 연구로서 자신의 교육적 실천과 관련된 다양한 요소들에 대한 체계적인 탐구(Cole & Knowles, 1998)를 중시한다.

요컨대, 셀프스터디는 교육자로서 나와 나의 실천에 대한 이해와 개선을 추구하는 연구로서, 나를 위한, 나에 대한, 나에 의한 연구이며 동시에 동료와의 협업을 중시하는 연구이며, 교육자로서 나와 나의 실천에 대해 다양한 질적 자료와 상황의존성을 고려하면서 반성적으로 심도 있게 탐구하는 연구라는 특징을 가지고 있다. 이런 점에서, 셀프스터디는 확증(confirm)이나 고착(settle)보다는 자극(provoke)과 도전, 그리고 명확화(illuminate)를 추구한다(Bullough & Pinnegar, 2001).

한편, 이와 같은 셀프스터디의 특징은 기존의 실행연구(action research)나 현상학적 연구

(phenomenological research)와 공통점과 차이점을 모두 가지고 있다. 우선, 셀프스터디는 교사와 교사교육자 등 교육자의 교수 행위에 관심을 가지고 있고, 교수·학습 활동과 관련한 상황의존적인 내러티브(narrative)를 중시하며, 다양한 질적 연구 방법을 사용하여 탐구한다는 점에서 기존의 실행연구나 교사의 현상학적 연구와 공통점을 가지고 있다(Feldman, Paugh, & Mills, 2007).

반면, 셀프스터디와 기존의 실행연구, 교사의 현상학적 연구는 나 자신, 교육적 실천의 목적, 교육적 실천의 내용과 방법 중 어느 것에 어느 정도의 비중을 두느냐에 따라 차이를 보이기도 한다(Baird, 2007; Feldman, Paugh, & Mills, 2007; Samaras, 2011). 예를 들어, 실행연구는 다양한 질적인 방법들을 사용해 수업 목표를 효과적으로 달성하는 방안의 마련과 개선을 주로 추구하지만, 반면, 셀프스터디는 다양한 질적 방법들을 사용해 자기 자신에 대해 탐구하고, 이를 토대로 자신의 정체성과 주변 상황, 수업 등과의 관계를 연구하면서 수업의 개선을 추구한다. 즉, 실행연구와 셀프스터디는 연구 수행 과정에서 교육자로서 나 자신에 대해 얼마나 큰 비중을 두느냐에 차이가 있다(Feldman, Paugh, & Mills, 2007; Samaras, 2011). 이러한 셀프스터디와 기존의 실행연구, 교사의 현상학적 연구의 차이는 다음 그림과 같은 Baird(2007, p. 1466)의 비교에서 좀 더 명확하게 드러난다.

Baird(2007)는 그림과 같이 '개인적이고 교육적인 신념과 가치'(personal and educational beliefs and values), '교수 의도와 목적'(teaching intentions and purpose), '교수 접근법과 실행'(teaching approaches and practices) 측면 중 어느 것에 어느 정도의 비중을 두느냐에 따라 셀프스터디와 실행연구, 교사의 현상학적 연구의 차이를 논의하였다. 그림에서 글자의 크기와 진하기는 해당 측면의 비중을 나타내고, 양쪽 화살표는 측면들 사이의 상호작용에 관심을 두는 정도가 강한지(실선) 약한지(점선)를 나타낸 것이다. 그림에서 볼 수 있듯이, 실행연구는 교수 의도와 목적, 교수 접근법과 실행에 관심을 초점을 두고 둘 사이의 상호작용에 주목하여 이를 바탕으로 효과적인 수업 방안을 모색하는 연구로서, 개인적이고 교육적인 신념과 가치 등 교육자로서 나 자신에 대한 이해에는 상대적으로 덜 주목하는 특징이 있다. 그리고 교사의 현상학적 연구는 개인적이고 교육적인 신념과 가치 등 교육자로서 나 자신을 심도 있고 다양한 측면에서 이해하는 것에 초점을 둔 연구로서, 상대적으로 교수 의도와 목적 측면, 교수 접근법과 실행 측면이나 이들 사이의 상호작용에는 덜 주목한다. 반면, 셀프스터디는 개인적이고 교육적인 신념과 가치 측면과 아울러, 교수 의도와 목적 측면, 교수 접근법과 실행 측면에도 관심을 두고 이 세 가지 측면의 상호작

실행연구(Action Research)

측면 1: '개인적이고 교육적인 신념과 가치'(personal and educational beliefs and values)

측면 2: '교수 의도와 목적'(teaching intentions and purpose)

측면 3: '교수 접근법과 실행'(teaching approaches and practices)

현상학적 연구(Phenomenological Reseach)
내러티브 연구(Narrative Research)

측면 1: '개인적이고 교육적인 신념과 가치'(personal and educational beliefs and values)

측면 2: '교수 의도와 목적'(teaching intentions and purpose)

측면 3: '교수 접근법과 실행'(teaching approaches and practices)

셀프스터디(Self-study)

측면 1: '개인적이고 교육적인 신념과 가치'(personal and educational beliefs and values)

측면 2: '교수 의도와 목적'(teaching intentions and purpose)

측면 3: '교수 접근법과 실행'(teaching approaches and practices)

그림 1.1 셀프스터디와 실행연구, 현상학적 연구의 비교

용에도 모두 주목하는 연구로서, 자신에 대한 탐구에 초점을 두면서도 교육적 실천과 상황과 결부하여 이를 해석하고, 교수·학습 관련 실천 방법이나 상황의 개선도 적극적으로 추구한다는 점에서 앞선 두 연구와는 차이가 있다(Baird, 2007).

요컨대, 셀프스터디는 교사, 예비교사, 교사교육자로서 마주하고 있는 실질적이고 개인적인 문제에 대한 이해와 개선을 위해, 스스로 자신의 정체성과 교육적 실천에 대한

심도 있는 이해를 추구하며, 연구의 신뢰성과 공유 가능성을 확보하고 나의 정체성과 지식, 교육적 실천 등은 사회적 구성물이며 공동체 구성원과의 협업으로 개선된다는 점을 반영하기 위해 동료와의 협업을 강조하고, 나아가 교육 공동체의 신념, 가치, 개혁 의제 등에도 관심을 둔다는 특징을 가지고 있다. 그리고 이 과정에서 다양한 질적 자료를 활용한 반성적이고 상황의존적인 탐구를 중시하되, 개인적이고 교육적인 신념과 가치 측면, 교수 의도와 목적 측면, 교수 접근법과 실행 측면 모두와 이들 사이의 상호작용에도 주목하여 자기 자신과 교육적 실천에 대한 이해와 개선을 탐구하는 연구이다.

3 셀프스터디의 방법론적 특징

지금까지 셀프스터디의 필요성, 셀프스터디의 개념과 특징에 대해 살펴보았다. 그렇다면, 셀프스터디는 어떤 방법으로 수행될 수 있을까? 사실 셀프스터디 자체가 자기 자신을 대상으로 한다는 방법론적 특징을 핵심적인 특징으로 하고 있으므로, 셀프스터디의 방법론적 특징은 앞선 절에서 다룬 셀프스터디의 특징과 중복되는 측면이 있다. 예를 들어, 교사, 예비교사, 교사교육자로서 마주하고 있는 실질적이고 개인적인 문제에 대한 이해와 개선을 목적으로 한다는 셀프스터디의 특징으로부터 연구의 시작을 자기 자신으로부터 한다는 방법론적인 특징이 도출되었고, 이 둘은 모두 자기 자신을 대상으로 하고 자기로부터 시작한다는 점에서 중복된다. 이에 따라, 이 절에서 서술하는 셀프스터디의 방법론적 특징은 셀프스터디의 특징을 방법론적 측면에서 조금 더 자세하고 구체적으로 서술한 정도로 보면 좋을 것이다.

대부분의 연구가 그러하듯이 셀프스터디 역시 반드시 따라야 하는 단 하나의 연구 방법을 가지고 있지는 않다. 즉, 셀프스터디 역시 연구 문제를 해결하는 과정에서 이를 뒷받침할 수 있는 증거를 제공하는 어떠한 방법도 사용될 수 있다(Hamilton & Pinnegar, 1998; 황혜영, 2013). 다만, 셀프스터디가 교육자로서의 나와 교육적 실천에 관계된 세 가지 측면과 그들 사이의 상호작용, 즉, 개인적이고 교육적인 신념과 가치 측면, 교수 의도와 목적 측면, 교수 접근법과 실행 측면과 이들 사이의 상호작용을 모두 고려하면서 다양한 질적인 자료를 활용하여 상황의존적이고 반성적인 탐구를 수행하는 연구라는 점에서, 셀프스터디는 기존의 양적인 연구 방법보다는 자문화기술지, 자서전적 회고록, 수업성찰일지,

메모, 그림, 사진, 동영상, 수업 산출물, 인터뷰 내용 등, 다양한 질적 자료를 활용하여 자기 자신과 자신의 교육적 실천에 대한 반성적 성찰을 수행하는 방법을 주로 사용한다(Loughran, 2007; Tidwell, Heston, & Fitzgerald, 2009; 이혁규 등, 2012; 황혜영, 2013; 조광희 등, 2016). 단, 셀프스터디가 자기 자신과 자시의 교육적 실천에 대한 반성적 탐구와 이를 위한 질적 자료의 활용 등 내부자적 관점(insider's view)의 가치에 주목하는 방법을 사용한다는 것이 연구자가 다양한 자료 중에 자기가 보고 싶은 것만 보거나 연구자가 의도하는 방향으로 데이터를 만들어 내려 하는 것과 같은 부작용을 경계하지 않는다는 것을 의미하진 않는다(Clift, 2007). 셀프스터디는 자기 자신에 초점을 맞춤으로써 일반적 연구를 통해서는 잘 드러나지 않는 내부자적 관점을 명료히 드러내는 연구이지만, 동시에 셀프스터디는 한 개인에 의한 독단적인 연구라기보다는 다른 이의 공식적인 비평과 공동 구성, 공동체 속에서의 연구 결과 공유와 확산 등이 가능하고 또 추구하는 연구이기도 하기 때문이다(Beck, Freese, & Kosnik, 2007; Berry, 2007; Clift, 2007; Menke, 2007; 최재혁 등, 2016; 황혜영, 2013). 즉, 셀프스터디는 다양한 질적 자료를 활용해 자기 자신과 자신의 교육적 실천에 대한 반성적 성찰을 수행하는 방법을 주로 사용하지만, 동시에 이러한 질적 자료의 활용과 반성적 성찰이 완전히 개인적이고 사변적인 글쓰기에 그치지 않도록 하기 위한 방법에도 주목한다.

그렇다면, 셀프스터디를 좀 더 충실히 수행하기 위해서는 어떤 방법들을 사용할 수 있을까? 이와 관련하여, Samaras(2011, pp. 71-82)가 사회적 구성주의 학습이론(Vygotsky, 1981)과 셀프스터디 관련 기존 연구들(Bullough & Pinnegar, 2001; Samaras & Freese, 2006)을 바탕으로 제안한 셀프스터디의 핵심 요소 다섯 가지, 즉, '개인적으로 상황화된 탐구(personal situated inquiry)', '비판적이고 협력적인 탐구(critical collaborative inquiry)', '개선된 학습(improved learning)', '투명하고 체계적인 연구 과정(transparent and systematic research process)', '지식 생성과 발표(knowledge generation and presentation)'는 우리에게 셀프스터디를 수행하는 전체적인 절차와 방법론적인 특징에 대해 시사점을 주고 있다(조광희 등, 2016). 이 중에서 '개인적으로 상황화된 탐구'는 셀프스터디가 교사 자신에 의해 시작되고 자신의 교육적 실천과 자신이 속한 공동체 속에서 이뤄져야 함을 뜻한다. '비판적이고 협력적인 탐구'는 셀프스터디의 방법론적인 특징 중 하나로 셀프스터디가 타당성을 인정받기 위해서는 완전히 자기 혼자만이 아니라 주변 동료와 함께 비판적이면서도 협력적으로 탐구를 수행할 필요가 있음을 뜻한다. '개선된 학습'은 셀프스터디의 주제 혹은 목적과 관련된 것으로 셀프스터디가 자기 자신 혹은 자신의 수업 개선, 그리고 때로는 나아가서 공동체 차원의 개선을 추구해야 함을 말한다. '투명하고 체계적인 연구 과정'은 셀프스터디가 충실히 수행되기 위해서는 나 자신과 나 자신의 교육적 실천에 관계된 다양한 사항들에 대해 의문을 던지고, 발견, 규정(framing), 재규정(reframing) 등이 활발하고 명확하게 일어나야 하는데, 이를 위해서는 연구 과정이 가능한 한 투명하고 체계적이어야 한다는 의미이다. 끝으로, '지식 생성과 발표'는 셀프스터디를 통해 자신과 자신의 교육적 실천, 혹은 때때로 공동체의 실천과 관련된 지식을 생성하고, 생성된 지식을 다른 사람들과 공유함으로써 다른 교육자나 교육 공동체의 발전에 기여할 수 있어야 한다는 것을 의미한다. 물론, 모든 셀프스터디가 똑같은 절차와 방법을 따라야 하는 것은 아니겠지만, 위와 같은 Samaras(2011)의 제안은 우리가 셀프스터디를 수행하고자 할 때는 우선 나 자신과 나의 교육적 실천에 대한 나 스스로의 탐구로부터 시작하여, 동료와 함께 비판적이면서도 협력적으로 탐구를 수행하되, 그 과정은 가능한 한 투명하고 체계적일 수 있도록 하여 다양한 의문과 이에 대한 다양한 해석이 활발하고 명료하게 일어날 수 있도록 하고, 그 결과, 나 자신과 나 자신의 교육적 실천, 혹은 공동체의 교육적 실천의 개선에 기여하는 지식을 생성하고, 이렇게 생성된 지식을 다른 사람이나 공동체와 공유하는 방법으로 수행할 것을 제안하고 있다.

셀프스터디의 연구 설계(research design)에 대한 LaBoskey(2007)의 논의는 셀프스터디 수행을 위한 방법에 대해 우리에게 조금 더 직접적인 안내를 제공한다(조광희 등, 2016). LaBoskey(2007)는 셀프스터디의 연구 설계에서 고려해야 할 사항으로 '자기개시와 자기중심적'(self initiated and focused), '개선 목적'(improvement-aimed), '상호작용적'(interactive), '다중적이면서 주로 질적인 연구 방법'(multiple, primarily qualitative methods), '본보기 기반 타당화'(exemplar-baesd validation) 등의 다섯 가지를 제안하였다(pp. 842-853). 첫째, 셀프스터디는 '자기개시와 자기중심적'이라는 방법론적 특징을 가지고 있다. 즉, 셀프스터디는 연구가 자기 자신으로부터 시작되고, 연구의 중심에 자기 자신이 있다. 이는 앞선 절에서 논의한 바와 같이 교육적 실천을 위한 지식은 일반적인 이론보다는 교육자 자신과 주변으로부터의 경험에 의존하고, 특정한 상황에 결부되어 있으며, 따라서 이를 개선하고자 하는 노력은 교사, 예비교사, 교사교육자로서의 자기 자신으로부터 시작하여 자신의 개인적 경험에 대한 반성적 고찰이 필요하다는 관점과 맥을 같이한다.

둘째, 셀프스터디는 '개선 목적'을 가지고 수행되며, 이를 달성하기 위한 방식으로 수행된다. 즉, 셀프스터디는 교육자로서 나 자신과 교육적 실천에 대한 이해를 추구하고, 이를 토대로 나 자신과 교육적 실천의 개선을 추구한다는 특징을 가지고 있다. 그리고 때때로 이러한 개선의 노력은 공동체나 기관, 제도 수준의 개선을 시도하기도 한다. 이러한 개선을 목적으로 하기에 셀프스터디는 양적인 연구 방법으로 문제를 지적하는 수준 이상의 방법을 선호한다. 예를 들어, LaBoskey(2007)는 개인 수준의 개선과 기관 수준의 개선을 모두 추구하는 셀프스터디에서 어떤 방법이 사용될 수 있는지를 Gitlin & Russell(1994)의 이른바 교육적 연구(Educative Research)를 예로 들어 소개한다. 이들은 스토리텔링을 구조화하는 방법을 사용하였는데, 우선, 별다른 분석 없이 한 개인의 역사와 한 학교의 역사를 텍스트로 서술한 후, 두 텍스트에서 무엇이 빠졌고 무엇이 문제인지에 대한 개인적 성찰(reflection)을 하고, 나중에 이를 분석할 다른 사람들과 자세한 사항을 공유한 다음 그들의 이야기에서 억압적인 형성들(oppressive formation)을 드러낼 수 있는 적절한 문헌을 고찰한다. 그런 다음, 두 이야기를 비교하면서 둘 사이의 공통점과 차이점, 구속 조건 등을 규명하고, 학교 수준에서 가능한, 혹은 불가능한 가정들에 대해 의문을 제기하는 방법을 사용한다. 이러한 방법을 통해 이들은 일반적인 연구 방법으로는 잘 드러나지 않는 숨겨진 목소리들을 담아낼 수 있었다. 이처럼, 셀프스터디는 실제적인 개선을 가능하게 하는 전략이나 방법에 주목한다.

위와 같이 LaBoskey(2007)가 셀프스터디의 연구 설계에서 고려해야 할 것으로 제안한 첫 번째와 두 번째 사항은 다분히 셀프스터디 자체의 특징에 가깝다. 즉, 앞 절에서 논의한 바와 같이 셀프스터디는 스스로 자신의 정체성과 교육적 실천에 대한 심도 있는 이해를 통해 교육자로서 마주하고 있는 실질적이고 개인적인 문제에 대한 이해와 개선을 탐구하고 실행하는 연구이고, 이러한 특징을 구현하기 위해서는 연구 설계에서부터 '자기개시와 자기중심적'인 측면과 '개선 목적'이라는 연구의 목적을 고려할 필요가 있기 때문이다.

셋째, 셀프스터디는 '상호작용적'이라는 방법론적 특징을 가지고 있다. 앞서 셀프스터디의 특징과 관련하여 논의한 바와 같이, 셀프스터디는 자기 자신에 초점을 두고 이루어지지만, 동시에 사회적 구성주의와 상황학습 이론에서 주장하는 바와 같이 공동체 속 참여와 구성에도 주목한다. 이러한 특징에 따라 셀프스터디에서는 비판적 동료와 함께하는 비판적이고 협력적인 상호작용적 탐구라는 방법을 강조한다. 즉, 셀프스터디는 한 개인의 시각에서만 이뤄진 해석보다는 다른 사람의 시각이 함께 고려된 해석에 가치를 두고,

믿을만한 동료에 의해 검토된 된 해석에 가치를 두며(Gitlin et al., 2002), 더욱이 셀프스터디가 자신과 자신이 수집한 자료들을 대상으로 한 연구라는 점에서 셀프스터에서 동료와 주변의 자료들은 단순히 협업의 대상이라기보다는 '상호작용적' 특성을 갖는 대상으로서 의미를 가진다(LaBoskey, 1998). 그리고 이러한 상호작용적 탐구의 동반자는 자신이 속한 분야의 동료일 수도 있고 자신과 다른 관점을 가진 먼 동료일 수도 있으며, 수업을 듣고 있는 학생들이나, 다양한 문서들일 수도 있다. 이와 같은 동료들, 그리고 자료들과의 상호작용적 탐구를 통해 셀프스터디는 자기 자신과 자신의 교육적 실천에 대한 이해과 개선, 그리고 때때로 공동체와 그 실천에 대한 이해와 개선에 좀 더 심도 있고 타당한 연구를 수행할 수 있게 된다.

넷째, 셀프스터디는 대체로 '다중적이면서 주로 질적인 연구 방법'으로 수행된다. 이는 앞선 절에서 논의한 바와 같이 잘 가르친다는 것이 가지는 복잡성과 개인적이고 상황에 결부된 지식을 필요로 한다는 특성 등과 관련된다. 즉, 복잡하고 독특한 상황에 결부된 자기 자신의 모든 측면을 잘 이해하기 위해서는 교사 지식(teacher knowledge)을 정의하고 발견하며 정교화할 수 있는 다중적인(multiple) 도구가 필요하고(Loughran & Northfield, 1998), 연구의 대상과 주체가 동일하고 일반적인 법칙보다는 실제 상황에 대한 이해를 중시하는 셀프스터디의 특성상 양적인 연구 방법보다는 질적인 연구 방법이 적절하기 때문에, 셀프스터디에서는 주로 다중적이면서 질적인 연구 방법이 사용된다. 이때 다중적이면서 질적인 연구 방법의 예로는 실행연구(action research), 자기 자신의 이야기를 포함하는 내러티브 연구(narrative research), 지식의 사회적 구성 과정을 가능하게 하는 대화(dialogue), 말로는 다하기 어려운 감성이나 의식의 표현이 가능한 이미지, 시각적 경험자료 등을 활용하는 예술적 접근(artistic mode) 등이 있다(LaBoskey, 2007).

다섯째, 셀프스터디는 방법론적으로 '본보기 기반 타당화'가 필요하다. 셀프스터디는 자기 자신이 자신에게 초점을 두어 수행하는 연구라는 점에서, 연구의 타당성을 기존에 일반적인 연구에서 말하는 소위 과학적 방법의 부합 여부로 타당성을 평가하는 것은 연구의 기본 전제와 맞지 않는 부분이 있다. 그러나 그렇다고 해서 연구 과정과 연구 결과를 다른 이들과 공유할 수 있도록 타당화 하지 않으면 단순히 개인적이고 사변적인 글쓰기에 그칠 우려가 있다. 이를 방지하기 위해서 셀프스터디는 지식을 보증하는 경험의 권위(authority)를 강조하고, 연구의 타당성과 신뢰성에 대한 독자들의 평가를 중시한다. 즉, 셀프스터디는 실천의 엄밀성과 변증법적 과정연구 과정 및 결과를 제시하면서, 독자들이 진실에 귀 기울일 수 있도록 연구가 수행되는 상황의 복잡성과 맥락에 대한 충분히 상세한 기술이 필요하고, 자료와 해석에 대한 삼각검증과 또 다른 관점을 설명하고 제공할 필요가 있으며, 관련된 문헌 자료나 다른 셀프스터디의 설명을 연결 지어 서술할 필요가 있다(Loughran & Northfield, 1998). 그리고 이러한 과정에서, 공동체 내의 정상적 실행(normal practice)을 대표하는 믿을만한 사례에 기반하여 타당화를 시도하는 '본보기(exemplar) 기반 타당화'가 필요하다. 다시 말해 셀프스터디는 교육적 실천의 과정에서 다른 이들도 공감할 수 있는 본보기에 해당하는 사례를 바탕으로 무엇이 그리고 왜 그렇게 발생하였는지를 상세히 기술함으로써 다른 이들이 셀프스터디의 과정과 결과가 충분히 믿을만한지(enough trustworthy) 평가할 수 있도록 해야 한다(LaBoskey, 2007).

한편, 2004년부터 2013년까지 10년 동안 발표된 총 14편의 과학교육 관련 셀프스터디 논문을 분석한 조광희 등(2016)의 연구는 셀프스터디에서 구체적으로 어떤 방법들이 사용될 수 있는지를 잘 보여준다. 이들은 LaBoskey(2007), Samaras(2011) 등 기존의 셀프스터디 관련 문헌에서 제시된 셀프스터디 방법론 중 '자기로부터 시작', '비판적 동료와 협력', '다중자료를 활용한 타당성 확보'를 분석 범주로 해서, 구체적으로 어떤 방법들이 셀프스터디에서 사용되고 있는지를 분석하였다. 다음 <표 1.1>은 각 논문에서 사용된 연구 방법에 대한 분석 결과표(조광희 등, 2016, p. 464)에서 논문별 자료수집 방법과 전체적인 연구 방법의 특징을 발췌한 것이다.

우선, <표 1.1>에서 볼 수 있듯이, 분석 대상 연구들은 한 편을 제외하고는 모두 '자기로부터 시작'이라는 연구 방법을 사용하고 있었다. 예를 들어, Garbett(2011)의 연구는 교사교육자로서 자신의 교수법에 대한 이해를 높이고 자신의 자신감 있는 교수 행위를 방해하는 요인을 찾고자 하는 목적으로 시작되었다. 또, Patrizio, Ballock, & McNary(2011)의 연구는 서로 다른 전공의 신임 교사교육자들이 모임을 구성하여 교사, 학생, 내용, 맥락의 복잡한 관계를 포함하여 자신들의 수업을 분석하고 개선하기 위한 목적으로 시작되었다. 이처럼, 셀프스터디는 자기 자신의 관심사와 자기 자신에 대한 관심으로부터 시작한다는 방법론적인 특징을 가지고 있었다.

둘째, 기존의 셀프스터디 연구들은 '비판적 동료와 협력'이라는 방법을 사용하고 있었다. 예를 들어, Aubusson, Griffin, & Steele(2010)의 연구는 세 명의 연구자가 공동으로 연구를 수행하였는데, 이 중 한 명이 자신에 대한 셀프스터디를 수행하고, 이 과정에서 두 명의 공동연구자가 비판적 동료로서 데이터 분석과 협력적 해석을 수행하며 결론을

표 1.1 셀프스터디 관련 연구에서 사용된 방법 예시

논문	자료수집 방법	전체적인 연구 방법의 특징	연구 방법의 특징 범주		
			자기로부터 시작	비판적 동료와 협력	다중자료를 활용한 타당성 확보
Hug & Möller (2005)	연구자 및 학생과의 이메일, 연구자 일지, 노트, 연구자 미팅 기록, 학생들의 수업 일지, 수업계획서, 학급일지	• 2명의 교수가 공동으로 수업 개선에 관한 논의 내용을 분석 • 서로의 문서들을 바탕으로 내러티브 분석을 시도하고 조인트 미팅(joint meeting)에서 함께 결론 도출	√	√	√
Capobianco (2007)	일일 반성저널, 형성평가 결과, 관심 사항 조사 결과, 학급 과제물	• 학생들이 IT활동에 대하여 어떤 관심(concern)을 보이는지 단계를 구분하여 분석 • 연구일지의 내용을 지지하는 문서 증거들과 동료들의 의견을 반영하여 타당도 제고	√	√	√
Moscovici (2007)	학생들의 과제물, 과제물과 관련된 학생들의 공식적, 비공식적 대화	• 과학적 방법을 가르치는 10학기의 수업에서 권력 구조의 변화를 분석하고 자신의 수업의 변화에서 자신의 역할 분석	√	√	√
Hoban, Butler, & Lesslie (2007)	6개월 동안 프로그램에 참여한 2명의 교사(연구자)가 작성한 문서들, 면담 자료	• 2명의 교사(연구자)가 그들의 경험을 문서로 작성하고, 관련하여 면담을 실시한 후, 학습의 과정을 도식화 • 두 교사는 자신의 연구 결과를 공유하고 논의를 통해 결론 도출		√	√
Trumbul & Fluet (2008)	과제물 결과 분석, 면담자료, 과제물의 수정과정 기록물	• 예비교사들이 작성한 과제물 분석 • 1년차에 과제물 분석 결과를 바탕으로 2년차에 새로운 과제를 주었으며, 이 과정에서 교사교육자의 수업 관련 실천적 측면 분석.	√	√	√
Rogers (2009)	학생들의 일지, 수업계획서, 과제물에 대한 서술, 주간 수업 계획표.	• 연구자가 개발한 다층내용분석(multi layered content analysis) 방법을 사용해서 1차적으로 전반적인 학급의 상태를 분석하고, 2차적으로 개인별로 분석한 뒤, 시간에 따라 어떻게 달라지는지 분석	√		√
Aubusson, Griffin, & Steele (2010)	면담 자료, 포커스 그룹 관찰 기록물, 교수자의 기록물, 학생 포트폴리오, 온라인 게시판 토의 내용	• 3인이 공동으로 연구를 진행하되, 교사교육자인 1인이 셀프스터디를 수행하고 공동연구원이 데이터 분석을 함께하면서 협력적 해석과 결론 도출	√	√	√
Garbett & Heap (2011)	수업 계획, 보고회 결과물, 수기로 작성된 일지(log book), 학기 중간과 학기 말에 행한 학생들의 수업에 대한 평가자료	• 공동으로 수업을 진행하면서 논의한 내용을 바탕으로 팀티칭으로 자신들의 문제를 해결하는 과정을 반성적으로 분석 • 단순 수집과 분석이 아닌, 다양한 자료를 수집하고 해석하는 체계적이고 발견법적인 방법 사용	√	√	√

표 1.1 셀프스터디 관련 연구에서 사용된 방법 예시(계속)

논문	자료수집 방법	전체적인 연구 방법의 특징	연구 방법의 특징 범주		
			자기로부터 시작	비판적 동료와 협력	다중자료를 활용한 타당성 확보
Patrizio, Ballock, & McNary (2011)	6번의 프로토콜 분석에 대한 대화 전사본, 두 번의 그룹 평가 과정의 전사본, 13개의 서신 대화물, 문헌 분석	· 서로 다른 전공의 신임 교사교육자들이 모임을 구성하여 자신들의 수업을 분석 · 교사, 학생, 내용, 맥락의 복잡한 관계에 대한 이해를 돕기 위해 프로토콜 구조화된 인공물에 대한 대화를 하고 이를 협력적으로 분석.	√	√	√
Dias, Eick, & Brantley-Dias (2011)	매주 작성한 일지, 교실 관찰, 보고물(debriefing), 면담자료	· 3인이 공동으로 연구를 진행하는 과정에서 교사교육자인 1인이 셀프연구를 수행하고 그의 해석에 대하여 다른 2인이 대안적 해석을 제시하거나 해석의 타당도를 높이는 역할을 수행.	√	√	√
Garbett (2011)	전자일지(e-journal), 학생들의 설문 결과, 동료 평가 결과, 수업에 대한 학생들과의 면담자료	· 교사교육자로서 자신의 교수법에 대한 이해를 높이고 자신감을 방해하는 요인을 찾기 위해 전자일지에 자신의 인상, 사건, 논의, 해석 등을 기록한 것을 1차적으로 해석하고 학생들의 반응을 함께 분석 · 분석은 발견적이고 순환적인 과정을 거쳐 도출	√	√	√
Osmond & Goodnough (2011)	교수자의 면담, 수업 관찰 노트, 개인 일지, 학생 설문조사 결과, 학생 면담 자료, 학생 게시물	· JiTT수업 방법의 효과를 검증하기 위하여 유사한 것들을 범주화하고 세부범주를 만들어가는 분석적 귀납법 사용 · 비판적 동료와 협력적으로 해석	√	√	√
Garbett & Ovens (2012)	일지, 관찰결과물, 논의 기록물, 학생과의 면담 자료	· 두 연구자가 경험을 공유하고 비판적 동료로서 데이터를 협력적으로 성찰하고 분석 · 최종적으로 자신들의 해석과 데이터를 한 번 더 확인하고 분석하는 절차를 거침	√	√	√
Faikhamta & Clarke (2013)	수업계획서, 수업자료, 학생들의 과제물, 학생들의 일지, 교수자의 일지, 수업 동영상	· 예비교사들의 PCK 증진을 위해 어떤 노력을 해야 할지에 대한 분석을 위해, 자신의 수업 실행을 분석틀을 이용해 코딩하고 분석을 한 뒤, 주제를 도출하여 반성적으로 분석하는 귀납적 분석 방법 사용	√	√	√

도출하였다. 또, Dias, Eick, & Brantley-Dias(2011) 연구 역시 세 명의 공동연구자 중 한 명이 자신에 대한 셀프스터디를 수행하고, 이에 대하여 다른 두 명의 연구자 대안적 해

석을 제시하거나 토의 등을 통해 해석의 타당도를 제고하는 역할을 수행하였다. 이처럼, 셀프스터디는 비판적 동료와 협력적으로 연구를 수행한다는 방법론적인 특징을 가지고 있었고, 이는 셀프스터디가 자칫 개인적인 이야기 서술에 멈추는 것을 방지하고 공동체에서 공유의 가능성을 높이는 타당화의 역할을 하고 있었다.

셋째, <표 1.1>의 분석 대상 연구들은 한 편도 예외 없이 모두 '다중자료를 활용한 타당성 확보'라는 연구 방법을 사용하고 있었다. 예를 들어, Faikhamta & Clarke(2013)의 연구는 수업계획서, 수업자료, 학생들의 과제물, 학생들의 일지, 교수자의 일지, 수업 동영상 등의 여러 자료를 활용하고 이들을 종합적으로 분석하는 방법을 사용하였다. 또, Aubusson, Griffin, & Steele(2010)의 연구는 면담자료, 포커스 그룹 관찰 기록물, 교수자의 기록물, 학생 포트폴리오, 온라인 게시판 토의 내용 등의 여러 자료를 활용하였고, Capobianco(2007)의 연구는 일일 반성저널, 형성평가 결과, 관심 사항 조사 결과, 학급 과제물 등이 분석의 대상이 되었다. 이처럼, 셀프스터디는 다양한 자료를 종합적으로 그리고 교차 분석함으로써 타당도를 확보하는 방법을 사용하고 있었다.

이처럼, 과학교육과 관련된 셀프스터디 역시 다른 영역의 셀프스터디와 유사하게 '자기로부터 시작'하고 '비판적 동료와 협력'으로 수행되며 '다중자료를 활용한 타당성 확보'의 방법을 사용하고 있었다(조광희 등, 2016). 특히, 자기 자신을 대상으로 하면서도 연구로서의 타당성과 엄밀성을 확보하기 위한 노력이 자료수집 방법이나 전체적인 연구 방법의 특징에서 나타나고 있었다. 즉, 대부분의 연구가 연구자의 반성 저널, 연구 노트, 수업계획서, 수업자료, 수업 과제물, 학생의 포트폴리오, 수업 동영상, 온라인 게시판 토의 내용, 학생의 각종 일지, 관련 문헌 자료, 면담자료, 설문조사 결과, 회의내용, 초점 그룹 관찰기록물, 학생과 주고받은 이메일 등의 서신 자료, 학생이나 동료의 평가 결과 등 다양한 자료들이 활용되고 있었고, 2명 이상의 연구 참여자가 함께, 혹은 연구자와 비판적 동료가 함께 각종 자료에 대한 분석을 공동으로 하거나 분석 결과에 대한 비판적 검토와 대안적 해석의 모색을 수행하는 등 자료 분석 결과에 대한 타당도를 제고 하기 위해 노력하고 있었다.

좀 더 구체적으로 셀프스터디가 어떤 방법으로 수행될 수 있는지 예를 들어보자, 유아교육 대학원의 과학 및 교양 과정에서 교사교육자로서 연구자들의 교육적 실천과 학습에 대한 관점을 셀프스터디로 연구한 Hug & Möller(2005)는 연구 과정에서 풍부하면서도 타당한 해석을 도출하기 위해 연구자 및 학생과의 이메일, 연구자 일지, 노트, 연구자

미팅 기록, 학생들의 수업 일지, 수업계획서, 학급일지 등 다양한 자료를 수집하고, 이를 2명의 연구자가 서로의 문서들을 바탕으로 내러티브 분석을 시도하고 조인트 미팅(joint meeting)을 통해 함께 결론을 도출하는 등 공동으로 수업 개선에 관한 논의 내용을 분석하는 방법을 사용하였다, 이러한 연구 방법을 통해 이들은 학교의 경계에 대한 연구자들의 인식이 확장되었고, 과학적 상황에서 언어의 중요성을 강조하여 학생들이 텍스트와 다른 표상을 의미 있게 사용하는 방법을 이해하도록 도와줄 수 있었으며, 연구자들의 전문적, 지적 발달에 영향을 주었을 뿐만 아니라 개인적 경험에도 영향을 끼쳐서 통합적인 방법으로 가르치는 것에 대하여 깊은 이해를 하게 되었다는 연구 결과를 얻을 수 있었고, 개별 학문 분야에 갇혀있는 대학 수업의 벽을 깨고 통합적인 수업이 필요하다는 제언을 할 수 있었다(조광희 등, 2016). 또, 세 명의 서로 다른 전공 신임 교수가 교사교육자와 연구자로서 발전해 가는 과정과 그들이 교육 실천에 대해 셀프스터디를 수행한 Patrizio, Ballock, & McNary(2011)의 연구는 다중적인 자료를 활용한 타당화와 비판적 동료와의 협업을 주요한 연구 방법으로 사용하였다. 즉, 각 수업의 과제물을 공유하고, 교사, 학생, 내용지식, 맥락의 복잡한 관계에 대한 여섯 차례의 대화 전사본, 두 번의 그룹 평가 과정 전사본, 13차례의 서신 자료, 관련 문헌 분석 결과 등의 다양한 자료를 바탕으로 연구자들의 협력적 분석, 공동의 논의, 비판적 재검토 등의 과정을 거치는 방법을 사용하였다. 이러한 연구 방법을 바탕으로 이들은 연구를 통해 학생의 입장에서 생각함으로써 학생들에 대해 더 잘 알게 되었고, 자신과 동료에 대해서 좀 더 깊이 있게 알게 되면서 교사교육자 및 연구자로서 자신들의 새로운 정체성을 깊이 있게 이해하게 되었다는 결론을 제시하였다(조광희 등, 2016).

이처럼, 기존의 과학교육 관련 셀프스터디 연구들에서도 다양한 자료를 통한 다면적인 분석과 관련 자료들의 삼각검증을 통한 타당화를 중시하며 지식에 대한 사회적 구성주의 관점을 견지하는 셀프스터디의 방법론적 특징(Baird, 2007; LaBoskey, 2007; Loughran, 2007; Samaras, 2010)이 나타나고 있었다. 특히, 이 과정에서 비판적 동료와의 협업이라는 방법론적 특징은 셀프스터디가 단순히 개인적이고 사변적인 이야기에 그치지 않고 공식적인 비평과 공동 구성, 공동체 속에서의 연구 결과 공유와 확산 등이 가능하도록 하는 방법이자, 동시에 일반적인 질적인 연구에서는 찾아보기 쉽지 않은 셀프스터디의 독특한 연구 방법이기도 하다.

요컨대, 셀프스터디는 자기 자신과 자신의 교육적 실천에 대한 깊이 있는 이해와 개선을 위해 다양한 질적 자료를 활용한 연구자 자신의 반성적 성찰과 탐구를 중심으로 수행되지만, 동시에 이러한 질적 자료의 활용과 반성적 성찰이 완전히 개인적이고 사변적인 결과에 그치지 않고 지식의 사회적 구성성과 공유 가능성을 담보할 수 있도록 비판적이고 협력적인 동료와의 상호작용, 다중자료를 활용한 타당성 확보 등 다양하면서도 엄밀한 연구 방법을 요청한다.

4 마치면서

이상에서 셀프스터디의 필요성, 개념과 특징, 방법론적 특징에 대해 살펴보았다. 앞서 논의한 바와 같이, 셀프스터디는 자기 자신, 자신의 실천, 자신의 생각 등을 대상으로 하는 연구로서, 특히, 교육적 실행과 관련하여 자기로부터 연구가 시작되고 자기 자신과 자신의 실천에 대한 천착에 초점을 두어 교육자로서 나에 대한 깊이 있는 이해와 교육적 실천의 개선을 추구하는 연구를 말한다. 이러한 셀프스터디는 잘 가르치기 위한 노력은 잘 가르친다는 것이 가지고 있는 복잡성, 개인적이고 특정 상황에 결부된 실천적 지식과 방법, 변화에 대한 주체적인 인식과 대응을 고려를 필요로 하고, 교육자로서 자신과 자신의 교육적 실천에 대한 반성적 성찰은 교육과 관련된 여러 문제를 해결하는 출발점이라는 점에서 그 필요성을 찾을 수 있다.

한편, 셀프스터디는 교사, 예비교사, 교사교육자로서 마주하고 있는 실질적이고 개인적인 문제에 대한 이해와 개선을 위해, 자신의 정체성과 교육적 실천에 대한 심도 있는 이해를 추구한다는 특징이 있다. 또, 연구의 신뢰성과 공유 가능성을 확보하고 나의 정체성과 지식, 교육적 실천 등은 사회적 구성물이며 공동체 구성원과의 협업으로 개선된다는 점을 반영하기 위해 동료와의 협업을 강조하고, 나아가 때로는 교육 공동체의 신념, 가치, 개혁 의제 등에도 관심을 둔다는 특징을 가지고 있다. 그리고 이 과정에서 개인적이고 교육적인 신념과 가치 측면, 교수 의도와 목적 측면, 교수 접근법과 실행 측면 모두와 이들 사이의 상호작용에도 주목하여 자기 자신과 교육적 실천에 대한 이해와 개선을 탐구한다는 특징을 가지고 있다. 아울러서, 셀프스터디는 다양한 질적 자료를 활용한 연구자 자신의 반성적 성찰과 탐구를 중심으로 수행되지만, 동시에 이러한 질적 자료의 활용과 반성적 성찰이 단순히 개인적이고 사변적인 결과를 넘어 지식의 사회적 구성성과 공유 가능성 담보로 이어질 수 있도록 비판적이고 협력적인 동료와의 상호작용, 다중자료를 활용한 타당성 확보 등 다양하면서도 엄밀한 연구 방법의 사용을 특징으로 한다.

어느 한 가지 방법이 모든 것을 해결해 줄 것이라 기대하는 것은 지나친 기대일 것이다. 비슷하게, 셀프스터디가 잘 가르치고자 하는 우리의 고민을 모두 해결해 줄 것이라 기대하는 것 역시 지나친 기대일 것이다. 게다가, 자신과 자신의 실천을 천착한다는 것은, 그리고 이를 드러내는 것은 상당히 부담되고 어려운 일이기도 하다(황혜영, 2013). 그러나, 그동안 잘 가르치는 것에 대한 일반화된 방법과 설명의 추구로는 충분히 이해하기 어려웠던 교육자로서 나 자신과 나 자신의 교육적 실천에 대해 탐구하고, 그럼으로써 자신과 자신의 교육적 실천에 대한 이해와 개선을 위한 경험적이고 실천적인 지식의 구성 및 공유를 가능하게 하며, 이를 통해 잘 가르치고자 하는 우리의 노력에 실질적인 도움을 제공할 수 있을 것이라는 점에서, 셀프스터디가 교사, 예비교사, 교사교육자로서 우리가 주목할 만한 한 가지임은 틀림없어 보인다.

참고문헌

곽영순, 김주훈(2003). 좋은 수업에 대한 질적 연구: 중등 과학 수업을 중심으로. 한국과학교육학회지, 23(2), 144-154.

김영천, 이동성(2011). 자문화기술지의 이론적 관점과 방법론적 특성에 대한 고찰. 열린교육연구, 19(4), 1-27.

김홍빈, 이경호, 이은예, 이성은(2018). 좋은 과학수업을 위한 예비교사의 도전: 수업 주제의 의미화 과정을 중심으로. 한국과학교육학회지, 38(4), 451-465.

박휴용(2019a). 포스트휴먼 시대 학습자의 존재론적 이해와 학습이론 패러다임의 변화. 교육방법연구, 31(1), 121-145.

박휴용(2019b). 포스트휴먼적 존재인식론과 학습주체성의 변화. 교육철학, 73, 81-119.

송진웅, 강석진, 곽영순, 김동건, 김수환, 나지연, 도종훈, 민병곤, 박성춘, 배성문, 손연아, 손정우, 오필석, 이준기, 이현정, 임혁, 정대홍, 정종훈, 김진희, 정용재(2019). 미래세대를 위한 과학교육표준의 주요 내용과 특징. 한국과학교육학회지, 39(3), 465-478.

엄채윤(2012). 교사의 변화능력에 대한 의미와 함의. 학습자중심교과교육연구, 12(2), 191-215.

오필석(2011). "채워지지 않는 잔(盞)": 초등 교사들에게 있어 과학 수업의 의미. 한국과학교육학회지, 31(2), 271-294.

오필석(2013). '좋은' 과학 수업에 관한 중등 과학 교사들의 사고. 한국과학교육학회지, 33(2), 405-424.

윤미영, 권정은(2013). 창조적 가치연결, 초연결사회의 도래. IT & Strategy, 제10호, 한국정보화진흥원.

윤혜경(2005). 딜레마 일화를 활용한 과학 . 한국과학교육학회지, 25(2), 98-110.

윤혜경(2008). 과학 실험 실습 교육에서 초등 교사가 느끼는 딜레마. 초등과학교육, 27(2), 102-116.

이봉우(2016). 좋은 과학수업에 대한 중등 과학교사의 인식. 한국과학교육학회지, 36(1), 103-112.

이상수(2012). 네트워크 사회 도래에 따른 새로운 교육의 방향. 교사교육연구, 51(2), 282-296.

이수아, 전영석, 홍준의, 신영준, 최정훈, 이인호(2007). 초등 교사들이 과학 수업에서 겪는 여려움 분석. 초등과학교육, 26(1), 97-107.

이혁규, 심영택, 김남수, 이현명(2012). 교사의 자기연구(Self-Study) 필요성 탐색. 교육문화연구, 18(2), 5-43.

정지선(2011), 新가치창출 엔진, 빅데이터의 새로운 가능성과 대응전략, IT & Future Strategy, 제18호, 1-30.

조광희, 김희경, 최재혁, 정용재(2016). 과학교육 연구에서 셀프스터디의 특징과 가능성 탐색: 이론적 배경과 기존 연구에 대한 고찰을 중심으로. 한국과학교육학회지, 36(3), 457-470.

조광희, 정용재, 최재혁, 김희경(2018). 과학교육 관련 자기이해와 변화역량 조사 도구 개발 및 적용: 초등예비교사의 인식을 중심으로. 한국과학교육학회지, 38(6), 901-917.

조영미, 오필석(2011). 과학 실험 수업에 관한 한 초등학교 교사의 실천적 지식의 '구조' 분석. 초등과학교육, 30(2), 162-177.

진영은, 함영기(2009). 수업 전문성 재개념화 연구 동향 및 과제. 열린교육연구, 17(2), 47-71.

최재혁, 조광희, 정용재, 김희경(2016). 탐색, 갈등, 도전, 그리고 변화-물리교과교육 수업을 위한 한 교사교육자의 셀프스터디. 한국과학교육학회지, 36(5), 739-756.

황혜영(2013). 한국 교사교육자의 전문성 개발을 위한 셀프연구(Self-study)의 도입. 한국교원교육연구, 30(1), 59-80.

Aubusson, P., Griffin, J., & Steele, F. (2010). A design-based self-study of the development of student reflection in teacher education. Studying Teacher Education, 6(2), 201-216.

Anthony, G., Hunter, J., & Hunter, R. (2015). Prospective teachers development of adaptive expertise. Teaching and Teacher Education, 49, 108-117.

Beck, C., Freese, A., & Kosnik, C. (2007). The preservice practicum: Learning through self-study in a professional setting. In J. J. Loughran, M. L. Hamilton, V. K. LaBoskey, & T. Russell (Eds.), International handbook of self-study of teaching and teacher education practices (pp. 1259-1293). Dordrecht: Springer.

Berry, A. (2007). Tensions in teaching about teaching: A self-study of the development of myself as a teacher educator. In J. J. Loughran, M. L. Hamilton, V. K. LaBoskey, & T. Russell (Eds.), International handbook of self-study of teaching and teacher education practices (pp. 1295-1332). Dordrecht: Springer.

Bransford, J. D., Brown, A. L., & Cocking, R. R.(2000). How People Learn. Washington, D.C: National Academy Press.

Bruner, J. S. (1960). The process of education. Cambridge: Harvard University Press.

Bullough, R. V., & Pinnegar, S. (2001). Guidelines for quality in autobiographical forms of self-study research. Educational Researcher, 30(3), 13-21.

Bullough, R. V., & Pinnegar, S. E. (2007). Thinking about the thinking about self-study: An analysis of eight chapters. In J. J. Loughran, M. L. Hamilton, V. K. LaBoskey, & T. Russell (Eds.), International handbook of self-study of teaching and teacher education practices (pp. 313-342). Dordrecht: Springer.

Capobianco, B. M. (2007). A self-study of the role of technology in promoting reflection and inquiry-based science teaching. Journal of Science Teacher Education, 18(2), 271-295.

Clift, R. T. (2007). Self-study research in the context of teacher education programs. In J. J. Loughran, M. L. Hamilton, V. K. LaBoskey, & T. Russell (Eds.), International handbook of self-study of teaching and teacher education practices (pp. 1333-1366). Dordrecht: Springer.

Clarke, A., & Erickson, G. (2007). The Nature of Teaching and Learning in Self-Study. In J. J. Loughran, M. L. Hamilton, V. K. LaBoskey, & T. Russell (Eds.), International handbook of self-study of teaching and teacher education practices (pp. 41-67). Dordrecht: Springer.

Cochran-Smith, M. (2003). Learning and unlearning: the education of teacher educators. Teaching and Teacher Education, 19(1), 5-28.

Cochran-Smith, M. (2005). Teacher educators as researchers: multiple perspectives. Teaching and Teacher Education, 21(2), 219-225.

Cuban, L. (1993). How teachers taught: Constancy and change in American classrooms, 1890-1990. New York: Teachers College Press.

Day, C., Kington, A., Gu, Q., & Sammons, P. 2005, March 15. The role of identity in variations in teachers' work, lives and effectiveness. Paper presented at the ESRC Seminar Series, Nottingham.

Dewey, J. (1938). Logic: The theory of inquiry. New York: Henry Holt and Company.

Dias, M., Eick, C. J., & Brantley-Dias, L. (2011). Practicing what we teach: A self-study in implementing an inquiry-based curriculum in a middle grades classroom. Journal of Science Teacher Education, 22(1), 53-78.

Dinkelman, T. (2003). Self-study in teacher education a means and ends tool for promoting reflective teaching. Journal of Teacher Education, 54(1), 6-18.

Driver, R. (1983). The pupils as scientist? Philadelphia: Open University Press.

Faikhamta, C., & Clarke, A. (2013). A self-study of a Thai teacher educator developing a better understanding of PCK for teaching about teaching science. Research in Science Education, 43(3), 955-979.

Feldman, A., Paugh, P., & Mills, G. (2007). Self-study through action research. In J. J. Loughran, M. L. Hamilton, V. K. LaBoskey, & T. Russell (Eds.), International handbook of self-study of teaching and teacher education practices (pp. 943-977). Dordrecht: Springer.

Fullan, M. G. (1993). Why teachers must become change agents. Educational Leadership, 50(6), 1-13.

Garbett, D. (2011). Developing pedagogical practices to enhance confidence and competence in science teacher education. Journal of Science Teacher Education, 22(8), 729-743.

Garbett, D., & Heap, R. (2011). Making practice visible: A collaborative self-study of tiered teaching in teacher education. Studying Teacher Education, 7(3), 235-248.

Garbett, D., & Ovens, A. (2012). Being a teacher educator: Exploring issues of authenticity and safety through self-study. Australian Journal of Teacher Education, 37(3), 44-56.

Gitlin, A., & Russell, R. (1994). Robyn's story: Out of the silence. Teacher Education Quarterly, 21(1), 121-144.

Gitlin, A., Peck, M., Aposhian, N., Hadley, S., & Porter, A. (2002). Looking again at insider knowledge: A relational approach to knowledge production and assessment. Journal of Teacher Education, 53(4), 303-315.

Hamilton, M. L., & Pinnegar, S. (1998). Conclusion: The value and the promise of self-study. In M. L. Hamilton (Ed.), Reconceptualizing teaching practice: Self-Study in teacher education (pp. 235-246). London: Falmer Press.

Hoban, G. F., Butler, S., & Lesslie, L. (2007). Facilitating self-study of professional development: Researching the dynamics of teacher learning. Studying Teacher Education, 3(1), 35-51.

Hug, B., & Möller, K. J. (2005). Collaboration and connectedness in two teacher educators' shared self-study. Studying Teacher Education, 1(2), 123-140.

Kember, D., & McKay, J. (1996). Action research into the quality of student learning: A paradigm for faculty development. The Journal of Higher Education, 528-554.

Koster, B., Brekelmans, M., Korthagen, F., & Wubbels, T. (2005). Quality requirements for teacher educators. Teaching and Teacher Education, 21(2), 157-176.

LaBoskey, V. K. (1998). Introduction to Part IV: Case studies of collaborative self-study. In M. L. Hamilton (Ed.), Reconceptualizing teaching practice: Self-Study in teacher education (pp. 151-153). London: Falmer Press.

LaBoskey, V. K. (2007). The methodology of self-study and its theoretical underpinnings. In J. J. Loughran, M. L. Hamilton, V. K. LaBoskey, & T. Russell (Eds.), International handbook of self-study of teaching and teacher education practices (pp. 817-869). Dordrecht: Springer.

Latour, B. (2005). Reassembling the Social: An Introduction to Actor-Network Theory. Oxford: Oxford University Press.

Lave, J., & Wenger, E. (1991). Situated learning: Legitimate peripheral participation. New York: Cambridge University Press.

Law, J. (1992). Notes on the theory of the Actor Netwok: Odering, strategy and heterogeneity, Systems Practice, 5(4), 379-393.

Loughran, J. J. (2007). A history and context of self-study of teaching and teacher education practices. In J. J. Loughran, M. L. Hamilton, V. K. LaBoskey, & T. Russell (Eds.), International handbook of self-study of teaching and teacher education practices (pp. 7-39). Dordrecht: Springer.

Loughran, J., & Northfield, J. (1998). A framework for the development of self-study practice. In M. L. Hamilton (Ed.), Reconceptualizing teaching practice: Self-Study in teacher education (pp. 7-18). London: Falmer Press.

Luft, J. A., & Roehrig, G. H. (2007). Capturing science teachers' epistemological beliefs: The development of the teacher beliefs interview. Electronic Journal of Science Education, 11(2).

Manke, M. P. (2007). Manke, M. P. (2004). Administrators also do self-study: Issues of power and community, social justice and teacher education reform. In J. J. Loughran, M. L. Hamilton, V. K. LaBoskey, & T. Russell (Eds.), International handbook of self-study of teaching and teacher education practices (pp. 1367-1391). Dordrecht: Springer.

Mezirow, J. (1991). Transformative Dimensions of Adult Learning, San Francisco, CA: Jossey-Bass

Moscovici, H. (2007). Mirror, mirrors on the wall, who is the most powerful of all? A self study analysis of power relationships in science methods courses. Journal of Research in Science Teaching, 44(9), 1370-1388.

Munby, H., & Russell, T. (1994). The authority of experience in learning to teach: Messages from a physics method class. Journal of Teacher Education, 45(2), 86-95.

Osmond, P., & Goodnough, K. (2011). Adopting just-in-time teaching in the context of an elementary science education methodology course. Studying Teacher Education, 7(1), 77-91.

Patrizio, K. M., Ballock, E., & McNary, S. W. (2011). Developing as teacher educator-researchers. Studying Teacher Education, 7(3), 263-279.

Pinnegar, S., & Hamilton, M. L. (2009). Self-study of practice as a genre of qualitative research: Theory, methodology, and practice (Vol. 8). Dordrecht: Springer.

Rogers, M. A. P. (2009). Elementary preservice teachers' experience with inquiry: Connecting evidence to explanation. Journal of Elementary Science Education, 21(3), 47-61.

Samaras, A. P. (2002). Self-study for teacher educators: Crafting a pedagogy for educational change. New York: Peter Lang.

Samaras, A. P. (2011). Self-study teacher research: Improving your practice through collaborative inquiry. Thousand Oaks, CA: Sage.

Samaras, A. P., & Freese, A. R. (2006). Self-study of teaching practices. New York: Peter Lang.

Schön, D. A. (1987). Educating the reflective practitioner: Toward a new design for teaching and learning in the professions. San Francisco: Jossey-Bass.

Sparks-Langer, G. M., & Colton, A. B. (1991). Synthesis of research on teachers' reflective thinking. Educational leadership, 48(6), 37-44.

Strike, K. A., & Posner, G. J. (1982). Conceptual change and science teaching. European Journal of Science Education, 4(3), 231-240.

Tidwell, D. L., Heston, M. L., & Fitzgerald, L. M.(2009). Research methods for the self-study of practice. London: Springer.

Trumbull, D. J., & Fluet, K. (2008). What can be learned from writing about early field experiences?. Teaching and Teacher Education, 24(6), 1672-1685.

Tsai, C.-C., & Wen, L. M. C. (2005). Research and trends in science education from 1998 to 2002: A content analysis of publication in selected journals. International Journal of Science Education, 27, 3-14.

Valli, L., & Buese, D. (2007). The changing roles of teachers in an era of high-stakes accountability. American Educational Research Journal, 44(3), 519-558.

Vygotsky, L. S. (1981). The genesis of higher mental functions. In J. V. Wertsch (Ed.). The concept of activity in Soviet psychology (pp. 144-188). Armonk, NY: Sharpe.

CHAPTER 2

셀프스터디 기반 교육 방안: RPUS

이 장에서는 자기이해를 바탕으로 변화역량을 갖춘 교사 양성의 필요성, 이를 위한 셀프스터디 기법의 교육적 접목, 셀프스터디에 기반한 반성적 실천 전략(RPUS)의 조건과 특징 등을 상술하고자 한다. 교사를 희망하여 교육대학교나 사범대학에 입학한 예비교사조차 자신의 정체성이나 진로에 대하여 불안감을 가지고 있는데, 이와 관련하여 자기이해와 변화역량에 대한 조사와 교육의 필요성이 대두되고 있다. 이 역량들을 증진하기 위한 교사교육 전략의 하나로, 선행 연구와 교육경험 등을 바탕으로 셀프스터디에 기반을 둔 교육 방안을 제안하고자 한다. 셀프스터디는 교사교육자들에 의해 제기된 연구 방법이지만, 교사나 예비교사를 위한 전문성 발달의 방법으로 활용될 수 있다. 셀프스터디의 핵심인 자기이해와 성찰과정을 교사교육에 활용하기 위하여 이 책의 저자들은 'RPUS'를 고안하였다. RPUS는 Reflective Practice strategies Using Self-study의 약자로, '셀프스터디를 활용한 반성적 실천 전략'을 말한다. RPUS는 자발적 지향 설정, 실행에 기반한 변화, 지속적 변화 추구를 기존 조건으로 한다. 또, 과거-현재-미래로 이어지는 '나'에 대한 이해를 중시하고, 비판적 동료의 역할을 강조하며, 반성적 실천을 지속하기 위한 다양한 성찰을 필요로 한다. 장의 후반부에는 RPUS 적용 과정에서 유의할 사항들을 추가하였다.

1 자기이해, 변화역량, 그리고 셀프스터디

1.1 자기이해와 변화역량 교육의 중요성

'대2병'이라는 말이 있듯이, 대학 재학생의 자기 진로와 인생 전반에 대한 고민은 일종의 사회 현상처럼 널리 퍼져 있다[1]. 떨어진 자존감과 미래에 대한 불안감은 휴학이나

1. '대2병'은 언론 기사나 인터넷 등에 자주 등장하는 용어이다. 영어로는 'sophomore jinx'라고 하며, 2

자퇴를 통해 진로 포기로 연결되며, 학생의 학습은 물론이고 직업 교육 측면에서도 불안정성을 유발한다(김홍석, 2013; 박미진, 김진희, 정민성, 2009; 신현규, 장재윤, 2003; 신혜진, 2016; Swanson & Tokar, 1991).

교사를 꿈꾸며 교육대학교나 사범대학에 입학한 예비교사들의 상황도 다르지 않다. 예비교사로서 자신의 정체성이나 학습에 불안을 느끼는 사례가 증가하고 있다. 대부분 인생의 목표를 대학 진학으로 정하고 무작정 공부하였던 탓에, 대학에 입학한 후에야 비로소 교직 적성에 대한 고민, 자아성찰 및 지향점에 대한 이해 등이 부족했다는 사실을 깨닫는다(김재은, 조홍식, 2014; 김준희, 신은경, 현영섭, 2021). 교사 양성과정에서 예비교사는 뚜렷한 교직 지향성을 가지고 자신의 직업 정체성을 계속 계발할 수 있어야 한다. 그러나 예비교사는 진로에 대한 회의, 자아개념 미흡, 동기 부족 등을 겪고 있으며, 결과적으로 효율적인 교육이 제대로 진행되지 못하고 있다(김동현, 박영우, 2011; 류태호, 2000; 박은수, 2016).

예비교사의 자아개념은 진로 동기에 영향을 준다. 일반적으로 학습자의 자아개념은 본인의 진로 동기와 밀접한 관련이 있는데(Gottfredson, 1981; Lent, Brown, & Hackett, 1994), 이지혜(2013)는 통계 분석을 통해 예비교사의 자기애, 자기성찰, 자기통제력 등이 진로 동기에 영향을 미침을 발견하였다. 또 소연희(2011)는 진로결정이 진로준비행동, 진로태도성숙, 유능감 등과 깊은 관련이 있고, 특히 진로태도성숙 중에서 결정성과 상대적으로 관련이 높음을 보였다. 그리고 자기결정욕구는 진로결정에 직간접적으로 영향을 미쳤는데, 이러한 결과를 바탕으로 진로태도성숙이 진로결정에 영향을 미치는 모형을 제안하기도 하였다. 전국 17개 시도 초중고 학생 1841명을 대상으로 한 설문 조사를 통해, 과학학습에 관한 정서 및 긍정경험이 과학관련 자아개념에 영향을 주고, 이것이 다시 과학관련 태도와 과학관련 진로 포부에 영향을 준다는 연구 결과(김희경 등, 2017)도 유사한 맥락이라고 볼 수 있다.

이러한 점들을 고려하면, 예비교사들의 교직 지향성이 명확할수록 교직에 대한 희망이 커지고 교사가 될 가능성 또한 높아진다고 추정할 수 있다. 교직 관련 프로그램을 통해 진로 준비 행동과 교직 헌신 의지를 높일 수 있다는 연구 결과(정은이, 2008)를 고려하

학년이 되면서 신입생 시절에 비해 열정이 줄고 성적이 부진함을 뜻하기도 한다. 한 조사에 따르면 우리나라 대학교 2, 3학년의 75 %가 소위 '대2병'에 해당한다(통계청, 2019).

면, 교직 지향에 관한 체계적 교육을 통해 예비교사의 진로 불안감을 줄일 수 있고, 예비교사들은 교사 양성과정에 더욱 몰입할 수 있을 것이다. 달리 말하면, 교사로서 교육에 관한 자신의 비전을 설정하고 이를 토대로 지금의 나, 나를 둘러싼 주변을 둘러보고 성찰하는 '자기이해'는 교육 개선에 있어 중요한 요인이라고 할 수 있으며, 이에 관한 교육 프로그램을 교사 양성과정에 도입할 필요가 있다.

그러나 단순히 자신을 반성적으로 성찰하고 주변 상황을 조망한다고 하여 그것이 바로 개선으로 이어진다고 보장할 수는 없다. 자기이해는 자발적인 변화를 위한 필요조건이지만, 충분조건은 아니다. 예를 들어 반성적 사고에 관한 여러 연구가 시도되었으나(박미화 등, 2007; 정애란 등, 2007; 이정아, 2010; 윤혜경, 2012 & 2013; 임성민, 2017; Cruickshank, 1985; Dewey, 1933; Lee, 2005; Schön, 1987; Sparks-Langer & Colton, 1991), 이 연구들을 예비교사들이 자발적으로 변화하는 계기나 맥락을 다룬 연구로 보기에는 한계가 있다. 달리 말하면, 자기이해를 통한 반성적 성찰이 긍정적 변화와 개선으로 이어지기 위하여 또 다른 요인이 필요함을 시사한다.

예비교사들이 자발적으로 의미 있는 변화를 스스로 할 수 있도록 하기 위하여 '변화역량'의 중요성이 대두되고 있다. 학교 현장에서 지속적으로 교육 개선을 시도할 수 있는 교사를 양성하고자, 반성적 성찰을 기반으로 하는 자발적 변화 성향을 주목한 연구자들이 있다(소경희, 2009; 엄채윤, 2012; Fullan, 1993). 이들에 따르면, 변화역량(또는 변화능력)은 반성적 능력, 변화의 필요성 인식, 탐색 및 실천 등과 밀접한 관련이 있으며, 교육을 통해 변화역량을 계발하고 증진할 필요가 있다.

그런데 일반적으로 새로운 교육을 시도하기 위해서는, 교육 목표를 재구성하고 학습자가 이를 성취할 수 있도록 교육 내용을 명확하게 제시하여야 한다. 자기이해와 변화역량 증진을 위한 교육의 도입도 마찬가지다. 먼저 자기이해와 변화역량을 개념화하고 요인(구인)을 설정하는 과정이 선행되어야 한다. 특정 역량을 증진하기 위한 프로그램을 개발하기 위해서는 해당 역량의 구체적인 조건과 특징들을 탐색하여야 하는데, 이를 위해 개념의 명료화가 필요하기 때문이다. 이는 교육 개선을 위한 교수설계의 일반적 절차이기도 하다(임철일, 2012).

이 책에서 저자들은 자기이해와 변화역량의 요인을 <그림 2.1>과 같이 도출하였다[2]. 이를 위해 자기이해와 변화역량에 관한 선행 연구들(엄채윤, 2012; 장계영과 김봉환, 2009; Campbell et al., 1996; Chartrand et al., 1990; Fullan, 1993; Kelchtermans, 2009)을 분석하고 우리나라

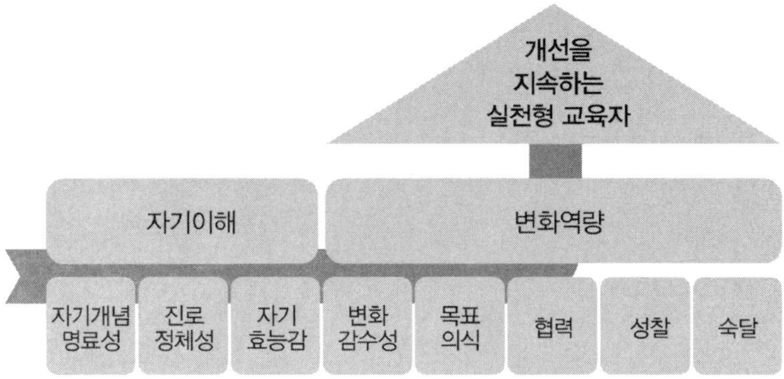

그림 2.1 자기이해와 변화역량의 요인

교사교육의 현황과 전문가 의견을 반영한 후, 설문 조사와 통계 처리(요인 분석 포함) 등을 진행하였다. 먼저 자기이해와 관련하여 살펴보면, Kelchtermans(2009)는 자기이해를 자기이미지(self-image), 자아존중감(self-esteem), 직업동기(job motivation), 과제인식(task perception), 미래 지향(future perspective)을 5가지 요인으로 제안하였다. 여기에 Campbell 등(1996)의 자기개념명료성, Chartrand 등(1990)의 진로 요인 설문을 함께 고려하되, 유사 문항을 합친 후 교사교육자의 자문과 검토를 거쳐, 3가지 요인으로 재구조화하였다. 이 과정에서 자기이해를 '나와 나를 둘러싼 맥락을 성찰하는 능력'으로 재정의하고 이를 구성하는 요인으로 자기개념명료성, 진로정체성, 자기효능감을 설정하였다. 여기서 '자기개념명료성'은 교사로서 자기개념의 명료함을, '진로정체성'은 본인이 교직을 원하고 교직에 흥미가 있음을 인지하는 성향을, '자기효능감'은 교사로서 적절한 행동을 할 수 있다는 기대와 신념을 의미한다.

변화역량에서도 유사한 과정을 거쳤다. 우선 Fullan(1993)이 제시한 4가지 변화역량 요인(개인적 비전 설정, 탐구, 숙달, 협력)을 검토하였다. 이를 바탕으로 엄채윤(2012)이 제안한 비전, 성찰, 숙달, 관계, 인식, 실천, 성격특성을 함께 고찰하고, 설문 문항을 제작하였다. 이 설문을 예비교사들에게 투입하고 전문가 검토와 요인 분석 등을 거쳐, 예비과학교사에게 필요한 5가지 변화역량의 요인을 도출하였다(조광희 등, 2018). 이를 통해 변화역량을 '바람직한 변화를 만들려는 목표를 바탕으로 실제 변화를 끌어내는 교사의 능력'으로 설

2. 자기이해와 변화역량에 관한 이론적 논의 및 요인 탐색 과정 등은 선행 연구(조광희 등, 2018)에서 상술하였으므로, 이 책에서는 간략히 요약하여 제시함.

정하고, 변화역량의 5가지 요인(변화감수성, 목표의식, 협력, 성찰, 숙달)을 개념화하였다. 이때 '변화감수성'은 변화와 변화의 필요성에 대해 민감하게 인식함을, '목표의식'은 자신의 목표와 비전에 대한 명료한 생각을, '협력'은 교육 상황에서 능숙하게 관계를 맺고 소통을 통해 협업하는 능력을, '성찰'은 사고와 행동의 적절성에 대한 반성적 사고를, '숙달'은 문제를 해결하는 데 필요한 지식이나 기능 등을 갖추고 있음을 뜻한다.

지금까지 교사 양성과정에서 자기이해와 변화역량 교육의 중요성을 논하였다. 서두에 제시한 바와 같이, 교육대학교나 사범대학에 입학한 예비교사들이 진로에 관한 고민이나 학습에 대한 불안 등을 호소하는 현실은, 교사 양성과정에서 예비교사를 대상으로 진로에 관한 의식을 고취하고 능동적으로 실천할 수 있도록 지원하는 교육 활동이 필요함을 시사한다. 이와 관련하여 이 절에서는 자기이해와 변화역량을 개념화하고, 이에 관한 교육의 중요성을 강조하였다. 이어지는 절에서는 자기이해와 변화역량에 대한 예비교사의 인식을 살펴보고, 교육적 시사점을 도출하고자 한다.

1.2 자기이해와 변화역량에 관한 예비교사의 인식 현황

자기이해와 변화역량을 증진하기 위한 교육을 시도하기 전에, 먼저 현황에 대한 실태를 확인할 필요가 있다. 초등교사 양성기관인 교육대학교 재학생, 중등교사 양성기관인 사범대학 재학생들의 자기이해와 변화역량에 대한 자료를 바탕으로, 관련 역량을 증진할 수 있도록 교육이 이루어져야 하기 때문이다. 이 절에서는 교육대학교 재학생과 사범대학 물리교육과 재학생의 자기이해와 변화역량에 대한 인식을 조사하고, 결과를 요약하여 제시하였다[3]. 비록 두 연구에서 모집단 전체를 대상으로 조사하지는 않았으나 적절하게 표집하였기에, 연구 결과들은 각 모집단의 특징을 보여주고 있으며 여러 시사점을 제공하고 있다.

먼저 초등예비교사들을 대상으로 한 조사 결과는 다음과 같다. 2018년 7월 충청지역 소재 교육대학교 예비교사 153명을 대상으로 조사한 결과(조광희 등, 2018)에 따르면, 초등

3. 교육대학교 재학생을 대상으로 한 조사 결과는 조광희 등(2018)의 연구에서, 사범대학 물리교육과 재학생을 대상으로 한 조사 결과는 조광희 등(2021)의 연구에서 자세히 다루고 있으며, 이 책에서는 상기 논문의 내용을 요약하여 제시하였음.

표 2.1 초등예비교사의 자기이해 및 변화역량에 대한 인식(5점 기준 리커트 척도)

요인	자기이해			변화역량				
	자기개념 명료성	진로 정체성	자기 효능감	변화 감수성	목표 의식	협력	성찰	숙달
평균	3.79	3.86	3.72	3.62	3.96	4.01	3.99	3.65
표준편차	.71	.79	.70	.69	.70	.63	.74	.79

예비교사들은 대체로 자기이해와 관련하여 긍정적인 인식을 하고 있었다(<표 2.1> 참조). 5점 리커트(Likert) 척도를 기준으로 '자기개념명료성'은 3.79, '진로정체성'은 3.86, '자기효능감'은 3.72가 평균값이었다. 변화역량에 관해서도 대체로 긍정적이었다('변화감수성' 3.62, '목표의식' 3.96, '협력' 4.01, '성찰' 3.99, '숙달' 3.65). 다만, 변화역량의 요인 중에서 '변화감수성'과 '숙달'은 평균이 상대적으로 낮게 나타났다.

그런데 자기이해와 변화역량에 관한 응답을 자세히 살펴보면[4], 초등예비교사로서의 인식과 초등학교에서 과학을 가르치는 예비교사로서의 인식 사이에 차이가 있었다. 초등과학을 가르치는 예비교사로서의 자기이해 및 변화역량은 일반적인 초등교사로서의 자기이해 및 변화역량 인식보다 덜 긍정적이었다. 예를 들어 초등예비교사로서의 진로정체성은 4.15점으로 자기이해 요인 중 가장 높은 평균치를 보여주었다. 앞으로 초등교사가 되겠다는 인식이 보편적으로 형성되어 있음을 알 수 있다. 그런데 초등과학예비교사로서의 진로정체성은 평균 3.56이었다. 특히 설문 참가자의 88.9%(136명)에 해당하는 고등학교 문과 출신[5]의 응답만으로 한정하면, 초등과학예비교사로서의 진로정체성은 평균 3.48이었다. 비록 이 이 평균값이 중립(3.0)보다 크지만, 부정적으로 답변한 응답자도 존재하였다. 이런 성향은 다른 요인들에서도 공통으로 나타났다. 이러한 결과는 예비교사가 나중에 학교 현장에서 본인을 '초등학교 과학을 가르치는 교사'로 인식하고, 과학교육에 관한 변화에 적응하고 학교교육을 개선할 수 있으려면, 교사 양성과정에 별도의 교육활동이 추가되어야 함을 시사한다.

4. 결과에 대한 정보량이 많고 복잡하며 선행 연구(조광희 등, 2018)에 상세히 제시하였기에, 여기에 표를 재인용하지 않음.

5. 문과나 이과는 공식 용어가 아니고, 현행 교육과정에서는 더 이상 인문・사회과정, 자연과정조차 명시하지 않으나, 여전히 이러한 구분이 통용됨.

표 2.2 초등예비교사의 자기이해와 변화역량에 대한 인식 사이의 상관관계(* p<.01)

초등과학예비교사로서의 인식		자기이해			변화역량				
		자기개념 명료성	진로 정체성	자기 효능감	변화 감수성	목표 의식	협력	성찰	숙달
자기이해	자기개념 명료성	1.00							
	진로정체성	.622*	1.00						
	자기효능감	.677*	.794*	1.00					
변화역량	변화감수성	.569*	.478*	.513*	1.00				
	목표의식	.541*	.579*	.653*	.772*	1.00			
	협력	.536*	.461*	.522*	.637*	.665*	1.00		
	성찰	.533*	.406*	.500*	.678*	.696*	.733*	1.00	
	숙달	.481*	.571*	.723*	.564*	.721*	.487*	.547*	1.00

그리고 자기이해와 변화역량의 요인 간의 상관관계를 분석한 결과(<표 2.2> 참조), 모든 조합에서 상관관계가 있는 것으로 나타났다(상관계수 0.4 이상). 특히 자기개념명료성, 진로정체성, 자기효능감 사이의 조합에서는 0.6~0.8에 해당하는 상관계수가 도출되었고, 변화역량 중 '목표의식'은 다른 모든 요인과 고르게 높은 상관(0.54 이상)을 보여주었다. 그리고 예를 들어 자기효능감과 숙달 간 상관계수는 .723으로 나타나 자기이해가 변화역량과 밀접한 관련이 있음을 알 수 있다.

이러한 수치 자료를 종합적으로 해석하면, 자기이해와 변화역량에 속하는 여러 요인이 복합적으로 영향을 주고받고 있는데, 이 중에서 '목표의식'이 일종의 매개변수로서 다리 역할을 하고 있음을 추정할 수 있다. 그리고 자기이해에 속하는 3가지 요인은 상호 밀접한 연관이 있으며, 특히 상대적으로 평균이 낮은 변화감수성과 숙달의 증진을 위한 다양한 교수학습전략이 필요함을 알 수 있다.

중등교사 양성과정에 대한 실태를 조사한 조광희 등(2021)의 연구에서는 전국 11개 사범대학 물리교육과 재학생 308명을 대상으로 자기이해와 변화역량에 대한 인식을 분석하였다(<표 2.3> 참조). 이에 따르면 예비물리교사들은 자기이해와 변화역량에 있어 5점 기준으로 대체로 3.6에서 4.1 사이에 해당하는 긍정적인 인식을 가지고 있었다. 구체적으로 살펴보면 진로정체성, 목표의식, 협력은 평균 4.0을 넘었지만, 자기개념명료성, 자기효능감, 변화감수성, 숙달은 평균 3.7 안팎이었다. 이는 상대적으로 낮은 수치에 해당하

표 2.3 예비물리교사의 자기이해 및 변화역량에 대한 인식(5점 기준 리커트 척도)

요인	자기이해			변화역량				
	자기개념 명료성	진로 정체성	자기 효능감	변화 감수성	목표 의식	협력	성찰	숙달
평균	3.78	4.03	3.63	3.75	4.03	4.00	3.99	3.60
표준편차	.73	.77	.68	.65	.66	.64	.70	.72

는데, '부정'이나 '강한 부정'을 선택한 응답도 발견되었다. 전체적인 경향성은 교육대학생을 대상으로 한 조사 결과와 유사하였다.

성별, 학년별, 지역별, 설립 주체별(국립/사립)로 나누어 차이를 비교하였을 때, 성별을 제외하면 통계적으로 유의미한 차이가 거의 나타나지 않았다. 성별에 따른 차이를 분석한 결과, 사범대학 물리교육과 재학생 중 여학생 응답의 평균값이 남학생보다 전반적으로 낮았다. 성차가 나타나는 원인에 대해 더 자세한 연구가 필요하겠으나, 자기이해와 변화역량 증진에 있어 성별을 고려한 교육이 필요할 수 있음을 시사한다.

반면에 학년에 따른 유의미한 차이는 나타나지 않았다. 이는 현재 사범대학에서 진행하는 교육이 예비교사의 자기이해나 변화역량 증진에 거의 영향을 끼치지 못하고 있음을 뜻한다. 즉, 자기이해나 변화역량에 대한 교육이 이루어지지 않았거나, 교육이 시도됨에도 별로 효과적이지 못 하거나, 일반적인 교육을 통해서는 쉽게 바뀌지 않는다고 해석할 수 있다. 따라서 현재 이루어지는 교사교육 전반에 대한 실태 조사, 교육 효과가 미미한 원인 등에 대한 분석이 필요하며, 자기이해와 변화역량 증진을 목적으로 하는 세부 교육 활동이 제안되어야 할 것이다.

사범대학에 다니는 예비물리교사의 응답 분포를 추가로 분석한 결과에 따르면, 예비교사로서의 인식과 예비과학교사로서의 인식이 대체로 유사하게 나타났다. 물리교육과 재학생은 예비교사로서의 인식과 예비과학교사로서의 인식을 거의 동일시하고 있음을 알 수 있다. 그런데 초등예비교사를 대상으로 한 유사 연구(조광희 등, 2018)에서 초등예비교사들은 두 인식 사이에 차이가 있었다. 이는 전체 과목을 가르치는 초등교사와 본인의 전공을 가르치는 중등교사 간의 차이라고 볼 수 있다.

요인 간의 상관관계를 분석한 결과(<표 2.4> 참조), 자기이해와 변화역량 사이에 밀접한 상호 관련성이 있었다(조광희 등, 2021). 거의 모든 조합에서 .50 이상의 상관을 보였는데, 예를 들어 자기이해 중 '자기효능감'과 변화역량 중 '숙달'의 상관관계가 특히 높게

표 2.4 예비물리교사의 자기이해와 변화역량에 대한 인식 사이의 상관관계(* p<.01)

예비과학교사로서의 인식		자기이해			변화역량				
		자기개념 명료성	진로 정체성	자기 효능감	변화 감수성	목표 의식	협력	성찰	숙달
자기이해	자기개념 명료성	1.00							
	진로정체성	.671*	1.00						
	자기효능감	.706*	.652*	1.00					
변화역량	변화감수성	.702*	.578*	.568*	1.00				
	목표의식	.656*	.673*	.560*	.719*	1.00			
	협력	.619*	.563*	.602*	.745*	.717*	1.00		
	성찰	.542*	.507*	.478*	.626*	.716*	.670*	1.00	
	숙달	.582*	.521*	.758*	.612*	.633*	.644*	.602*	1.00

나타났다. 참고로 자기효능감, 숙달의 평균값 자체는 모두 상대적으로 낮았다. 이는 자기이해가 변화역량에 직간접적으로 영향을 미칠 수 있고, 요인들을 아우르는 포괄적인 교육 프로그램이 효과적일 수 있으며, 특히 자기효능감과 숙달에 관한 인식을 높여줄 수 있어야 함을 의미한다.

지금까지 살펴본 바와 같이 자기이해와 변화역량, 그리고 각 요인은 밀접한 관련이 있다. <그림 2.2>는 탐색적 수준에서 요인 간의 관계를 보여주는 구조방정식 모형이다 (TLI .915, CFI .923, RMSEA .068). 이 모형에 따르면 자기이해에 해당하는 자기개념명료성,

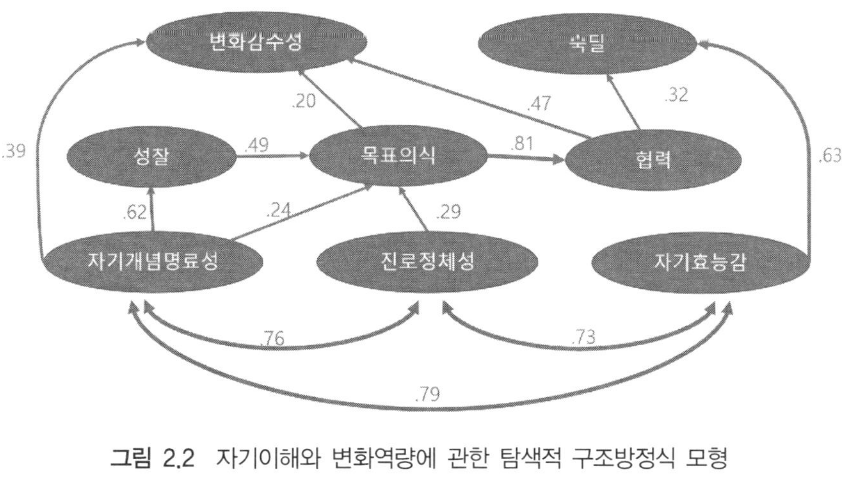

그림 2.2 자기이해와 변화역량에 관한 탐색적 구조방정식 모형

진로정체성, 자기효능감은 서로 밀접한 관련이 있다. 그리고 자기개념명료성은 성찰과 목표의식에, 진로정체성은 목표의식에, 자기효능감은 숙달에 영향을 준다. 변화역량의 5가지 요인도 긴밀한 관련이 있는데, 특히 변화감수성과 숙달은 성찰, 목표의식, 협력의 영향을 직간접적으로 받는다. 요약하면, 자기이해의 요인들은 복합적으로 변화역량에 영향을 주고 있으며, 변화역량 중에서는 특히 성찰, 목표의식, 협력을 통해 변화감수성과 숙달 역량이 증진될 수 있음을 시사한다.

이러한 분석 결과를 종합하면, 초중등 교사교육에 있어 자기이해와 변화역량이 서로 밀접한 관련이 있으며, 교사교육 전반에 있어 이에 대한 교육이 필요함을 시사한다. 특히 변화감수성과 숙달처럼 상대적으로 예비교사의 인식 수준이 낮은 요인을 증진할 수 있는 방안을 모색하여야 할 것이다. 아울러 학교 급이나 성별 등에 따라 과학교육에 관한 교사교육의 차별화 및 특성화가 요구된다고 하겠다.

1.3 셀프스터디 기법 도입의 필요성

이 책의 저자들은 자기개념명료성, 진로정체성, 자기효능감 등의 '자기이해'와 변화감수성, 목표의식, 협력, 성찰, 숙달 등의 '변화역량'을 증진하기 위한 활동과 방법을 탐색하였다. 예컨대 앞서 소개한 초중등 예비교사 대상 조사에서 모두 자기이해 중 진로정체성의 평균값이 가장 높고 자기효능감이 낮았다. 그리고 변화역량 중 목표의식, 협력, 성찰에서 평균값이 상대적으로 높게 나타났으며, 변화감수성과 숙달의 평균값이 낮았다. 비록 아직 실증 자료가 충분하지 않고 요인 간의 인과 관계에 대하여 더욱 면밀한 연구가 필요하나 선행 연구, 자료 조사, 현장 경험 등을 바탕으로 교수 설계 측면에서 교육적 처방을 제시할 수 있다. 예를 들어, 평균과 유사한 예비교사에게는 높은 진로정체성을 토대로 자기개념명료성과 자기효능감을 높이고, 비교적 명확한 목표의식을 바탕으로 성찰과 협력을 통해 변화감수성과 숙달에 관한 인식을 높여 변화역량의 증진을 유도하는 교육 활동을 시도할 수 있다. 그렇다면 이제 이들 요인을 계발할 수 있는 구체적인 방법에 대한 논의가 필요하다.

이러한 취지에서 예비교사나 현장 교사의 자기이해와 변화역량을 증진하는 방안으로 '셀프스터디'에 주목하였다. 자기이해와 변화역량의 요인으로 추출한 자기개념명료성, 자기효능감, 변화감수성, 목표의식, 협력, 성찰 등은 셀프스터디에서 중시하는 핵심어와 밀접한 관련이 있으며, 셀프스터디는 참여자의 성찰과 실천을 바탕으로 성장을 추구하기 때문이다.

앞서 서술한 바와 같이 '셀프스터디'는 자기 자신, 자신의 실천, 자신의 생각 등을 대상으로 하는 연구를 통칭한다(Hamiliton & Pinnegar, 1998). 셀프스터디는 교육 상황에서 교육자로서, 그리고 연구자로서 다양한 역할을 해야 하는 교사교육자에게 특히 의미 있는 도구로 알려져 있다(Bullough & Pinnegar, 2007). 셀프스터디는 자신을 연구 대상으로 하는 연구 방법으로, 단순히 연구에 그치는 것이 아니라 본인에 대한 이해, 자신에 대한 성찰에서 시작하여 실행과 개선을 지향한다(Bullough & Pinnegar, 2007). 이 과정에서 반성, 협력, 개방성, 상황탐구 등이 특징으로 나타나는데(Samaras & Freese, 2006), 이는 자신을 대상으로 하지만 비판적인 동료와 함께 연구를 진행하는 셀프스터디의 특징이라고 할 수 있다(Dinkelman, 2003).

셀프스터디가 지니는 이러한 특징은 예비교사나 현장 교사의 반성적 사고를 격려하고 관련 상황을 심층적으로 탐색하여, 본인과 주변 교육 상황의 지속적인 개선을 추구하는 데 적절하다(Freese, 1999; Loughran, 2004). 예를 들어 예비교사를 대상으로 한 교수 학습 전략의 이해 및 개선 연구(Capobianco, 2007; Rogers, 2009)에서 셀프스터디가 중요한 역할을 하였다. 이러한 점들을 고려하여, 예비교사 및 현직 교사가 자기이해와 변화역량을 증진할 수 있는 방법으로써 셀프스터디 기법을 활용하고자 하였다.

Samaras(2011)는 셀프스터디의 방법론적 특징으로 5대 핵심 요소[6]를 제시하였다. 5대 핵심 요소로 개인적으로 상황화된 탐구(personal situated inquiry), 비판적이고 협력적인 탐구(critical collaborative inquiry), 개선된 학습(improved learning), 투명하고 체계적인 연구 과정(transparent and systematic research process), 지식 생성과 발표(knowledge generation and presentation)가 있다. 교사 양성의 측면에서 이 책의 저자들은 셀프스터디가 자기 경험을 토대로 본인이 속한 강의실에서 시작한다는 점(개인적으로 상황화된 탐구), 대안을 제시하거나 적절한 피드백을 주는 동료가 필요하다는 점(비판적이고 협력적인 탐구), 자신과 자신이 속한 공동체의 개선을 지향한다는 점(개선된 학습)에 주목하였다. 즉, 셀프스터디의 방법론적 핵심 요소 중에서 교사교육에 활용 가능한 요소들을 중심으로 셀프스터디에 기반한 반성적 실천

6. 자세한 설명은 1장에 제시하였기에 2장에서는 생략함.

전략(RPUS: Reflective Practice strategies Using Self-study)을 개발하고자 하였다.

<그림 2.3>은 셀프스터디의 기법을 기반으로 반성적 실천 전략의 관점에서 자기이해와 변화역량 사이의 관계를 제시한 모식도이다. 기본적으로 변화의 단계는 변화의 필요성 인식, 변화의 방법 인지 및 실천, 변화의 결과 인지 및 평가로 구분할 수 있다. 첫째, 변화의 필요성 인식 단계이다. 변화의 필요성을 인식하는 단계는 변화 지향적인 교사가 되기 위한 일종의 출발점이라고 할 수 있다. 과학교육자로서의 자기이해, 예를 들어 과학교사로서 자기개념을 명료화하고, 과학교사로서 진로 정체성을 스스로 돌아보고 검토하며, 바람직한 과학 교사상을 토대로 자신을 반성하며 성찰하는 과정 등이 이에 해당한다. 이를 바탕으로 과학교육에 관한 변화를 인식하고 탐색하며 필요성에 공감하여야 한다. 이 과정에서 비판적 동료의 의견을 적극적으로 수용하고 열린 자세로 받아들일 필요가 있다.

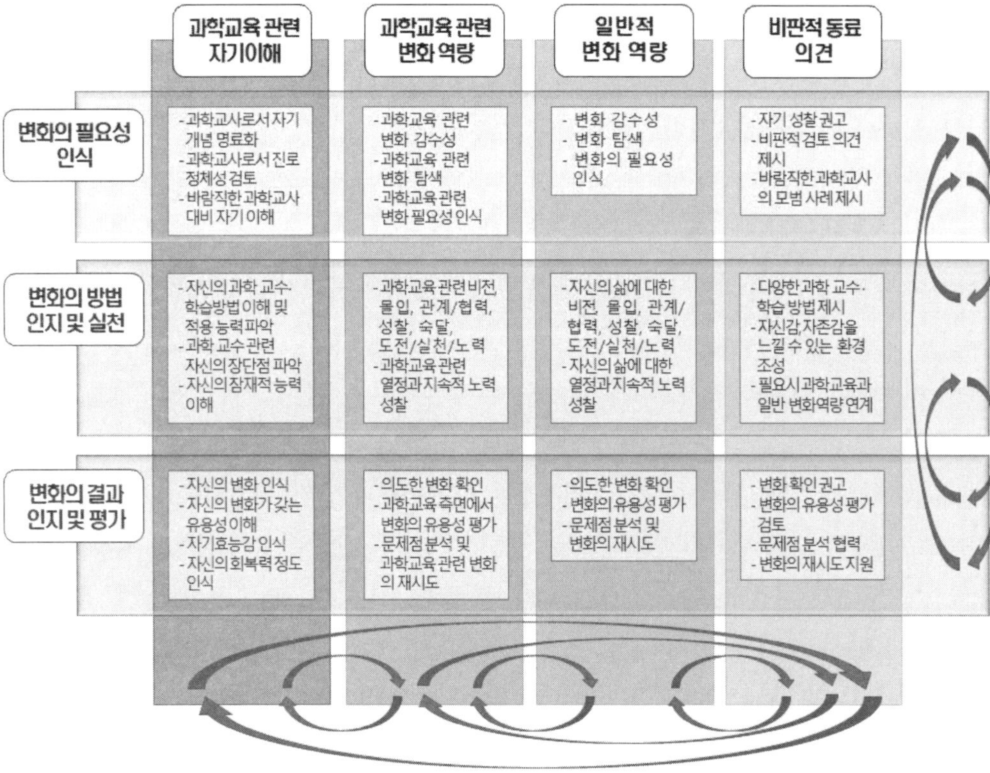

그림 2.3 자기이해 및 변화역량과 셀프스터디 기반 반성적 실천 전략의 연계

둘째, 변화의 방법을 인지하고 실천하는 단계이다. 앞서 제시한 인식을 구체화하는 단계라고 할 수 있다. 예를 들어 자신이 과학을 가르치는 방법을 돌아보고, 자신의 장단점을 파악하며, 본인의 잠재적 능력을 이해하는 과정이 필요하다. 이를 토대로 과학교육에 관한 비전, 몰입, 협력, 숙달, 도전, 실천 등을 고려할 필요가 있다. 다시 말해 변화의 방법을 지속적으로 탐색하고, 이를 실제로 변화를 실천하는 단계이기도 하다. 타인의 관점에서 관찰할 수 있으므로, 조금 더 적극적으로 비판적 동료가 개입할 수 있는 여지가 있다. 비판적 동료는 다양한 과학 교수 학습 방법을 제시할 수 있고, 직간접적으로 도움을 줄 수도 있다. 특히 이 단계에 속한 과학교육자는 변화를 위하여 스스로 용기를 내어 본인을 드러내는 시기이기에, 비판적 동료가 의견을 제시할 때 자신감이나 자존감을 고취하고 유지할 수 있는 환경을 조성할 필요가 있다.

마지막 단계는 변화의 결과를 인지하고 평가하는 단계이다. 이 책에서 제시하는 RPUS는 궁극적으로 참여자의 발전적 변화를 지향하는데, 이 단계에서는 변화에 관한 자기 평가, 동료 평가를 포함한다. 예를 들어 과학교육에 관한 자신의 변화를 인식하기, 자신의 변화가 갖는 유용성 이해하기, 자기효능감과 자신의 회복력을 인식하기 등이 자기이해의 구체적인 사례에 해당한다. 아울러 과학교육 측면에서 의도한 변화 여부나 정도를 확인하고, 변화의 유용성을 평가하고 이 과정에서 생기는 새로운 문제점을 분석하기도 한다. 이는 곧 변화를 위한 또 다른 출발점이 되어, 새로운 과정으로 이어질 것이다. 전체를 발전적 개선을 위한 지속적인 선순환으로 본다면, 마지막 단계는 끝이 아니라 새로운 시작의 계기가 된다. 비판적 동료는 변화의 확인을 권고하고 독려하며, 변화의 유용성을 긍정적으로 평가하고, 제기된 문제점을 타인의 시선에서 객관적으로 분석하며, 새로운 변화가 다시 시도될 수 있도록 지원하고 격려할 필요가 있다.

2 RPUS의 구성과 특징

2.1 RPUS의 기본 조건

자기이해를 바탕으로 능동적으로 변화를 지향하는 예비교사를 양성하기 위한 RPUS 전략은 셀프스터디를 접목한 다음 3가지를 기본 조건으로 한다(<그림 2.4> 참조). 이 책

그림 2.4 RPUS의 기본 조건

의 저자들은 교육 개혁 실천에 대한 선행 연구(김인희, 2003; 김경자, 2008; 소경희, 박지애, 최유리, 2020)를 검토하고 현장 교사 면담과 관련 자료 분석 등을 진행하면서, 각종 교육 개혁이 현장에 착근하지 못 하는 원인을 파악하고자 하였다. 이를 바탕으로 RPUS 전략의 기본 조건을 설정하였다.

첫째, '자발적 지향 설정'이다. 능동적인 교육자는 바탕으로 자율적인 변화를 추구하며 이를 내적 동기로 활용할 수 있다. 자신이 처한 환경, 주변 상황에 대한 교육적 판단, 자기 자신에 대한 이해 등을 바탕으로 교육적으로 의미가 있고, 실제로 변화가 가능한 지향점을 설정하여야 한다. 이는 목표의식과도 밀접한 관련이 있다. 특히 자신의 장단점에 대한 성찰이 우선되어야 하며, 본인의 미래 지향을 설정한다는 점에서 과거-현재-미래의 관계를 조망하는 메타 인지적 사고가 필요한 영역이다.

둘째는 '실행에 기반한 변화'이다. 목표가 추상적이면, 행위자의 처지에서 달성 여부를 판단하기가 쉽지 않고 동기 부여도 미흡하다(양희준과 김용, 2021). 사고나 인식의 변화에 대한 자기보고식 평가에만 의존한다면, 제대로 변화 정도를 측정하지 못하거나 왜곡이 일어날 수 있다. 외부 시선을 의식한 나머지 평가자 본인이 실제와 다르게 응답할 수 있기 때문이다. 그런 점에서 실천적 행동이 반드시 병행되어야 할 것이다. 실천이 사고를 바꿀 수 있고, 사고의 변화가 실천으로 나타날 수 있기 때문이다. 구체적인 실행은 예비교사 본인과 비판적 동료 모두에게 변화를 인지하는 신호나 상징이 될 수 있으며, 이를 통해 동기를 유지할 수 있다. 또 이런 실행을 타인이 관찰할 수 있다면, 동료의 피드백은 더욱 세밀해질 것이고, 결과적으로 변화를 계속 유도하는 역할을 할 것이다.

셋째, '지속적 변화 추구'이다. 변화가 일회성으로 끝나지 않고, 꾸준한 개선이 이루어지기 위하여, 변화에 대한 지속성을 유지하는 태도가 중요하다. 자신의 실행과 그에 따른 변화를 스스로 살펴보고 성찰하는 과정을 통해 반복적인 연습과 충분한 훈련을 거쳐 숙달로 이어지기를 기대한다. 예를 들어 예비교사가 여러 번 수업 시연을 한다면, 자신의 실행 변화를 스스로 점검하고 이를 토대로 다시 연습하고 숙달할 수 있다. 이는 성찰, 숙달 등과도 밀접한 관련이 있다.

2.2 RPUS의 구성 특징

셀프스터디 기법을 활용한 RPUS 전략은 자기이해와 변화역량을 증진하기 위하여 몇 가지 특징을 포함한다. 첫째, 과거-현재-미래로 이어지는 '나'에 대한 이해를 중시한다. 이 책의 저자들은 자기개념명료성, 진로정체성, 자기효능감을 자기이해의 주요 요인으로 설정하였다. 그런데 이 요인들은 과거의 경험, 현재의 자신에 대한 본인의 생각, 미래에 대한 기대 등과 복합적으로 관련이 있다. 자기개념은 과거의 경험과 무관하지 않으며, 자기효능감은 현재 내가 특정 상황에서 적절하게 문제에 대처할 수 있다는 신념과 관련이 깊다. 진로정체성은 자신의 미래를 고려하고 가치를 부여하는 과정을 포함한다. 따라서 자기 스스로에 대한 인식을 시간에 따라 분석하고, 조망하는 작업이 필수적이다. 예를 들어 <그림 2.5>와 같이, 과거의 나, 현재의 나, 미래의 나를 대상으로 때로는 가깝게, 때로는 낯설게 보는 활동을 통해 더욱 심도 있게 자신을 성찰하고 이해하는 경험을 할 수 있을 것이다.

둘째, 비판적 동료의 역할이 중요하다. 셀프스터디 연구에서 비판적 동료는 각종 개인 기록을 검토하고 비판한다. 이를 통해, 자칫 주관적인 일기나 메모 수준에 머물 수 있는 개인 기록이 연구 자료로 인정받게 된다. 즉, 비판적 동료는 자료의 객관성을 높여준

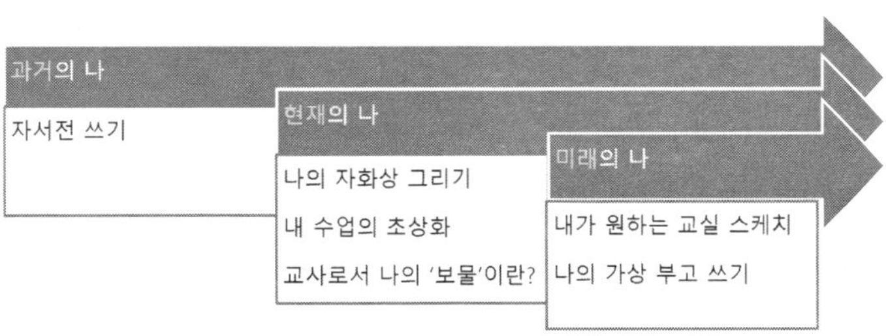

그림 2.5 예비과학교사의 '자기이해' 지원 활동 예시

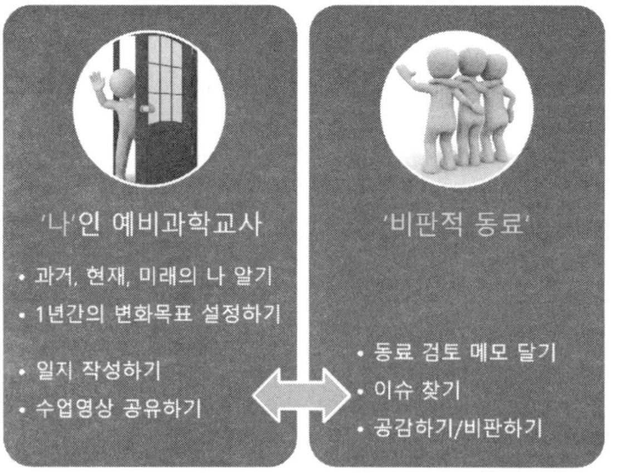

그림 2.6 RPUS에서 비판적 동료의 역할

다. RPUS에서 비판적 동료의 역할은 주로 동료 예비교사가 맡지만, 멘토링 교사나 교수자 등도 비판적 동료가 될 수 있다. 이들은 <그림 2.6>과 같이 '나'와 긴밀하게 상호작용하면서, 일지나 수업 동영상 같은 각종 자료를 공유하고 이에 관한 의견을 교환한다. 비판적 동료는 '나'가 나를 더 깊이 이해하도록 도와주고, 반성적 실천을 유도하여 예비교사로서 나의 역량을 개선할 수 있도록 지속적인 도움을 준다. 이는 단순한 안내자와는 다르며, 그 자체로 가변적인 유기체와 같다. 나에 관한 기록과 자료에 대하여 비판적 동료는 의견을 제시할 수 있다. 나는 이 의견을 내 인지구조 안에서 받아들이거나 거부할 수 있고, 더 나아가 내 인지구조나 습관을 바꿀 수 있다. 이때 비판적 동료는 환경의 변화를 알려주는 '알림이'가 되거나, 때로는 변화하는 환경 자체가 될 수도 있다.

셋째, 반성적 실천을 지속하기 위하여 다차원적 협력이 필요하다. <그림 2.7>과 같이 RPUS 전략에 따른 강의를 강의 전-중-후로 나누어 볼 수 있다(최재혁 등, 2018). 이는 시기별 구분에 해당한다. 그리고 활동의 주체에 따라 나(예비교사 본인), 교수, 비판적 동료로 나누어 볼 수 있다. 이렇게 3×3의 행렬처럼 다차원적 접근이 가능하다. 시기별로 달라지는 교육 활동에 따라, 각 주체들의 성찰이나 검토가 동반된다. 이 과정에서 시기별로 형태가 다른 자료가 생성되고, 주체별로 관점이 다른 의견이 제시된다. 그러므로 전 과정에 걸쳐 밀접한 상호작용이 필수적이다. 특히 불필요한 행동이나 감정적인 언어 사용에 의한 오해가 발생하지 않도록 유의할 필요가 있다.

이러한 특징들을 고려하여 자기이해와 변화역량의 요인들과 이를 증진하기 위한 활

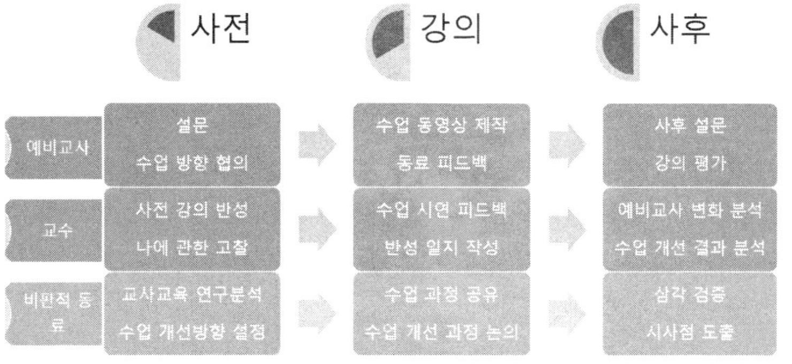

그림 2.7 RPUS의 시기별, 주체별 활동 구조

동을 연결 지어 <그림 2.8>에 제시하였다. 자기이해를 위한 활동들은 기본적으로 자기개념명료성, 자기효능감, 진로정체성을 함양하고 증진하려는 교육적 의도와 밀접한 관련이 있다. 자기이해 활동에 대한 동료의 피드백은 목표의식을 바탕으로 협력을 통해 성찰할 수 있는 기회를 제공한다. 협력적 수업 성찰은 성찰과 협력 요인에 모두 관여한다. 이러한 활동들을 통해 결과적으로 예비교사는, 교수자가 명시한 교육 지향에 도달하고 그들의 변화 감수성이나 숙달 역량 또한 신장할 것으로 기대된다.

그러나 모든 예비교사가 같은 인식 수준이나 성취 수준을 가지고 있는 것은 아니다. 예를 들어 어떤 분반에서는 자기효능감이 낮을 수 있고, 어떤 분반에서는 진로정체성에 대한 교육이 더 필요할 수 있다. 그리고 교수자의 교육 철학이나 수업 목표에 명시적 지향은 조금씩 달라질 수 있다. A 교수는 변화감수성을 최종 목표로 제시할 수 있고, B 교수는 목표의식 고취를 강조할 수 있다. 즉, RPUS를 하나의 고정적 틀로 제시하기보다는 시작점과 도착점이 각기 다른 교사교육의 현실을 고려하여 융통성 있게 접근할 필요가 있다.

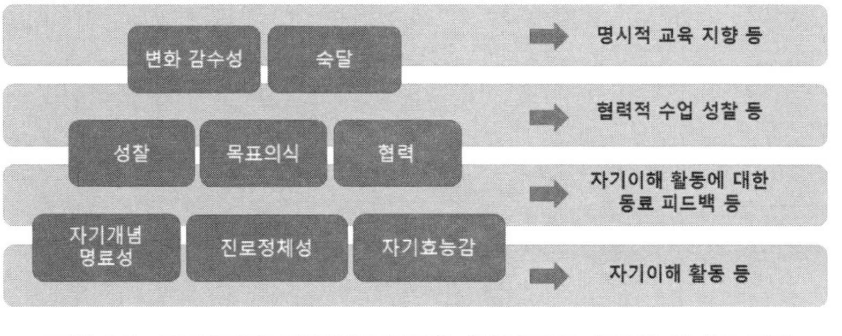

그림 2.8 자기이해와 변화역량 증진을 위한 RPUS 활동의 연계적 특징

따라서 이 책의 저자들은 다음 사항을 모두 포함하는 교수학습 전략을 RPUS로 통칭하고자 한다. 첫째, 자기이해와 변화역량에 관한 8가지 요인을 고려하여 수업을 설계하고 실제 수업에서 활용하여야 한다. 개별 차시 수업에서 8가지 요인을 모두 동시에 고려하지 못할 수는 있지만, 일련의 수업에서 8가지 요인의 증진을 위한 교육적 활동이 시도되어야 한다.

둘째, 자발적 지향 설정, 지속적 변화 추구, 실행에 기반한 변화를 포함하여야 한다. 이는 자기이해와 변화역량의 교육적 실천을 위하여 필수적이다.

셋째, 과거-현재-미래로 이어지는 교육의 과정에서 반성적 실천에 바탕을 둔 지속적인 개선을 추구하되 비판적 동료의 역할을 비롯한 셀프스터디의 방법들이 적용되어야 한다. 이는 Samaras(2011)가 제시한 셀프스터디의 5대 요소 중에 특히 개인적으로 상황화된 탐구, 비판적이고 협력적인 탐구, 개선된 학습과 관련이 깊다.

3 RPUS의 적용 및 유의 사항

3.1 RPUS를 활용한 수업 시연 중심 강의 전략 사례

다음은 예비교사를 위한 교원 양성과정에서 RPUS를 적용하여 한 주 분량의 강의를 자기이해, 자기이해 기반 변화역량 증진 및 강화의 3단계로 구성한 예시이다. 예를 들어 3학점 150분 강의를 진행한다고 할 때, 다음과 같이 3단계의 활동(< 표 2.5> 참조)으로 수업을 계획할 수 있다.

첫째, 자기이해 단계이다. 이 단계는 학습자(예비교사)가 본인 스스로에 대한 이해를 명료하게 하는 단계이다. 교수자는 이 단계의 활동을 안내하며, 학습자는 이 과정을 통해 자기개념명료성을 증진하고, 진로정체성에 대한 인식을 전환할 수 있다. 이때 교수자는 학습자의 개별적 특성을 존중하고, 자기 생각을 명확하게 인식하고 표현할 수 있도록 격려하고 개방적인 분위기를 조성해야 한다. 또한 학습자는 다른 학습자와 자기이해를 공유하면서, 교육에 관한 여러 관점이 존재하고 자신과 비슷한 생각을 가진 또래가 주변에 있음을 확인할 수 있다. 이를 위해서는 교사정체성 질문이나, 변화역량 검사도구 등을 활용할 수 있다. 이 단계는 강의 초기에 도입하기를 권고한다. 강의 진행 중에 필요하면

표 2.5 RPUS를 활용한 3단계 수업 시연 중심 강의 전략 사례

단계	자기이해	자기이해 기반 변화역량 증진	자기이해 기반 변화역량 강화
학습자 활동	교사정체성 설문 변화역량 검사 (매 수업 후) 자기 반성 일지	수업 지향점 명료화, 수업 시연 목표 구체화, 수업 시연 준비(연습)	수업 시연 및 동료피드백 반성적 고찰 목표 구체화
교수자 활동	학습자 개별 특성 이해 및 지원	학습자의 개별 지향점을 고려한 수업 시연 준비 지원	수업 시연 평가 격려 및 세부 개선 사항 논의
주요 요인	자기개념명료성, 진로정체성, 자기효능감	변화감수성, 목표의식, 협력, 성찰, 숙달	

수시로 수강생들에게 이 단계를 상기시키고, 교사정체성 질문의 내용을 강의의 내용과 순서에 따라 공유할 수 있기 때문이다. 아울러 되도록 강의 목표를 학습자와 함께 정하고, 수업의 전개 방법을 구체화하여 공유할 것을 권장한다.

둘째, 자기이해 기반 변화역량 증진 단계이다. 이 단계에서 교수자와 학습자는 변화의 필요성에 관한 생각을 나누고, 이에 기반하여 자신의 목표를 설정한다. 주요 관련 요인은 변화감수성과 목표의식이지만, 다른 요인들과도 관련이 있다. 이 단계에서는 강의 전체 목표와 매 차시 강의 목표를 학습자 입장에서 재해석하고, 본인에게 맞게 목표를 재구성하여야 한다. 이를 위해서, 학습자들이 작성한 교사정체성 설문을 활용할 수 있으며, 매 수업 작성한 수업 일지나 지난 시간에 교수자나 동료들에게 받은 피드백을 활용하여 목표를 설정할 수 있다. 또한 교육과정이나 학교 현장에 대한 이해 증진 활동을 통해 변화감수성을 높이는 활동을 병행한다면, 예비교사는 현장 전문가로서 필요한 자질을 갖추면서 동시에 변화역량을 증진할 수 있을 것이다.

셋째, 자기이해 기반 변화역량 강화 단계에서는 학습자가 최종적으로 학교 현장의 전문가로서 숙달된 수업전문성을 가지기를 기대한다. 주요 관련 요인은 협력, 성찰, 숙달이지만 변화감수성과 목표의식도 여전히 밀접한 요인이다. 협력과 성찰과 관련하여 학습자에게 비판적 동료의 역할이 추가될 수 있으며, 다른 요인들도 중요한 역할을 하는 시기이다. 예를 들어 교수자가 딜레마 상황을 제시할 때, 문제 해결을 위한 역동적 접근이나 변화의 필요성에 대한 자연스러운 토의가 진행될 수 있어야 한다. 그리고 자기수업일지를 작성하고 자신의 수업을 분석하는 단계이기도 하다. 이때 학습자의 성찰 과정에서,

동료 학습자는 비판적 동료로서 상호작용할 수 있다. 교수자는 때로는 안내자로서, 때로는 비판적 동료로서 강의 전반에 걸쳐 전문가의 역할을 수행하여야 한다. 아울러 이 단계는 전시 학습 내용에 대한 반성적 고찰의 시간이자, 자연스럽게 다음으로 이어지는 다리 구실을 한다.

3.2 RPUS를 적용한 활동 예시

<표 2.6>은 자기이해와 변화역량 증진을 목적으로 RPUS에서 시도된 교수학습 활동들의 예이다. 셀프스터디를 처음 시도하는 교수자에게는 구체적인 교수학습 활동 예시가 도움이 될 수 있기에, 저자들이 선행 연구를 검토하고 실제로 시도한 여러 교육 활동을 분석한 후, 그 결과를 토대로 요인별로 관련이 깊은 대표적인 활동을 정리하였다. 특정 요인의 증진과 관련하여 단 하나의 활동이 일대일로 대응되지는 않는다. 반대로 특정 활동이 단순히 하나의 요인에만 영향을 주는 것도 아니다. 자기이해의 요인들, 변화역량의 요인들을 복합적으로 고려하되, 교육적 목표에 따라 교수학습 전략을 활용할 필요가 있다. 또한, 각 교수자가 처한 교수학습 상황은 매우 다양하므로 표에서 제시한 활동들은 대상과 상황에 따라 적절한 수정이 필요할 것이다.

예를 들어 자기이해에 관한 활동들로는 자서전 쓰기, SWOT 분석, 반성적 일지 쓰기 등이 있다. 자서전 쓰기는 에세이 쓰기, 자화상 그리기, 인생 그래프 그리고 설명하기, 자

표 2.6 자기이해와 변화역량 증진을 위한 RPUS 활동 예

구분	요인	활동 예
자기이해	자기개념명료성 진로정체성 자기효능감	· 자서전 쓰기, 자화상 그리기 등 · SWOT 분석 · 지속적인 반성적 일지 쓰기 등
변화역량	변화감수성	· 변화에 관한 교육적 지향(목적) 표현하기 등
	목표의식	· 수업을 통한 '나'의 성장 목표 설정하기 · 포트폴리오 작성하기 등
	협력	· 자기분석(SWOT 분석) 및 수업 성찰에 대한 동료의 피드백 등
	성찰	· 수업 동영상 성찰(개인별 개선 일지) 등
	숙달	· 문제 해결을 위해 필요한 지식과 기능을 습득하기 등

신이 원하는 부고 작성해보기, 미래 나의 교실 그리기 등 다양한 형식으로 시도될 수 있다. 이러한 자기이해 활동들을 다양하게 시도하면 자기개념명료성, 진로정체성 등이 향상될 수 있다. 어떤 학생에게는 한 번의 시도로도 교육적 효과가 발생하지만, 대체로 활동이 지속적으로 반복될수록 자기이해의 정도가 심화되는 경향이 있다.

또 자신의 수업 시연 동영상을 보면서 개인별로 개선일지를 작성하는 활동은 예비교사의 실행에 대한 성찰을, 수업 성찰에 대한 동료 간의 피드백은 변화를 위한 협력의 예라고 할 수 있다. 이때 RPUS의 기본 조건인 '실행에 기반한 변화'와 '지속적 변화 추구'를 위해서 예비교사들의 수업 시연은 여러 번 운영하기를 권고한다. 수업 시연에 대한 성찰 과정에서 다음 수업 시연에 개선할 사항을 집중적으로 안내하고, 다음 수업 시연에서 달성 여부를 점검하도록 하면, 단순히 일회적 반성으로 끝나는 것이 아니라 지속적인 변화를 추구할 수 있는 기회를 제공할 수 있다. 또한 셀프스터디 기법의 하나인 포트폴리오 작성을 추천한다. 예를 들어 예비교사가 강의 초에 자신의 목표를 설정하고 강의 끝부분에 자신의 변화 과정을 점검하여 도달 여부를 진단하면, 자기효능감을 높이고 목표의식을 확고하게 할 수 있기 때문이다.

이들 활동에 대한 구체적인 적용 사례, 상황별 반응 등에 관한 내용은 초등과 중등 교사 양성과정에서 RPUS를 적용한 각각의 사례에 대해 별개의 장에서 후술할 것이다. 이때 초·중등 교원 양성과정의 적용 사례, 교수자와 학습자의 관점에 따른 차이 등도 함께 제시하고자 한다.

3.3 RPUS 적용 시 유의 사항

많은 교수학습모형이 그렇듯이 RPUS의 적용에도 몇 가지 유의할 사항들이 있다. 첫째, 예비교사의 인지적 변화 및 실행의 변화에 있어 변화의 빠르기나 수준이 개인별로 다르다는 점이다. 변화를 추구하고자 할 때 본인의 현재 상태에 따라 목표가 달라질 수 있다. 특히 목표를 설정하는 초기에 나(셀프)와 동료 모두가 합의할 필요가 있다. 너무 높게 목표를 설정하고 이를 달성하지 못하면, 오히려 자아효능감이나 다른 요인들이 낮아져 역효과가 생길 수 있기 때문이다. 개인별로 변화의 빠르기와 수준이 고려되어야 하는 이유이기도 하다.

둘째, 예비교사들의 환경적 맥락이 예비교사들의 '지향점'에 영향을 줄 수 있다. 예를 들어 소속 학과의 최근 임용시험 합격률, 가까운 선후배의 합격 여부, 학교 및 학과의 면학 분위기 등에 따라 본인이 도달하고자 하는 지향점이 달라질 수 있다. 따라서 이러한 외적 상황을 고려하여 RPUS를 진행할 필요가 있다. 자칫하면 교수자의 기준 제시가 예비교사에게는 무리한 요구로 해석될 수 있으므로, 항상 교수자는 수강생이 처한 환경을 면밀하게 관찰하여야 한다.

셋째, 반성적 성찰을 위한 개인 정보의 공개 범위와 동료의 개입 수준에 대한 설정이 필요하다. 셀프스터디는 자신의 삶과 생각을 외부에 공개하는, 자기 고백적 성격이 지닌다. 이때 자신을 드러낸 '나'와 비판적 동료의 역할에 충실한 '동료' 사이에 의도하지 않은 오해나 갈등이 생길 수 있다. 따라서 자신의 성찰을 공유하는 과정에서 자연스럽게 공개되는 예비교사로서의 정체성, 신념, 과거 경험 등을 동료 수강생이나 교수자에게 어디까지, 어떻게 공유할지에 대하여 사전에 협의할 필요가 있다. 아울러 어떤 지점에서 비판적 동료로서 개입할지도 어느 정도 경계를 정해야 한다. 특히 이때 교수자의 노련한 수업 운영과 적절한 수준의 개입이 요구된다.

넷째, 반성적 성찰 과정에서 발생하는 어려움에 대한 지원이 필요하다. 자신에 관한, 과거와 현재에 대한 지속적인 반성과 성찰을 하다 보면, 점차 개인에 관한 민감한 정보를 공개해야 하는 상황이 발생할 수 있다. 그런데 이는 가치관의 대립이나 '나'의 정성적 어려움을 유발할 수 있는데, '변화' 자체가 가지는 불안정성과도 관련이 있다. 이러한 점들을 고려하면 적절한 정서적 지원과 지지가 필요하며, 이를 위하여 사전에 체계적으로 준비하고 관련 장치들을 미리 마련하여야 할 것이다.

다섯째, 이 활동들은 충분한 연습이 필요하므로, 교수자와 학습자에게 모두 지속적인 노력이 요구된다. RPUS 활동은 자기이해를 출발점으로 삼는다. 그러므로 자신의 내면을 들여다보는 경험이 없거나 적었던 참여자는 당황스러울 수 있다. 이러한 예비교사에게는 자기이해 활동에 대한 연습이 필요하고, 교수자와 라포르(rapport)를 형성하기 위한 시간 또한 필요하다. 때로 이를 위해 예상보다 많은 시간이 소요될 수 있다. 그러나 조바심을 내면서 접근하면 교수자와 학습자가 모두 부정적 경험을 갖게 되고, 자칫 별다른 교육적 효과가 없이 끝날 수 있다. 따라서 이러한 점에 대하여 강의에 참여하는 모든 이들의 주의가 필요하다.

4 마치면서

지금까지 셀프스터디 방법을 이용한 교사교육 방안의 하나로서, RPUS를 살펴보았다. 이를 위하여 먼저 변화에 적극적으로 대처하는 변화역량의 중요성과 함께, 자기이해 또한 필수적임을 논의하였다. 이를 토대로 교사의 자기이해와 변화역량을 증진하기 위하여 셀프스터디 기법을 도입한 교수학습전략을 제안하고, 이 교사교육 프로그램을 RPUS라고 명명하였다. RPUS는 다음 사항들을 모두 포함한다.

첫째, 자기이해와 변화역량에 관한 8가지 요인을 설정하였는데 이를 수업 설계 및 운영에 반영하여야 한다. 자기이해는 자기개념명료성, 진로정체성, 자기효능감을 주요 구성요인으로, 변화역량은 변화감수성, 목표의식, 협력, 성찰, 숙달을 구성 요인으로 도출하였다. RPUS는 자기이해와 변화역량의 증진을 위한 여러 교육적 시도를 포함한다.

둘째, 자발적 지향 설정, 지속적 변화 추구, 실행에 기반한 변화를 3가지 기본 조건으로 설정하였다. 이는 자기이해와 변화역량, 그리고 지속적인 개선과 실천을 위하여 필요하며 서로 영향을 주는 특징이 있다.

셋째, RPUS에서는 셀프스터디의 기법을 반영하여야 한다. 과거-현재-미래로 이어지는 시간 변화에서 '나'에 대한 이해를 중시하고, 비판적 동료의 역할을 강조한다. 아울러 반성적 실천의 지속을 위해 다차원적 성찰과 협력이 있어야 한다.

이러한 특징을 지니는 RPUS를 실제 교사 양성과정에서 활용하기 위해서는 몇 가지 주의 사항에 특히 신경을 써야 한다. 개인별 차이나 환경적 차이에 대한 고려, 자신을 드러냄에 따른 심리적 부담을 덜어주기 위한 적절한 경계 설정하기, 성찰 과정에서 발생하는 어려움에 대한 적절한 지원, 참여자들의 지속적인 노력 등이 이에 해당한다.

참고문헌

김경자(2008). 이명박 정부의 초등교육정책에 대한 비판적 고찰: 교육변화의 관점에서. 초등교육연구, 21(3), 359-381.

김동현, 박영우(2011). 체육교육학과 학생들의 교원임용고사 준비 경험: 근거이론적 접근. 한국스포츠사회학회지, 24(1), 79-94.

김인희(2003). 교육개혁과 교사참여. 한국교원교육연구, 20(2), 55-76.

김재은, 조홍식(2014). 사범대학 체육교육전공 대학생의 갈등에 관한 탐색. 학습자중심교과교육연구, 14(4), 229-247.

김준희, 신은경, 현영섭(2021). 사범대학 예비중등교사가 인식하는 교사 진로장벽. 중등교육연구, 69(1), 23-60.

김홍석(2013). 대학생의 취업불안에 영향을 미치는 변인들 간의 구조적 관계 분석. 상담학연구, 14(2), 1165-1187.

김희경, 곽영순, 강훈식, 신영준, 이성희, 이수영(2017). 과학 긍정경험 구성 변인 간의 구조방정식 모형에 관한 연구. 한국과학교육학회지, 39(3), 507-521.

류태호(2000). 체육교사 임용준비생의 생활과 정체성: 노량진 학원생을 중심으로. 한국스포츠교육학회지, 7(1), 111-123.

박미진, 김진희, 정민선(2009). 취업준비 대학생의 스트레스에 대한 질적 연구. 상담학연구, 10(1), 417-435.

박미화, 이진석, 이경호, 송진웅(2007). 과학 수업에 대한 반성적 사고의 개념적 정의와 유형: 예비과학교사를 중심으로. 한국과학교육학회지, 27(1), 70-83.

박은수(2016). 지방 사립 사범대학 영어교육과 학생들의 진로 실태 조사. 학습자중심교과교육연구, 16(10), 493-512.

소경희(2009). 교사학습 이해를 위한 이론적 기초 탐색. 교육과정연구, 27(3), 107-126.

소경희, 박지애, 최유리(2020). 교육개혁 실천에 있어서 교사들의 '의미-만들기(sense-making)' 과정에 대한 개념적 이해. 교육과정연구, 38(4), 131-155.

소연희(2011). 사범대학생의 자기결정욕구, 진로태도성숙, 진로준비행동 및 진로결정의 구조적 관계 분석. 직업교육연구, 30(2), 117-134.

신현균, 장재윤(2003). 대학 4학년생의 성격특성과 성별에 따른 취업 스트레스 및 정신건강.

한국심리학회지: 임상, 22(4), 815-827

신혜진(2016). 대학생의 진로스트레스와 진로 준비행동에 대한 잠재프로파일 분석과 진로동기의 영향력 검증. 한국심리학회지: 학교, 13(2), 349-373.

양희준, 김용(2021). 정책 목표의 추상성과 정책 담론의 모순: '서울 혁신 교육' 교원 정책의 특징 분석. 교원교육, 37(2), 279-302.

엄채윤(2012). 교사의 변화능력에 대한 의미와 함의. 학습자중심교과교육연구, 12(2), 191-215.

윤혜경(2012). 생산적 반성의 관점에서 분석한 초등 예비교사의 과학 수업 반성. 한국과학교육학회지, 32(4), 703-716.

윤혜경(2013). 과학 모의 수업에 대한 반성 저널 쓰기와 토론을 통한 초등 예비교사의 생산적 반성 증진. 초등과학교육, 32(2), 113-126.

이정아(2010). 초등 예비교사의 반성적 글쓰기에서 나타나는 반성의 유형과 특징. 초등과학교육, 29(3), 378-388.

이지혜(2013). 예비교사의 외현적 자기애, 자기성찰, 자기통제력이 진로동기에 미치는 영향. 교원교육, 29(1), 91-110.

임성민(2017). 반성적 실천 활동 맥락에서 나타나는 예비물리교사의 학습 성향과 반성적 사고의 관계. 새물리, 67(3), 381-387.

임철일(2012). 교수설계 이론과 모형, 2판. 경기 파주: 교육과학사.

장계영, 김봉환(2009). 진로전환검사 타당화 연구. 상담학연구, 10(1), 399-415.

정애란, 맹승호, 이선경, 김찬종(2007). 교육실습에 참여한 예비과학교사의 과학 수업 실행에 대한 관심 영역과 반성적 사고. 한국과학교육학회지, 27(9), 893-906.

정은이(2008). 교직면접실습을 적용한 교직 수업이 진로준비행동과 교직헌신 의지에 미치는 영향. 진로교육연구, 21(3), 231-253.

조광희, 정용재, 최재혁, 김희경(2018). 과학교육 관련 자기이해와 변화역량 조사 도구 개발 및 적용: 초등예비교사의 인식을 중심으로. 한국과학교육학회지, 38(6), 901-917.

조광희, 정용재, 김희경, 최재혁(2021). 과학교육 관련 자기이해와 변화역량에 대한 예비물리교사의 인식. 새물리, 71(8), 702-710.

최재혁, 김희경, 정용재, 조광희(2018). 중등 물리 교육 강의에 대한 한 교사교육자의 셀프스터디 -교사교육자의 기대와 실망, 그리고 여전한 희망에 대해서-. 한국과학교육학회 제 74차 정기총회 및 학술대회, 대구교육대학교, 대구.

통계청(2019). 중2병만큼 무서운 병이 또 있다? 대2의 대2병 알아보기. Retrieved from https://blog.naver.com/hi_nso/221656762625

Bullough, R. V., & Pinnegar, S. E. (2007). Thinking about the thinking about self-study: An analysis of eight chapters. In J. J. Loughran, M. L. Hamilton, V. K. LaBoskey, & T.

Russell (Eds.) International handbook of self-study of teaching and teacher education practices (pp. 313-342). Dordrecht: Springer.

Bybee, R. W., & Sund, R. B. (1982). Piaget for educators. 2nd ed. New York: Charles E. Merill Publishing Company.

Capobianco, B. M. (2007). A self-study of the role of technology in promoting reflection and inquiry-based science teaching. Journal of Science Teacher Education, 18(2), 271-295.

Campbell, J. D., Trapnell, P. D., Heine, S. J., Katz, I. M., Lavallee, L. F., & Lehman, D. R. (1996). Self-concept clarity: Measurement, personality correlates, and cultural boundaries. Journal of Personality and Social Psychology, 70(1), 141-156.

Chartrand, J. M., Robbins, S. B., Morrill, W. H., &Boggs, K. (1990). Development and validation of the Career Factors Inventory. Journal of Counseling Psychology, 37(4), 491-501.

Cruickshank, D. R. (1985). Uses and benefits of reflective teaching. The Phi Delta Kappan, 66(10), 704-706.

Dewey, J. (1933). How we think: A restatement of the relation of reflective thinking to the educative process. Boston, MA: D.C. Heath & Co Publishers.

Dinkelman, T. (2003). Self-study in teacher education a means and ends tool for promoting reflective teaching. Journal of Teacher Education, 54(1), 6-18.

Freese, A. R. (1999). The role of reflection on preservice teachers' development in the context of a professional development school. Teaching and Teacher Education, 15(8), 895-909.

Fullan, M. G. (1993). Why teachers must become change agents. Educational Leadership, 50(6), 12-17.

Gottfredson, L. S. (1981). Circumscription and compromise: A developmental theory of occupational aspirations. Journal of Counseling Psychology, 28(6). 545-579.

Hamilton, M. L., & Pinnegar, S. (1998). Conclusion: The value and promise of self-study. Reconceptualizing teaching practice: Developing competence through self-study, In M. L. Hamilton(Ed.). Reconceptualizing teaching practice: Developing competence through self-study (pp. 235-246). London: Falmer Press

Kelchtermans, G. (2009) Who I am in how I teach is the message: self understanding, vulnerability and reflection. Teachers and Teaching, 15(2), 257-272.

Lee, H.-J. (2005). Understanding and assessing preservice teachers' reflective thinking. Teaching and Teacher Education, 21(6), 699-715.

Lent, R. W., Brown, S. D., & Hackett, G. (1994). Toward a unifying social cognitive theory of career and academic interest, choice, and performance. Journal of Vocational Behavior, 45(1), 79-122.

Loughran, J. J. (2004). A history and context of self-study of teaching and teacher education practices. In International handbook of self-study of teaching and teacher education practices (pp. 7-39). Dordrecht: Springer.

Rogers, M. A. P. (2009). Elementary preservice teachers' experience with inquiry: Connecting evidence to explanation. Journal of Elementary Science Education, 21(3), 47-61.

Samaras, A. P. (2011). Self-study teacher research: Improving your practice through collaborative inquiry. Thousand Oaks, CA: Sage.

Samaras, A. P., & Freese, A. R. (2006). Self-study of teaching practices. New York: Peter Lang.

Schön, D. A. (1987). Educating the reflective practitioner: Toward a new design for teaching and learning in the professions. San Francisco: Jossey-Bass.

Sparks-Langer, G. M., & Colton, A. B. (1991). Synthesis of research on teachers' reflective thinking. Educational Leadership, 48(6), 37-44.

Swanson, J. L., & Tokar, D. M. (1991). Development and initial validation of the Career Barriers Inventory. Journal of Vocational Behavior, 39(3), 344-361.

PART

2

셀프스터디의 사례와 적용

CHAPTER 3

어느 사범대학 교수의 셀프스터디 사례

이 장에서는 한 사범대학 물리교육과 교수가 비판적 동료 3인과 수행한 셀프스터디 사례를 소개한다. 주요 배경은 2018년 지방소재 국립대학교 물리교육과의 한 강의실이었다. 셀프스터디의 수행자인 '나'는 예비교사의 깊이 있는 이해를 바탕으로 예비교사의 수업 전문성을 향상시키고, 예비교사들이 능동적인 변화의 주체자가 되도록 하는데 기여하고자 하였다. 여기에서 '나'는 바로 연구의 주요 대상이면서, '나'를 연구하는 연구자이며, 비판적 동료와 협력하며 예비교사의 성장을 꾀하는 탐구자이자 실천가였다. 이 장에서는 '나'에 대해 성찰하는 셀프스터디 실제 사례를 소개하고, 셀프스터디가 가지는 시사점을 논의하였다. 연구 시작부터 마무리까지가 구체적으로 어떻게 이뤄질 수 있는지를 함께 제시함으로써, 셀프스터디를 하는 누군가에게 도움이 되기를 기대한다.

셀프스터디의 주된 목적은 자신의 수업이 학생들의 학습에 미치는 영향, 수업 지식 전반에 대한 기여 등을 평가하고 발전시키기 위한 것으로, 수업 실행에 대한 암묵적 지식을 얻기 위함이다(Samaras, 2011). 이 연구는 교사교육자로서 대학에서 나의 강의[1] 실행을 개선하기 위함을 목적으로 하고 있는 나의 개인적 탐구이며 나의 생애사를 다루고 있다. 이를 위해, 내가 왜, 현재 이와 같은 연구 주제를 정하게 되었는지, 셀프스터디 연구 방법을 선택하게 된 계기로부터 글은 시작된다.

이 장은 연구 논문의 형식을 따라 서술하면서도 독자들이 셀프스터디를 실제 설계하고, 수행할 수 있는데 도움이 되도록 내용을 전개하고 구성하였다. 이를 위해 내가 어떻게 이 연구를 시작하게 되었지에 대한 이야기부터, 각 절마다 셀프스터디를 수행하고자

1. 이 글에서는 대학에서 이뤄지는 나의 수업을 '강의'로, 중등 학교 현장에 이뤄지는 물리 수업을 '수업 '으로 지칭하여 구분하였다.

하는 연구자에게 하고 싶은 이야기를 포함시켜, 그 과정도 이해할 수 있도록 구성하였다[2]. 이에 따라 크게 네 개의 절로 구분하여 서술하였는데, 첫 번째 절에서는 셀프스터디에서 주제를 정하는 과정, 그리고 두 번째 절에서는 이를 바탕으로 셀프스터디를 준비하는 과정을 소개하였고, 세 번째 절에서는 실제 셀프스터디를 수행하면서 반성적 고찰을 통해 논의하는 과정을 소개하였다. 그리고, 마지막 절에서는 이 연구 결과에 대한 논의를 간략히 하며 마무리하였다. 이를 통해 연구 방법으로 셀프스터디가 가지는 특징을 이해할 수 있도록 하였으며, 교사교육에 있어서 셀프스터디가 가지는 의미를 제시하고자 하였다.

1 나는 왜 셀프스터디를 하는가?

> 이 절에서는 저자가 셀프스터디를 시작하게 된 배경을 소개한다. 이 절을 통해, 셀프스터디의 필요성, 저자의 배경과 지향 등을 이해하는 데에 도움이 되기를 기대한다. 아울러서, 누군가 셀프스터디를 처음 접하고 시작하고자 할 때, 그리고 그 필요성을 글로 서술하고자 할 때 도움이 되기를 바란다.

이 글은 교사교육자로서 나, 그리고 사범대학 교수로서 나의 삶과 관련이 있다. 가르치는 사람이라면 누구나 다 본인의 수업에 대해 고민하고 반성할 것이며, 이를 바탕으로 강의를 개선하고 있을 것이다. 셀프스터디라는 것은 이 과정을 공개하고, 비판적 동료들과 함께 협력적으로 탐구함으로써 나와 나의 실행에 대한 깊이 있는 이해를 연구한다는 점에서 매력적이며, 다른 연구 방법과는 다르다. 나는 나의 강의에서 예비교사와의 소통에 대해 고민하고 있었으며, 나의 강의의 방향과 내용, 그리고 그것이 얼마나 성과를 내는지를 고민하였고, 그러던 중 2013년 셀프스터디를 만나게 되었다. 그로부터 약 8년이

2. 이 글은 "최재혁, 조광희, 정용재, 김희경(2021)의 예비물리교사의 개인적 인식론에 초점을 둔 교사교육자의 실행에 대한 셀프스터디"를 바탕으로 두고 있으나, 보다 교사교육자로서 나의 성찰 과정을 중심으로 서술하고 논의되었다는 점에서 학술논문과 차이가 있으며, 셀프스터디를 직접 실행하는데 도움이 될 수 있도록 내용을 재구성하였다.

지난 지금, 나에게 셀프스터디를 하면서 무엇이 바뀌었는지를 생각해보게 되었다. 다음은 이 글을 집필하던 중, 학생에게 받은 메시지인데, 이것이 바로 지난 8년간 셀프스터디의 결과를 압축적으로 보여주는 것이라는 생각을 하게 되었다. 나는 예비교사들이 학교 수업에 있어 전문가로, 그리고 변화를 선도하는 주체적인 참여자가 되기를 바라고 있었는데, "스스로 성장할 수 있도록 도와주여서"라고 감사한다는 인사가 한 결실이라고 생각하였다.

(학생에게 받은 메시지 중)

안녕하세요. 교수님께서 항상 직접 스스로 생각해보도록 해주시고 관련된 주제를 주시면, 그 과제를 해결하기 위해서 노력하다 보니, 제가 알아가는 모습이 보이더라고요. 이렇게 스스로 성장할 수 있도록 도와주셔서 감사합니다. …(하략)…

셀프스터디는 자신의 현실 수업 실행에서 어떤 삶의 모순이 존재하는지에 대해, 즉 자신의 교육적 신념과 실제 수업 사이의 갈등을 탐구할 기회를 제공해준다(Whitehead, 1989). 나의 삶 이야기, 그리고 그 속의 수많은 모순은 연구의 시작, 과정, 그리고 결론에 걸쳐 모두 주요하게 서술되었으며, 그 속에는 나의 실행과 반성에 관한 비판적 동료, 예비교사들의 반응도 함께 담겨 있다. 특히, 비판적 동료는 나의 실행 개선에 있어 정서적 지지는 물론, 연구 데이터의 해석 등을 함께 수행함으로써 셀프스터디가 어떤 한 개인의 차원에 머물지 않고, 연구로서 가치를 가질 수 있도록 하였다.

연구 대상이자 연구 수행자로서 연구를 수행하던 2018년 나는, 사범대학 교수로 임용된지 10년을 넘긴 직후였다. 그 당시 교사교육자로서 나는 사범대학 교과교육 전공 교수로, 내 강의를 통해 예비교사들이 물리 수업 전문가가 되는 것을 목표로 가지고 있었다. 즉, '나'는 사범대학 교과교육 교수로, 교과교육 연구자로 예비교사 개개인이 자신이 가지고 있는 물리교육 지향점을 바탕으로 전문가로 성장하기를 기대하고 있었다. 그러나 동시에 나는 여러 고민을 함께하고 있었다. 나는 왜 그런 기대를 하고 있는 것일까? 나는 무엇을 해야 하며, 무엇을 더 연구하고 공부해야 하는가? 강의실과 연구실에서의 나의 실행이 나의 삶의 지향과 어떻게 맞닿아 있는가? 등, 여러 고민을 하고 있었다.

이 연구에서는 나의 학생인 예비교사들도 연구 대상이자 참여자로 강의에서 나타난 주요한 특징과 그들이 작성한 수업 자료, 그리고 설문 결과들 역시 연구에서 함께 다루고자 한다.

2018년 지방대학 사범대 물리교육과 강의실을 무대로 한 나의 셀프스터디는 예비교사들의 이야기와 함께 서술되어있으며, 가르침과 배움에 대한 복합적이고 개인적 측면에 대한 심도 있는 이해를 추구하고 있다(Samaras & Freese, 2006).

2 셀프스터디 준비하기

> 이 절에서는 저자가 셀프스터디를 준비하는 과정에서 어떤 것을 고려하였고, 실제로 어떻게 진행하였는지를 소개한다. 이 절에서 소개하는 저자의 연구 사례가 실제로 저자가 셀프스터디를 어떻게 준비하였는지에 대한 이해에 도움이 되고, 더불어서, 누군가 셀프스터디를 준비하고 그 과정을 글로 정리하고자 할 때 도움이 되기를 기대한다.

2.1 나의 성장 과정 돌이켜보기

현재 나는 과거의 나와 무관하지 않기 때문에, 셀프스터디에서 나의 전문적 성장 과정을 돌이켜보는 것은 매우 중요하다. 현재 내가 가지는 고민과 연구 문제의 배경을 나의 역사와 함께 고찰하고, 이를 비판적 동료들과 함께 나누는 것이 셀프스터디의 중요한 출발점이다. 이 절에서 '나'는 교사교육자로서 어떤 과정을 통해 성장하였는지를 소개하고 간추렸다. 이 절을 통해 독자들이 실제 셀프스터디의 준비 과정에서 자신의 고민과 생각, 자신의 정체성과 역사에 관한 생각 등을 가능한 한 상세하게 기록하고, 이를 비판적 동료들과 함께 개방적으로 논의하는 것이 중요함을 느끼게 되기를 기대한다.

- 나의 석사, 박사 과정

나는 사범대학 물리교육과를 졸업하고 물리교육을 연구하기 위해 대학원 석사와 박사 과정에 진학하였다. 전일제 대학원생으로 석사와 박사 과정을 마쳤으며, 내가 속한 대학원 연구실은 전일제 대학원생보다 현장 교사이면서 함께 연구를 수행하는 대학원생이 더 많았다. 정기적으로 이뤄진 대학원 세미나와 연구 주제의 대부분은 중등학생들의 물리학습과 관련된 것이었다. 이와 같은 연구실 분위기 속에서 연구를 수행하면서 당시 나는 교사교육에 대해서는 관심은 크지 않았다.

- 교사교육자로서의 첫 걸음, 시간 강사로서 나

시간강사를 하면서도 그렇고, 지금도 마찬가지로 나의 강의 방식은 나의 지도교수의 수업을 많이 참조하고 있다. 내 기억에는, 지도교수님 수업은 학부 시절부터 대학원 강의까지 발표 및 토론 수업으로 진행되었고, 교수님께서는 발표를 진행하고 조언을 제공하는 역할을 제공하였다. 시간강사로서 나의 강의의 모습은 지도교수님을 따라하려고 했던 것들이 많았다. 생각해 보면, 당시 내가 아는 대표적인 교사교육 강의였고, 지금도 나에게는 좋은 본보기가 되고 있다.

- 본격적인 나의 대학 강의

전임교원으로서 강의를 맡으면서, 내가 시간 강사 시절, 발표 중심의 수업에서 좋은 반응을 받았던 것과는 다른 평가를 받아 당황스러웠다. 토론 중심으로 강의를 진행하는 나에게는 늘 "답을 가르쳐주지 않는 교수"라는 수식어가 붙었다(물론 지금도 그렇다). 나는 예비교사들에게 교육의 문제는 어떤 하나의 정답을 찾기 위하여 공부하는 것이 아니라 가능한 답들을 탐색하고, 끊임없이 고민하고 성찰하는 것이 중요하다고 보았다. 자연스럽게 나는 예비교사들에게 답이 정해지지 않은 논의를 강의에서 강조하고 진행하였다. "답을 가르쳐주지 않는 교수"라는 수식어는 나의 강의의 특성을 보여주는 것이지만, 예비교사들은 이를 힘들어하는 것을 보았으며, 당시 그들은 "확고하게 정립한 보편타당한" 교육이론과 해법을 설명해 주는 강의를 원하는 것으로 보였다. 한편, 사범대 부학장직을 2년(2014-1016)간 수행하면서, 사범대 업무 전반과 관련된 행정 및 기획, 그리고 임용합격률 제고를 위한 노력을 하게 되었다. 당시 타 교과목의 대표수업도 참관하게 되었고, 교육실습에 임하는 예비교사들뿐 아니라 학교 현장의 지도교사와도 면담을 할 수 있는 기회를 가지며, 내가 예비교사에 대한 이해가 다소 제한적이라는 반성을 하게 되었다. 다음은 교육실습 대표수업 후, 지도교사는 만족스러워하지만, 오히려 교생인 예비교사는 그렇지 않음이 의외라는 사실을 기록한 나의 일지이다.

(나의 반성적 일지 중)

(교육실습 대표수업에서) 지도교사와 학생 스스로 생각하는 수업의 만족 여부가 다른 것을 확인하였다. (지도교사는 만족스러웠으나, 오히려 예비교사인 학생들은 그렇지 못했다.) 학생들은 자신이 처음부터 완벽한 수업을 할 거라 기대했던 것으로 보인다. 하지만 수업은 그렇게 쉽게 되지는 않으니... 더 완벽한 수업을 하고 싶은 (예비교사인) 학생들에게는 그것이 큰 스트레스가 되는 모양이다. (교육실습 중인 예비교사와 간담회를 마치고 쓴 나의 반성적 일지, 2016. 6. 2)

2.2 셀프스터디를 하는 이유와 동기를 명확하게 하기

셀프스터디를 하게 되는 이유와 동기는 매우 다양하다. 하지만 핵심적인 내용과 방법은 나 혹은 나의 실행에 관한 반성적 고찰이며, 혼자 수행하는 것이 아닌 비판적 동료들과 함께하는 수행이다. 이는 셀프스터디가 연구만을 위한 연구가 아닌, 실행의 변화를 꾀하고 있으며, 그 일련의 과정에서 증거에 기반한 반성적 고찰을 밑바당에 두고 있기 때문이다. 이를 위해, 주 연구 수행자는 자기 반성 일지를 작성하고, 비판적 동료들과 공유하게 된다. 자신의 강의를 남들과 공유한다는 점, 그리고 자신의 수업을 반성적으로 고찰하는 일련의 과정은 생각만큼 쉽지 않을 수 있다. 그렇기 때문에 비판적 동료들의 역할이 매우 중요한데, 그들은 연구를 함께 수행하는 동료로서뿐 아니라, 정서적 지지를 통해 주 연구자가 실행 변화와 자기이해의 일련의 과정을 마칠 수 있도록 독려하는 역할을 하게 된다. 독자들 역시 이 절을 통해 셀프스터디 준비과정에서 셀프스터디를 하는 이유과 동기를 명확하게 하고, 이 과정에 비판적 동료의 역할이 중요함을 이해하게 되기를 기대한다.

• 전환점이 된 셀프스터디

셀프스터디를 공부하고 연구하기 시작한 뒤, 나는 교사교육자로서 나의 실천에 대한 개선을 위한 노력을 위해 다양한 데이터를 수집하고, 그것을 나의 실행과 연결하기 위해 더욱 노력하였다. 단적인 예로 매 수업을 촬영하여 보관하기 시작하였으며, 매 학기 한 강의를 선택하여 수업 후 반성적 일지를 작성하였다. 그리고 본인에게 중요한 사건이 있을 때마다 간단하게 일지를 작성하여 남겨두었으며, 이는 나의 연구 주제 선정에 영향을 주었다. 내가 셀프스터디를 하게 된 과정을 간략히 서술하면 다음과 같다. 대학에 부임한 지 5년째였던 나에게 강의 중 한 예비교사가 "임용고사와 크게 상관이 없는 내용에 대해 너무 과제를 많이 준다."는 의견을 말하였다. 이 의견은 나의 정체성이 과연 어떠하며, 어떠해야 하는가에 대해 고민을 하게 한 큰 사건 중 하나였다. 하지만 그 질문은 과연 예비교사들이 나에게 기대하는 것은 무엇이며, 그들은 어떤 목적으로 물리교육 강의를 수강하는가에 대하여 고민하게 되는 결정적 계기가 되었다. 그러던 중 셀프스터디를 같이 공부하고, 시도해보자는 제안을 받게 되었다. 그것도 서로 다른 교수님에게서 동시에 받았는데, 교사교육자로서 고민이 가득했던 나에게 셀프스터디와의 만남은 새로운 돌파구가 될 것이라는 기대를 주었다. 이 후로 매 학기 강의 하나를 정해놓고 짧은 일지를 작성하였으며, 기회를 만들어 동료들과 함께 공유하며 셀프스터디 연구의 방향을 모색하였다. 그리고, 내가 풀고 싶은 문제를 물리교육 강의에 대한 나와 예비교사들의 인식 차이로 정하였다. 이와 관련하여 당시 연구에서 언급한 내용은 다음과 같다.

(첫번째 셀프스터디 중)

나는 이 과정에서 예비교사들이 왜 내 강의를 듣는지, 무엇을 필요로 하는지를 파악하기 위한 적극적인 노력이 부족하였다고 생각하였다. 나는 현장 교사가 되기 위해서는 교사로서 강의를 실행할 수 있는 능력이 당연히 필요하다고 생각했으며, 강의 내용에 대해 적극적으로 반문하지 않았다. 하지만 일련의 사건들로 인해 "예비교사들은 내가 강의에서 강조하는 것들, 예를 들어 구성주의적 수업 방법이나 교수 학습에 있어 학습자의 선행 경험 및 지식의 필요성 등을 과연 이해하고 있는가? 혹은 받아들이고 있는가?"에 대하여 되묻게 되었다. 결국 나는 강의에서 예비교사들의 선행 지식, 학습 태세에 대하여 얼마나 이해하려고 했는가를 반성하게 되었다. 단순히 예비교사들이 강의평가에서 주는 점수 이상의 것을 나는 알아야 할 필요가 있었다. 그래서 2014년부터 반성적 강의 일지를 작성하고 예비교사들에게 사전에 강의를 듣는 이유와 목적에 대하여 공유하는 강의 초반에 더욱 많은 주의를 기울이기로 하였다(최재혁 등, 2016).

- 예비교사들은 강의에서 나와 무엇을 공유하는가?

나는 강의를 할 때마다, 특히 중간고사나 기말고사 채점을 하면서 "과연 내가 가르친 것을 학생들이 이해는 하나?" 혹은 "나의 설명에 대해 어떻게 서로 다른 인식을 가지고 이해할 수 있지?"라고 반문하는 경우가 있었다. 이와 같은 반문은 내가 가지고 있는 예비교사에 대한 이해가 단편적인 것은 아닐지 혹은 예비교사들의 요구를 내가 너무 모르는 것은 아닌지에 대한 반성으로 이어졌다. 그러던 중, 강의 중간에 다음 강의 내용이 무엇인지 예비교사들에게 물으면, 어느 강의나 그렇듯, 멍하니 나를 보거나, 부랴부랴 강의계획서를 찾아보는 그들의 모습에서, 나의 강의에서의 지향점과 흐름이 예비교사들과 공유되고 있는가에 대하여 고민을 하게 되었다. 이와 같은 장면은 대학강의에서 늘 마주하는 광경이었지만, 일지를 적었던 그 날만큼은, 예비교사들이 지나치게 수동적으로 내 수업을 듣는 것은 아닌가 하고, 그런 모습을 개선해보고 싶다는 생각이 들었다. 그러는 과정에서 내가 일방적으로 강의계획을 학생들에게 전달하지 않고, 매 강의를 시작할 때, 내가 생각하는 강의의 방향과 계획을 이야기하고, 예비교사들이 바라는 점을 들으면서, 강의계획을 함께 수정하였다. 그러면서, 내가 강의에서 예비교사들과 가치 공유에 미흡하다는 것을 깨달았다. 나는 예비교사들에게 다양한 논의와 판단, 그리고 본인 스스로 문제를 해결하기를 기대하면서, 나의 가치나 지향점은 가급적 드러내려고 하지 않는다는 것을 알게 되었다. 하지만 예비교사들은 오히려 나의 가치관과 지향점을 궁금해하였다. 특히, 새로운 교육정책이나 교육과정을 논의할 때, 과연 그것이 입시 위주의 수업에서 통하기는 할지 비판하면서, 나는 그와 관련하여 어떤 입장을 취하는지를 확인하고 싶어 했다. 이런 생각에 나는 예비교사들이 더욱 더 자기 생각에 귀를 기울였으면 하면서도, 내가 왜, 이런 지향점을 가지게 되었는지를 설명하여 준다면, 그들도, 나와 동일한 지향점을 가지지는 않더라도, 근거 있게, 추론을 통해 자신의 주장을 할 수 있을 것이라고 기대하였다.

- **다른 교사교육자의 셀프스터디 참여**

호주의 한 대학에 방문하여, 해당 대학의 교사교육자와 셀프스터디를 하였다. 나는 다른 교사교육자의 강의를 참관한 적이 없다는 점에서, 특별한 기회가 될 것이라고 생각하였으며, 외국의 교사교육의 모습을 볼 수 있다는 점에서 매력적이라고 생각하였다. 우리나라와 다른 상황이었지만, 교사교육자로서 비슷한 고민을 한다는 점을 알게 되었다. 주된 내용은 강의의 주도권을 누가 가져야 하는 것이며, 강의에서 예상하지 못한 예비교사들의 반응에 대해 교사교육자는 어떻게 대처해야 하는가에 대한 고민을 이야기하였다. 이 점은 내가 늘 고민하는 내용이었는데, 교수가 주도하는 것은 바람직하지 않지만, 예비교사들이 그에 필요한 준비를 충분히 해오지 못했을 때 과연 어떻게 하는 것이 좋을지에 대한 고민을 함께 나누었다. 다음은 당시 나의 일지 중 교수자 본인의 기대대로 되지 않아 생기는 '실망'과 관련한 부분이다.

(교수자의 반성적 일지 중)

어제 강의에서 본인이 매우 실망한 점에 대해 전자 우편을 보내왔다. (강의에서 받는) 느낌은 비슷한가보다. 나 역시 어제 수업에서 산만함, 그리고 진행이 매끄럽지 못함을 발견했으나, 그것이 내가 영어로 이뤄지는 대화를 다 이해하지 못함인지, 혹은 그것이 이들의 문화인지 구분할 길이 없었는데, 실제 그랬나보다. 학생들이 강의에 참여하지 않고, 그렇게 되면서, 자신이 강의를 주도하게 되고, 그렇지만, 과연 구성주의를 가르치는 교사교육자로서 좋은 해결책이라는 생각은 들지 않고. 했던 내가 지난해를 비롯하여 셀프스터디 연구 모임이 시작될 때부터 했던 고민들을 보았다. 당연한 것일 수도, 혹은 이것이 교사교육자의 공통된 고민일 수도 있다는 생각이 들었다.(2017. 3. 10.)

나는 그 순간, 셀프스터디가 가지는 의미를 다시 한번 더 생각해보았다. 지극히 개인적인 탐구처럼 보이지만, 서로의 고민이 맞닿는 부분이 있고, 그러한 고민을 공유하고 나눌 수 있다는 점, 나 혼자 그런 생각을 한다는 것은 아니라는 점이 가져다주는 반가움은 매우 컸다.

2.3 주제 명확하게 하기

셀프스터디는 연구의 시작도 끝도 명시적으로 정할 수 없는 순환적 과정이다. 셀프스터디는 어떤 하나의 답을 얻기 위한 것이 목적이 아니라, 나를 이해하고, 나의 이해를 바탕으로 실행의 변화를 꾀하는 그 과정에 대한 이해이기 때문이다. 이를 통해 나를 더욱 더 잘 이해하도록 하며, 실행 변화도 함께 가져오게 된다. 따라서, 셀프스터디는 계속해서 새로운 도전과제를 나에게 주게 되어, 멈출 수 없게 한다. 이것이 셀프스터디가 주는 매력이다. 이 절은 공식적으로 두 번째 셀프스터디를 하면서, 연구 문제를 명확하게 하는 과정에 대한 이야기이다. 이 절에서 제시된 저자의 사례를 통해 독자들이 셀프스터디에서 주제를 명확히 하는 방법과 그 중요성을 알 수 있기를 기대한다.

- **새로운 도전**

나는 지난 셀프스터디의 아쉬움과 새로운 가능성을 모색해보고자 하였다. 그 중 하나는 예비교사들의 반성적 사고를 강조하는 전략을 탐색적으로 시도한다면, 무언가 달라질 수 있을 것으로 생각하였다. 한편 나에 대한 보다 깊이 있는 고찰이 더 필요하다고 보았다. 첫 번째 셀프스터디에서는 나에 대한 깊이 있는 고찰보다는, 나의 현재와 주변 상황을 이해하는 데 많은 부분을 할애했다. 이번 셀프스터디에서는 예비교사들에게 수업 시연의 기회도 확대해보고, 피드백의 과정을 강화하고자 하였다. 이런 접근의 시도를 위해, 예비교사들은 나의 수업에서 무엇을 원하며, 어떤 점을 더 원하는지를 조사하였고, 내가 셀프스터디에서 나를 반성적으로 고찰하는 것처럼, 예비교사들도 그렇게 할 수 있다면 좋겠다는 생각을 하게 되었다.

- **연구 대상 선정 및 맥락 기술하기**

연구 대상이 되는 강의는 본인 스스로 정한 연구 목표에 따라, 그리고 연구 데이터를 고려하여 선정하면 된다. 이 연구에서 나는 지난 셀프스터디에 이어, 변화를 모색하였기 때문에, 지난 셀프스터디와 동일한 강의를 선택하였다. 해당 강의는 4학년 1학기 교육실습을 나가기 직전에 개설되는 3학점 전공 선택 과목으로 전공필수 과목인 물리교육론, 물리교재연구 및 지도법, 물리논리 및 논술교육 강의를 모두 수강한 예비교사를 대상으로 개설되는 교과목이다. 해당 강의에서 나는 예비교사들이 수업 모형의 특징을 이해하고, 이를 실제 수업에 적용하는 것을 목적으로 강의를 계획하고 진행하였다. 나는 강의를 시작하면서, 강의 진행과 내용을 예비교사와 함께 논의하여 정하였는데, 이에 따라 예비교사들은 수업 모형에 따라 수업 내용을 구성하고, 실제 수업 시연을 개인별로 6회 하도록 하였다.

이러한 시도는 그전까지는 강의를 시작하면서 예비교사들의 의견을 항상 들었을지라도 강의 설계의 주도권은 나에게 있었던 것을, 이번 강의에서는 바꿔보려고 한 결과 중 하나이다. 또한 매 수업 시연 결과에 대해 예비교사 동료들과 교사교육자인 '나'에게 피드백을 받고 자기 반성 일지를 작성하도록 하였으며, 이를 통해 그들의 수업 전문성을 제고할 수 있기를 기대하였다. 이것은 비판적 동료들과 예비교사들의 변화역량 증진을 위해 자기이해를 기반으로 하여야 한다는 점을 반영한 것이었다. 이는 예비교사들의 자기 반성의 기회를 강조한 것으로, 나는 그들의 반응에 대해 개방적인 태도를 가지고 수업을 하는 것이 중요하다고 생각하였다. 하지만, 모든 예비교사의 수업 시연을 제한된 시간 내에 보기 위해서는, 방식의 변화가 필요했는데, 이 연구에서는 사전에 수업 시연 영상을 촬영하고, 강의 시간에는 재생만 하도록 하여, 시간을 절약하고, 자기 반성과 피드백에 집중할 수 있도록 설계하였다.

이에 따라 모든 수업 시연 자료는 동영상으로 미리 촬영하여, 온라인 게시판에 올리고, 실제 수업 시간에는 해당 영상을 함께 시청하며, 게시판에 댓글로 피드백을 제공하였다. 그리고 예비교사들은 각자 자신이 받은 피드백을 바탕으로 다음 수업 시연에서 주요 수정 방향을 설정하도록 하였다. 그중 5차례는 3분 분량의 짧은 시연이였으며, 마지막 1차례는 15분 분량의 수업 시연이었다. 나는 예비물리교사들이 각자 밝힌 좋은 물리 수업에 대한 지향점을 바탕으로 각 예비교사의 수업 시연에 대해 그들의 지향점을 고려하여 피드백을 달리 제공하였으며, 피드백의 내용에 기초한 나의 반성적 일지를 매 강의때마다 작성하였다. 그리고 학기 초에 찍은 예비교사의 수업 시연 장면과 후반부에 찍은 수업 시연 장면을 비교하여 그들의 변화가 구체적으로 어떻게 이뤄졌는지 예비교사들의 자기 반성 일지와 함께 분석하였다. 매 강의는 강의실 뒤편에 설치한 비디오카메라로 수업을 촬영하였다. 또한 강의 중 이뤄진 예비교사들의 수업 시연, 동료 평가, 그리고 자기 반성 및 강의 중 이뤄진 설문 등은 온라인 게시판을 활용하여 자료화하였다.

- 비판적 동료

셀프스터디의 주 수행자인 나는 사범대학 교수로 교과교육을 강의한지 11년째'였고, 나와 비슷한 시기에 교원양성대학에 임용된 세 명의 공동연구원이 비판적 동료로서 연구에 참여하였다. 본인이 2016년에 수행한 셀프스터디에서 '나'는 교사교육자로서 예비교사에 대한 이해가 부족하였고, 개방적인 분위기에서 교과교육 수업의 목적과 방향에 대해 예비교사들과 공유하는 것이 필요함을 발견하였다. 내 강의가 그들의 교사 전문성 향상에 있어 구체적으로 어떤 기여를 하고 있는지, 그리고 강의 실천에 있어 개선 사항은 무엇인지를 탐색하기, 교사교육자로서 나에 대해 심층적으로 이해하고 고찰하기 등이 필요함을 발견하였다(최재혁 등, 2016). 또한 비판적 동료들과는 대학의 교사교육 강의를 통해 예비교사의 변화를 꾀하는 전략을 논의하고 관련 연구의 방향을 설정하기 위한 토론 시간을 지속적으로 가졌다. 이 연구는 기존 셀프스터디의 연장선에 있는 것으로, 기존 연구가 강의에서 이뤄지는 예비교사들의 변화와 그에 대한 나의 인식에 초점을 둔 것이라면, 이번 연구의 경우는 교사교육자로서 나에 대한 보다 심층적인 고찰에 주안점을 두었다. 이 연구에 참여한 비판적 동료들은 나와 약 20년 동안 알고 지낸 사이로 대학원 연구실에서 함께 연구한 기간이 3~5년씩 있는 동료들이었다. 또한 연구진들은 약 8년에서 12년의 대학교수 경력을 가지고 있었는데, 연구를 수행할 당시 국립대학교 사범대학 과학교육학부, 사립대학교 사범대학 물리교육과 교육대학교 과학교육과에 재직 중이었으며, 나의 첫번째 셀프스터디(최재혁 등, 2016)를 함께 수행하였다.

- 자료 수집 방법과 분석의 방향 정하기

셀프스터디에서 수집할 자료는 매우 방대할 수 있으며, 사전에 모든 것을 정하기보다, 연구를 수행하는 과정에서 변할 수 있다. 때로는 신속한 변경이 이뤄질 필요도 있는데, 왜냐하면, 셀프스터디는 나의 반성적 고찰과 실행이 복합적으로 서로 얽혀 있으며, 자료를 수집하고 즉시적으로 분석하면서, 나의 실행을 수시로 점검하고, 보완하게 되기 때문이다. 즉, 셀프스터디는 연구를 위해 어떤 상황을 별도로 구조화하는 방법이 아닌 자연주의적인 접근을 하는 것이 일반적이기 때문에, 중간중간 분석된 자료와 자기 반성이 강의의 방향과 내용의 수정을 허용하기 때문이다. 즉, 나는 연구자이지만, 강의자이며, 환원적인 접근을 통해 어떤 하나의 보편타당한 결론을 내리는 것이 아니라, 종합적이고 총체적인 접근, 그리고 지극히 상황의존적이고 맥락적인 접근을 통해, 나와 나의 실행을 깊이 있게 이해하고, 이를 통해, 나의 성장과 실행의 변화와 개선을 꾀할 수 있도록 한다. 이 연구에서는 사전 설문과 사후 설문, 그리고 수업 중 예비교사들이 만들어내는 수업 결과물을 중심으로 연구 데이터를 수집하기로 하였으며, 이는 연구의 목적과 내용에 따른 것이며, 비판적 동료들과 함께 의사결정하고, 분석하는 일련의 과정을 타당하게 하기 위함을 목적으로 하였다. 이를 위해, 연구를 수행하면서 분석을 함께 수행하였으며, 강의가 끝나고 난 뒤에, 해당 자료를 다시 한번 더 다른 자료와 함께, 그리고 연구의 결론에 따라 다시 한번 고찰하였다. 즉, 어떤 하나의 정해진 결론이나 방향을 미리 정하지 않고 개방적이고 귀납적인 접근을 시도한 것이다. 이와 같은 시도는 매우 위험해 보이기도 하고, 연구자에게는 매우 부담스러운 시도일 수 있을 것이다. 자칫 연구의 결론이 도출되지 않을 수도 있겠다는 부담감도 있으며, 필요한 연구 데이터가 수집되지 못했을 가능성도 있기 때문이다. 이와 같은 일련의 과정은 마치 우리의 삶과도 너무나 비슷하며, 알 수 없는 무언가를 도전한다는 개척자가 된 듯한 기분을 들게 만들 수 있다는 면도 있다. 또한 셀프스터디는 단순히 본인의 성찰로 끝나는 것이 아니라, 의미 있는 연구 결과를 제시하는 것이 셀프스터디 연구의 목적이라는 점에서, 가급적 연구를 수행하는 비판적 동료나 주 수행자 중 질적 연구 경험이 있고, 연구를 안내해줄 수 있는 동료가 참여하는 것을 권한다.

이 연구에서는 연구자의 반성적 일지와 비판적 동료와의 회의록 외에 교사정체성과 관련한 설문, 교사전문성에 관한 설문을 시행하여 확인하고 분석하였으며, 강의가 끝난 후 강의 평가를 각 과정에 대한 서술형 설문을 하여, 강의의 성과와 그 과정을 분석하였다. 그 이유는 예비교사들의 반성적 고찰을 강조한 실행 전략이 어떤 효과가 있었는지, 그리고 이런 일련의 과정에서 교사교육자인 나의 모습을 깊이 있게 고찰하고자 했기 때문이다. 나는 비판적 동료들과 함께 예비교사와 나의 반성적 고찰 과정을 협력적으로 고찰하고, 실행 전략의 효과에 대해 수시로 점검하였다. 비판적 동료들과의 협력적 고찰을 통해 세부적인 강의 개선을 위한 전략을 도출하고, 강의의 성과와 한계, 그리고 예비교사 변화의 특징과 자기 반성 과정을 함께 논의하고 고찰하였다. 비판적 동료와는 매주 1회 이상 온라인으로 만나 약 1시간 정도씩 연구 진행 사항을 공유하고, 논의하였으며, 이메일이나 SNS등을 활용하여 필요한 경우에는 즉각적으로 의견을 교환하였다. 해당 회의에서 '나'는 나의 실천과 자기 반성의 과정을 비판적 동료들과 공유하였는데, 이를 위해 '나'는 강의에서 나타나는 예비교사들의 변화를 수시로 분석하고, '나'의 수업 계획과 준비와 강의 실행, 그리고 신념, 자기이해, 교사교육자로서 고민과 갈등을 일지로 작성하였다. '나'의 실천에 대한 균형 잡힌 해석을 통해 교사교육자로서 '나'에 대한 고찰과 변화를 반추하여 예비교사의 변화에 대한 인식의 확장을 가져올 수 있도록 하였다. 다음은 본 셀프스터디를 수행하고 난 뒤, 비판적 동료들과 나눈 대화로 연구의 해석의 방향과 의미를 함께 논의하는 내용이다.

본 셀프스터디가 앞서 수행한 셀프스터디와의 차이점은 무엇인가?

앞서 수행한 셀프스터디 연구(최재혁 등, 2016)에서는 예비교사와 나의 차이를 바탕으로 수업을 시작하였으며, 나는 예비교사들에 대한 이해의 확장이 그들의 변화를 유도할 수 있는 주요한 시작점이라고 보았고, 이를 바탕으로 예비교사들에게 모의상황이지만 수업 시연 기회를 확대하여 제공하였다. 하지만 여전히 그들의 변화는 교사교육자의 기대만큼 이뤄지지 않았으며, 이 과정에서 나타나는 교사교육자의 성찰 과정을 상세히 서술함으로써 교사교육에 대한 시사점을 얻고자 하였다.
앞서 수행한 셀프스터디에서는 예비교사와 나와의 차이를 인식한 뒤, 나는 그들을 설득의 대상으로 보려고 하지 않고, 변화의 주체가 될 수 있도록 수업 방식을 개선하였으나, 성공적이지는 않았다. 실은 당시 강의와 비교분석하여 본 강의에서 나의 변화와 나의 실천의 변화가 주는 영향을 분석하는 것이 필요해보이는 것 중요한 부분이다. 하지만 나의 실천의 변화가 궁극적으로 그들의 변화로까지 이어진 것은 아니라는 점에서, 결과적인 측면에서는, 기존 논문과 차이가 없다고 볼 수 있으나, 이 연구에서는 기존 연구와 달리, 해당 현상의 이면을 나의 성찰을 중심으로 살펴보았다는 점에서 차별화되었다고 생각했다.

2.4 연구 문제 도출하기

셀프스터디에서 주 연구자는 자신의 실행을 반성적으로 고찰하기 위하여, 이에 대한 다양한 연구를 분석할 필요가 있다. 선행 연구 분석으로 본인이 수행하는 연구 대상에 대한 심층적 이해는 물론, 수업 전략을 구성에 도움을 받을 수 있으며, 추후 연구 데이터를 해석하는데 있어서도 큰 역할을 하게 된다. 특히, 셀프스터디에서는 다양한 자료를 즉각적으로 분석하고, 그것을 본인의 실천에 반영해야 하는 경우도 생기기 마련이다. 즉, 자료의 엄밀한 해석 못지않게, 즉각적인 실행 반영의 필요성도 있다. 이 과정에서 균형을 유지하는 것이 매우 중요하다. 이를 위해서는 비판적 동료들의 전문적 지원이 가장 중요하며, 사전에 관련된 연구 분석을 바탕으로 나름의 연구 가설과 예상 결과를 미리 생각해보는 것도 큰 도움이 된다. 이 절의 사례를 통해 독자들이 위와 같은 셀프스터디의 특징이 연구 문제 도출하기부터 어떻게 반영될 수 있는지에 대해 이해할 수 있기를 기대한다.

- 연구 문제 도출을 위한 선행 연구 분석
(“예비교사들은 대학 교과교육 강의에서 무엇을 배우는가?”)

이 연구는 예비교사의 이해와 실행을 주요한 내용으로 하고 있다. 결과를 분석하고 논의하는 데에는 ‘나’의 경험과 생각뿐만 아니라, 기존의 국내 과학예비교사를 대상으로 한 기존 연구의 결과들도 활용하였다. 예를 들어, 교과교육 강의에서 예비교사에 관한 연구로 예비과학교사의 자기 평가에 관한 연구(강경희, 2013), 반성적 일지 쓰기를 통한 전문성 제고(윤혜경, 2013), 예비교사들의 학습관과 과학교육 과목 간의 관련성(고은정, 최병순, 2014), 그리고 예비과학교사가 중학교 과학 수업에서 경험하는 어려움(양미선 등, 2012) 등의 연구가 이루어져 왔다. 좀 더 구체적으로, 김혜진 등(2013)의 연구에서는 예비교사들이 교육과정을 체계적으로 고려하고 있지 않으며, 수업 목표는 수업 계획에서 부차적인 요소로 간주한다는 점, 실험 이외의 활동은 예비교사 자신의 개인적 경험에 의존한다는 점을 보고한 바 있고, 양찬호 등(2014)의 연구에서는 교수학습평가를 수업 계획의 요소로 인식하지 못하는 점을 이야기하였다. 또, 윤혜경과 송영진(2017)의 연구에서는 반성적 활동에서 교육이론에 기초하지 못하는 특징도 보고되어 있다. 김경순 등(2011)의 연구에서는 그들이 교육과정이나 평가의 측면을 고려하지 못하고 있으며, 고은정과 최병순(2014)의 연구에서는 전통적 학습관을 가진 예비교사가 과학교육 과목 수강 후 구성주의 학습관으로 바뀌었다가, 현장의 수업 상황을 고려하여 그것이 나중에 수정되고 변형되는 것을 보고하고 있다. 양미선 등(2012)의 연구에서는 수업 모형을 실제 수업에 적용하는 어려움을 이야기하고 있으며, 윤혜경(2012)의 연구에서는 초등예비교사의 경우 내용 지식보다는 지도 측면을 고려하여 자신의 수업을 반성하는 특징을 보고하고 있다. 4년 동안 예비과학교사들의 과학 수업 및 학생들의 과학학습, 교실환경과 교육과정에 대한 전문성의 변화가 크지 않으며(김영민, 이현주, 김재권, 2013), 인식론적 신념변화와 내면화가 쉽게 일어나지 않는다는 연구 결과(곽영순, 2002)도 보고된 바 있다. 그러나 기존의 연구들은 주로 교과교육 강의 속의 예비교사의 모습을 중심으로 예비교사들을 연구 대상으로 인식하고, 어떤 특징적인 교사교육 프로그램에 참여하고 난 뒤의 변화에 대하여 논의하는 경우가 많았다(강경희, 2013; 2016; 김동렬, 2013; 고연주와 이현주, 2014; 강호군 등, 2015), 반면, 과연 그들이 어떤 지향점을 가지고 있으며, 이것이 교사교육과 어떤 차이를 보이는지 등에 대한 논의는 부족하였다. 예비교사들이 교과교육 강의에서 단순히 이론적 지식만을 배우는 것이 아닌 실행적 지식을 배워야 한다는 점을 고려할 때, 교수자의 지향점과 예비교사의 지향점, 그리고 그들간의 의사소통 과정에 관한 연구가 필요하다고 할 수 있다(최재혁, 2017). 이러한 기존 연구 결과들 중 일부나 전체적인 시사점 등은 결과를 분석하고 그 의미와 시사점 등을 논의하는 데에 활용하였다.

- 연구 문제 구체화하기

이 연구에서는 예비교사교육에 있어 교사교육자와 예비교사들의 이야기를 담아내고자 하였다. 즉, 수업을 통해 학생들이 과학 지식을 잘 구성할 수 있도록 하는 것도 중요하지만, 동시에 미래 사회에 대비한 다양한 역량의 증진, 생활 속 실천, 우리가 속해 있는 사회문화에 대한 이해 등 여러 측면의 발달을 지원해야 한다(송진웅 등, 2019). 예를 들어, 중등학교 교사들은 좋은 과학 수업에 대해 학생의 눈높이와 발달 단계, 사전 지식수준에 맞게 교육 내용을 재구성한 수업, 교사와 학생 사이의 상호작용이 활발하게 일어나는 수업, 학생 사이의 상호작용과 협동이 활발하게 일어나는 수업, 교사와 학생 간에 신뢰하고 존중해주는 분위기의 수업, 평소 수업 활동과 연계해서 수행평가를 하고 평가를 통해 학생들이 배울 기회가 제공되는 수업 등, 교육 내용, 교육 방법, 교육 환경, 평가의 여러 차원에서 복합적인 관점의 얘기를 한다(이봉우, 2016). 또, 좋은 과학 수업이란 학생들이 지적인 측면은 물론 정서적으로도 만족하는 수업, 학생이 적극적이고 주도적으로 참여하는 수업, 교사와 학생 사이의 상호작용이 활발한 수업, 학생들의 눈높이가 고려된 수업이라고 얘기하기도 한다(곽영순과 김주훈, 2003). 다시 말해, 과학을 잘 가르친다는 것은, 그리고 좋은 과학 수업을 한다는 것은 단순한 지식 전달을 넘어 활발한 소통을 바탕으로 학생의 적극적이고 주도적인 참여를 독려하면서 현재의 사회와 미래 사회에 대비한 역량을 증진하도록 하는 복잡한 어떤 것이다. 이처럼 과학을 잘 가르치는 것의 복잡성을 고려하여 교사교육자 나름대로 예비교사의 교직 전문성을 함양하기 위해 노력한다. 그러나 과연 예비교사들 역시 교사교육자와 같은 생각을 가지고 교사교육자가 지향하는 바와 같은 것들을 교과교육 강의를 통해 배우고 있을까?

첫 번째 셀프스터디가 끝나고 나서 나는 비판적 동료들과 함께 지속해서 소통하면서 셀프스터디가 교사교육에 주는 시사점에 대해, 그리고 이 연구 모임의 지향점에 대해 고민하였다. 우리는 예비교사들에 대한 보다 깊이 있는 이해를 통해 교사교육 실천에 있어 변화가 필요하다고 보았으며, 특히 예비교사들의 변화에 있어 교사교육자에게 책무가 있음을 공감하였으며, 이와 관련한 연구가 필요함을 논의하였다. 나는 예비교사들의 변화를 논함에 있어 교사교육자로서 나에 대한 성찰과 반성이 필요하다고 보았으며, 궁극적으로는 예비교사들이 변화의 주체이어야 하지만 나의 실천에 대한 개선이 선행되어야 한다고 보았다. 즉, 교사교육에 대한 나의 지향점을 예비교사들에게 전달하려고 했던 기존의 내 인식을 바꾸어야 했다. 나는 예비교사들을 설득의 대상으로 보았으나, 그들을 변화의 주체로 인식하고 그들에 대한 보다 깊이 있는 이해가 필요하다고 판단하였다. 또한 예비교사들에게 반성의 기회를 더 많이 제공하는 것이 필요하다고 보았다. 이를 위해 예비교사들에게는 수업 시연의 기회를 실질적으로 확대하고, 동료 예비교사들과의 소통의 기회를 늘려 자기 반성의 기회를 더 많이 얻게 하는 방향으로 강의를 개선하기로 하였다.

이를 통해 나는 연구 문제로 **"내가 본 강의에서 예비교사들에게 기대하는 바는 무엇이며, 나의 실행에 대한 고찰이 자기이해에 주는 영향은 무엇인가?"** 로 정하였다. 다음은 관련된 반성적 일지의 내용이다.

(나의 반성적 일지 중에서)

지난 셀프스터디에서는 나와 학생들의 인식의 차이를 바탕으로 하여 나의 의견을 학생들에게 설득하는 것을 주요 전략으로 하였다. 그러다 보니 갈등도 있었고, 그 갈등으로 인해 여러 가지 고민이 들었다. 과연 갈등을 제공한 그 학생에게 나의 생각을 강요하는 것이 과연 적절한 것인가에 대한 고민이었다. 그래서 이번에는 전략을 바꾸었다. 학생들의 의견을 적극적으로 알아보고자 하였다. 그를 통해 나는 무엇을 고민하게 되는가를 살펴보고자 하였다. 학생들에게 정체성 설문을 통해 느낀 점은 학생들이 물리 내용 지식에 대한 요구는 분명한 반면, 물리교육에서 얻고자 하는 지식은 구체화되어 있지 않다는 생각을 하였다. 그들은 과연 물리교육에서 무엇을 기대하는 것인가? 그리고 그것이 과연 얼마나 필요하다고 느끼는 것인가? (2018. 3. 7)

3 셀프스터디 수행하기

이 절에서는 저자가 구체적으로 셀프스터디를 어떻게 수행하였고, 그 과정과 결과를 어떻게 서술하였는지를 소개하였다. 이 절에서 소개하는 저자의 연구 사례가 그 연구의 과정과 결과, 과정과 결과가 갖고 있는 의미와 시사점 등을 이해하는 데에 도움이 되고, 이와 함께, 셀프스터디의 구체적인 수행 방법과 결과 정리 방법 등을 이해하는 데에도 도움이 되기를 기대한다.

3.1 연구 데이터 수집

셀프스터디의 주요 연구 데이터는 나의 반성적 일지와 비판적 동료들과의 회의록이 될 수 있다. 하지만, 연구자의 실행 과정에서 나타나는 특징과 맥락을 이해하기 위한 다양한 연구 데이터의 수집이 필요하다. 해당 연구 데이터는 실행 과정 중에 즉각적으로 분석되기도 하며, 연구 데이터 수집을 마친 뒤, 연구 논문 작성에 앞서 보다 엄밀하게 분석을 할 수 있다. 연구의 내용과 목적에 따라 수집되어야 하는 연구 데이터가 정해질 것이다. 이 연구에서는 예비교사에 대한 이해와 그에 대한 교사교육자의 실행이 주요한 연구 내용이므로, 예비교사들을 대상으로 한 설문을 수업 전과 수업 후에 실시한 것을 연구 데이터로 활용하였다. 이 절에서 서술된 저자의 연구 사례를 통해 독자들이 실제 셀프스터디를 위한 자료 수집을 어떻게 할 수 있는지를 이해할 수 있기를 기대한다.

강의에 앞서 예비교사들에게 강의 개선을 위하여 동영상 촬영, 설문조사 등을 하게 되며, 수업의 자료들을 분석하리라는 것을 설명하여 동의를 모두 구하였다. 그리고 이러한 전 과정에 대해 연구윤리심의위원회 승인을 거쳤다. 설문조사는 강의 시작 전, 교육실습 직전, 그리고 강의 종료 후 3차례 실시하였다. 설문은 '교사(예비교사)로서 정체성'에 관한 문항과 '대학의 물리/물리교육 수업에 대한 인식'에 관한 문항으로 구성되었다. 이 외에 강의 중 이뤄진 수업 활동 기록물, 예비교사들이 작성한 강의록 등을 활용하여 다각적으로 분석하였다. 연구 데이터 분석은 주 연구자인 '내'가 먼저 하였으며, 이를 비판적 동료들과 이메일과 화상회의 등을 통해 공유하고 논의하였다. 나의 분석 내용은 일지에 기록되어 매 강의가 끝난 후 비판적 동료와 공유되었다. 강의가 끝난 후 종합적으

표 3.1 연구 데이터 수집

	실행 전	강의 실행 중	강의 실행 후
예비교사	· 사전 설문 (교사정체성 설문, 수업전문성 인식 조사)	· 수업 시연 영상 · 수업 시연 피드백 · 자기 반성 일지	· 사후 설문 실시 (교사정체성 설문, 수업전문성 인식 조사) · 강의 평가
교사교육자	· 수업 개선 방안 도출을 위한 자료 · 선행 연구 분석 · 자기 반성 일지 분석	· 강의 영상 · 자기 반성일지	· 연구 데이터 코딩 및 분석 · 자기 반성 및 고찰
비판적 동료	· 관련 교사교육 연구 분석 · 수업 개선방향 논의	· 실행 과정 공유 및 논의 · 교사교육자의 성찰 공유 및 논의	· 연구 데이터 추가분석 · 시사점 논의

로 예비교사들의 변화 분석을 위해 활용한 각종 연구 기록물 외에 '나'의 반성적 수업 일지, 그리고 비판적 동료들과의 회의록을 모두 포함하여 자료 전체의 의미와 시사점을 고찰하였다. 비판적 동료들과의 공유된 의견, 그리고 비판적 동료들이 제시한 새로운 해석의 방향을 바탕으로 다시 연구 데이터를 분석하고, 이를 또다시 비판적 동료들과 논의하는 순환적인 방법을 통해 연구 데이터가 가지는 의미를 타당하게 도출하도록 노력하였다. 이 연구에서 활용한 주요 연구 데이터 목록을 연구의 진행 과정에 따라 나타내면 <표 3.1>과 같았으며, 주요 연구 데이터에 대한 설명은 다음과 같았다.

- **[연구 데이터] 연구자의 반성적 일지와 비판적 동료와의 회의록**

  주요 참여자인 나는 2018년 1월부터 6월까지 6개월 동안 50개의 반성적 일지를 작성하였으며, 비판적 동료들과 13차례 회의를 하였다. 해당 일지와 회의록은 주요 분석 대상이었으며, 해당 일지의 분석을 중심으로 다른 자료들을 함께 분석하였다. 반성적 일지는 매 강의가 끝난 뒤에 작성이 되었으며, 필요에 따라서는 강의가 시작하기 전에 별도로 작성되기도 하였다. 주요 분석 대상이 된 반성적 일지는 나와 예비교사 실행의 변화와 나의 자기이해의 논의의 핵심적인 흐름을 이해하는 데 중요한 역할을 하였다. 구체적으로 공유된 내용은 강의의 계획과 준비 그리고 실제 내용, 강의마다 작성한 '나'의 반성적 일지, 예비교사들이 작성한 강의록, 예비교사들의 수업 시연 동영상과 이를 바탕으로 이뤄진 동료간 피드백, 그리고 강의 전과 후에 이뤄진 교사 정체성 설문, 강의 평가 등을 함께 검토하고 논의하였다. 각 논의에서 나의 관점을 이야기할 때는 "나는"으로, 나와 비판적 동료들의 논의는 "우리는" 혹은 "비판적 동료 A"로, 예비교사들을 지칭할 때는 "예비교사들은" 혹은 "예비교사 a는"과 같이 주어를 구분하였다.

- [연구 데이터] 교사 정체성 설문

최재혁 등(2016)에서 사용한 교사정체성 설문을 본 수업상황에 맞게 일부 수정하여, 총 21개의 설문 문항을 예비교사들에게 물었다. 크게 '교사(예비교사)로서 정체성'에 관한 문항과 '대학의 물리/물리교육 수업에 대한 인식'에 관한 문항으로 구성하였고, "현재 과학 교사가 되고 싶은 정도를 표시한다면?"이라는 한 문항을 제외하고는 모두 개방형 서술식 문항으로 구성하였으며, '교사(예비교사)로서 정체성'에 관한 문항은 인생의 목표와 진로(물리 혹은 과학교사) 인식, 교사로서 자신의 현재 모습에 대한 인식, 타인이 생각하는 교사로서 나의 모습에 대한 인식, 과학/과학교육 관련 과거 경험, 물리교육 강의에서 배운 지식의 활용을 포함한 물리 교수/학습에 대한 인식 등 5가지 영역으로 범주화하였고, 설문 결과를 분석하고 논의하여 예비교사들에 대한 인식과 그 이유를 분석하는 데 사용하였다.

- [연구 데이터] 수업 전문성 인식 조사

Magnusson et al.(1999)이 제안한 과학교육과정의 지식, 학생의 과학적 이해 지식, 교수전략에 관한 지식, 과학적 소양의 평가에 관한 지식, 그리고 과학교수를 개념화하고 바라보는 관점인 지향점(orientation)에다가 내용 지식(Grossman, 1990)까지 포함하여 PCK의 구성 요소에 대하여 예비교사 본인이 생각하는 각 요소에 대한 중요도와 본인의 능력에 대하여 리커트 척도로 물었다.

- [연구 데이터] 강의 평가 설문

강의가 끝난 뒤, 설문은 예비교사들이 수업 시연의 전 과정에서 무엇을 느끼고 배웠는지를 확인하기 위하여 총 18개의 문항으로 구성된 문항으로, 교수자의 강의목표대로 변화가 있었는지를 확인하기 위한 문항으로 구성하였다. 해당 문항의 내용은 강의의 내용과 예비교사의 인식을 분석하기 위한 것으로 교수자가 1차적으로 개발하고, 교사교육전문가 3인이 검토하여 타당도를 확보하였다. 해당 설문은 좋은 물리 수업에 대한 모습과 변화, 수업 시연 준비 과정과 피드백에 따른 본인의 반응, 본 강의의 진행과 내용에 대한 평가의 3영역으로 구분하여 물었다.

- [연구 데이터] 기타

학생들의 수업 시연 영상, 학생들의 피드백 자료 일체 등 수업 결과물을 종합적으로 활용하여 분석하였다.

3.2 실행 개선을 위한 준비

셀프스터디에서는 연구 대상에 대한 이해가 연구 분석의 중요한 자료이다. 따라서 예비교사들이 수업을 시작하면서 작성한 설문 분석 결과 중 주요 내용과 함께 제시하였다. 실제 연구를 수행할 때에는 다소 방대한 자료를 분석하고, 그 결과를 종합적으로 논의하게 된다. 실제 셀프스터디 초고 원고는 상당히 길고, 방대하며, 엄청난 양의 자료들이 혼재되어 있다. 이를 정리하는 것이 중요한데, 핵심적인 테마를 정하고, 이에 따라 자료를 재배치하는 것이 필요하며, 이를 바탕으로 여러 차례 작업하는 것이 필요하다. 왜냐하면 실제 연구 결과는 다양한 자료들의 종합적인 분석을 바탕으로 한 것이기 때문에, 이야기의 전개 순서와 함께 활용되는 자료의 배치도 종합적으로 고려되어야 하기 때문이다. 이 중 연구의 주요 결과와 직접적인 내용을 중심으로 연 자료를 선정하고 정리하는 작업을 통해 연구의 핵심적인 내용이 독자들에게 효과적으로 전달될 수 있도록 하여야 한다. 다음은 위와 같은 일련의 과정을 통해 정리된 연구로서, 이 절을 통해 독자들이 연구 대상에 대한 이해의 중요성을 느끼게 되길 기대한다.

- 강의를 시작하면서

예비교사들에게 개방적 서술형 설문을 실시하고 분석한 결과, <표 3.2>과 같이, 예비교사들은 좋은 물리 수업이란 학생이 물리 개념을 이해하는 수업(40%), 학생들이 흥미가 있는 수업(27%)와 학생이 주도하는 수업(20%)라고 응답하여, 좋은 물리 수업은 학생의 학습 결과가 중요하다고 인식하였다. 그리고 이와 관련하여, <표 3.3>에서 볼 수 있는 바와 같이, 교사가 갖추어야 하는 전문성의 주요 요소로 물

표 3.2 예비교사들이 생각하는 좋은 수업 요소

좋은 물리 수업	응답수 (상대 비율)
학생이 물리 개념을 이해하는 수업	6 (43)
학생 흥미가 높은 수업	4 (29)
학생이 주도적으로 참여하는 수업	3 (21)
실험을 하는 수업	1 (7)
소계	14 (100)

표 3.3 예비교사들이 생각하는 물리 수업 전문성의 주요 요소(복수응답)

물리 수업 전문성의 주요 요소	응답수 (상대 비율)
물리학 지식	11 (55)
물리학 내용을 잘 설명하는 능력	7 (35)
물리교육학 또는 교육학 지식	2 (10)
소계	20 (100)

리학을 잘 알고, 그것을 잘 설명하는 능력을 중요하게 인식하고 있었다. 반면, 물리교육학이나 교육학에서 배운 이론적 지식은 상대적으로 비율이 낮았다.

이와 관련하여 강의를 시작하면서 예비교사들에게 학생의 물리 개념 이해를 높이기 위해서는 어떻게 해야 할지 물었다. 예비교사들은 교사가 물리학 개념을 잘 알고, 쉽게 설명한다면, 가능하다고 응답하였고, 이에 대해 교수자가 학생들마다 방법이 달라져야 하지 않을까?라는 질문에 대해 대다수 예비교사가 크게 다르지 않을 것이라고 하여, 학생들에 대한 이해를 바탕으로 수업을 진행하는 구성주의 수업에 대한 이해를 강조할 필요가 있다고 생각하였다.

예비교사들은 본 강의에서 현장 수업 능력을 키우고 싶다고 하였다. 이에 교수자는 다양한 수업 시연의 기회를 확대하여 제공함으로써 그들이 원하는 현장 수업 능력을 키울 수 있도록 함과 동시에 수업 모형을 기반으로 하여 수업을 설계하고 시연할 수 있도록 하게 함으로써, 실제 그들이 강의에서 배운 교과교육학 지식을 실제 수업 계획에 활용할 수 있기를 기대하였다. 다음은 예비교사들이 본 강의에 대한 기대와 바라는 점 중 대표적인 두 예이다.

(예비교사가 강의에 기대한 점과 바라는 점)

- 내가 수업을 했을 때, 단점을 15개 구체적으로 찾고 고쳐 나가고 싶다. 이 수업은 나에게 도움을 많이 줄 거라 기대된다.
- 겨울 방학 때 과학교육론 공부를 해보고 기출을 두 문제를 풀어봤었지만, 지금까지 배운 교육학이나 물리교육론 지식으로는 풀기 어려웠습니다. 배우는 과학교육론 개념과 기출을 함께 다뤄주시면 좋겠습니다.

강의를 시작하면서 예비교사들에게 구체적으로 물리교육에서 배운 것은 무엇이며, 그걸 왜 배웠으며, 어떻게 활용할 것인지를 논의한 결과, 예비교사들의 응답이 구체적이지 못함으로 확인하였다. 다음은 그에 대한 교사교육자의 일지 내용의 일부이다.

(나의 반성적 일지 중)

예비교사들이 물리내용지식에 대한 요구는 분명하지만, 물리교육에서 얻고자 하는 지식은 구체화되어있지 않다고 생각하였다. 그들은 과연 물리교육에서 무엇을 기대하는 것인가? 그리고 그것이 과연 얼마나 필요하다고 느끼는 것인가? 그것을 확인하고 싶었다. (2018. 3. 7.)

이를 바탕으로 강의 진행 방향과 방식을 결정하였는데, 수업 시연의 회수를 늘리고, 피드백을 강화하는 방향으로 설계하였으며, 예비교사들이 본인의 지향점을 분명히 하고, 이를 지속해서 확인할 수 있도록 하였다.

3.3 반성적 일지 작성 및 고찰

이 절은 나의 실행과 반성적 고찰을 내용으로 하고 있다. 여기서 나의 실행과 반성적 고찰은 그들 사이의 유기적인 관계가 나타나도록 하는 것이 중요하다. 반성적 일지는 매 수업이 끝난 뒤, 정기적으로 작성하며, 중요한 사건이 있을 때 별도로 작성하여야 한다. 이때 반성적 일지는 특별한 형식이 있는 것은 아니나, 해당 수업에서 있었던 사건을 개략적으로 정리하고, 연구자 본인이 느낀 점과 반성할 점, 그리고 개선 사항 및 비판적 동료들과 논의할 사항을 정리하는 것이 필요하다. 이 절에서 제시하고 있는 저자의 연구사례를 통해 독자들이 반성적 일지의 활용, 실행과 반성적 고찰의 연계 및 서술, 비판적 동료와의 논의 등에 대해 그 방법과 중요성을 인식할 수 있기를 기대한다.

모든 강의가 그렇겠지만, 교수자의 뜻대로 모든 것이 이뤄지지는 않는다. 물론 그것이 큰 문제가 아닐 수도 있겠으나, 그것을 한번 반성적으로 고찰해보고, 해당 지점을 중심으로 나와 예비교사, 그리고 나를 둘러싼 사회적 맥락 등을 되짚어봄으로써 나에 대한 고찰, 그리고 이 연구에서 주요 목표로 삼았던 예비교사교육에 대한 고찰을 해보고자 한다. 이를 위해, 반성적 고찰을 서술하기에 앞서, 나의 기대와 실행 계획, 그리고 그것이 나의 뜻대로 이뤄지지 않는 상황에 대해 먼저 서술하면 다음과 같다.

- 나의 기대

나는 예비교사들이 '학생들에 대한 이해'를 기반으로 하는 것이 아니라, 자신이 배운 대로 자신이 이해한대로 하려는 특징이 있음을 주목하였다. 이에 따라, 예비교사들이 가지는 각자의 지향점을 고려하고, '학생들에 대한 이해'를 기반으로 하는 수업을 진행할 수 있도록 강의를 구성하였다. 이를 위해 학습자 스스로 자기 목표를 설정하고 동료들간 피드백 및 교수자인 나의 피드백이 강조되어 강의 전반을 구성하였으며, 수업 시연의 기회를 6회 제공하기로 하였는데, 수업 시연과 관련된 주요 절차는 <표 3.4>와 같았다.

이 강의에서 예비교사들은 대체로 물리학을 쉽고 재미있게 학생들에게 가르치는 것을 좋은 물리 수업의 방향으로 제시하였다. 나는 이에 대하여, 자신이 아는 대로 가르치는 것이 아니라 교사가 학생들의 선행 지식을 파악할 수 있어야 하고,

표 3.4 예비교사들의 수업 시연 절차

순서	교수자	학습자
① 지향점 공유	지난 수업 리뷰 및 강의 목표 제시	자기 목표 설정 및 발표
② 수업 시연 및 피드백	개별 및 종합 피드백	동료피드백
③ 자기 반성	강의실천에 대한 자기 반성	피드백 리뷰 및 자기 목표 재설정

이에 따라 수업의 방향을 정할 줄 아는 능력이 필요하다고 보았다. 이와 관련하여 나와 예비교사들은 구성주의에 바탕을 둔 수업 모형을 수차례 연습하고, 이에 대해 피드백을 제공하는 방향으로 강의를 진행하기로 함께 설계하였다. 다음은 내가 강의에서 예비교사들이 학생 중심 수업에 대한 전문성을 높여야 한다고 생각하는 내용이다.

(나의 반성적 일지 중)

오늘은 수업에서 교수자의 역할과 학생 이해의 필요성, 그리고 학생은 수업에서 어떤 인지적, 행동적 활동을 하는지를 알 필요에 대해 강조하였다 ...(중략)... 이를 통해 예비교사들이 비교적 간과하게 되는 학생 활동과 학생의 태도에 대해 집중할 필요를 이야기하였다. . …(중략)…. 다만 예비교사들의 태도와 입장에 대해 내가 이해한 것을 바탕으로 나와 다른 점에 대해 내가 상당한 시간을 쓰고 있는 것을 발견하였다. 이것을 의도한 것은 아니었으나 이로 인해 수업의 진행이 다소 늘어지는 느낌이다. 결국 나는 그들을 나의 입장으로 설득하기 위해 계속 애쓰고 있는 것이다. 물론 이것이 나의 강의의 중요한 지점이다. 하지만 일방적으로 나의 의견을 피력하기보다는 예비교사로서 자신의 입장을 반성하고 스스로 바꾸어나가기를 기대하는 입장에서 균형을 잡을 필요가 있다고 보인다. 또한 본 수업에서는 지난 수업과 달리 짧은 수업 시연을 동영상으로 올리는 과제를 줄 것이다. 이에 대한 반성적 사고를 통해 어떻게 바뀌어 나가는지 확인해보고자 한다. (2018. 3. 13)

나는 구체적으로는 물리 개념을 도입하고 설명하는 데에 학생들의 활동과 답변을 활용할 것을 주문하였다. 더불어 수업 모형의 단계별로 가지는 특징을 예비교사들에게 설명함에서도, 각 단계의 목적을 학생들의 학습과 연관 지어 설명하였다. 나는 이것이 비록 실제 수업 상황에서 이루어지는 것은 아닐지라도, 모의 상황에서 본인이 어떻게 수업해야 하는지 반성하는 과정이나, 동료들과 교사교육자인 나의 피드백을 통해 변화할 것이라고 기대하였다.

(수업 시간에 준 나의 피드백 중)

학생들에게 질문할 때 질문의 의도와 대답을 어떻게 해야 하는지 분명하게 하는 것이 필요하다.
학생들의 응답 내용을 활용하여 개념을 설명하는 점이 좋았다.
학생들의 의견이 대비될 때 그것을 명시적으로 칠판에 적어 수업하는 것은 좋은 방법이다.(2018. 3. 22)

경험귀추적 순환학습에서는 학생들이 인과적 의문을 가지도록 하는 것인 중요합니다. 학생들 주도적으로 인과적 의문을 가지도록 하는 노력이 필요합니다.(2018. 4. 5)

- 실행의 어려움

나는 이와 같은 피드백이 매우 분명하고 비교적 수용할만한 주문이라고 생각하고 있었다. 예비교사들에게는 그리 간단한 문제가 아닐 수도 있었는데, 처음에 나는 이런 점에 주목하지 못하였다. 나는 그들이 기대하는 좋은 수업을 이해하였고, 그들이 무엇이 부족한지 알았다고 착각을 한 것이었다. 그들이 가지고 있는 어려움은 간단한 실행의 변화를 통해 수정할 수 있다고 보았지만 그것이 간단한 문제는 아니었다.

다음의 반성적 일지에서 나는 여전히 수업에서 학생참여의 중요성을 강조하고 있지만, 그들 스스로가 학생참여가 중요하다고 인식하게 하도록 별다른 노력을 기울이지 않는 부분에 관한 서술을 볼 수 있다. 나는 예비교사들의 인식을 파악하고, 그에 대해 나의 입장을 설명하였고, 그들의 생각을 내가 제대로 이해한 것인지 확인하였다. 나는 그들이 수업 시연에서 보여준 결정적 실수를 지적하고 있었다. 특히 물리적 오류가 있는 설명을 할 때에는, 그것이 왜 물리적인 오류가 있는지를 한참 동안 설명하였다. 즉, 나는 나의 기대와 목적에 맞는 피드백, 학생들의 참여와 학생들이 이미 알고 있는 것을 바탕으로 수업을 진행하는 과정에 대한 피드백을 제공하기보다는, 수업 내용에서 오류가 있는 부분을 지적하고 있는 것에 대한 불만을 느끼고 있었다.

(나의 반성적 일지 중)

물리적으로 오류가 없는가? 설명에 있어서 질량중심의 위치를 그리는데 주의가 필요하다. 관련하여 설명이란 무엇인가? 주어진 현상을 그대로 반복 서술하는 것이 설명인가? (2018. 3. 16)

교수학습지도안에서 학생활동을 별도로 강조하여 적는 이유에 대하여 설명하였다. 교사가 학생활동을 예측할 수 있어야 하고, 그것이 수업에 반영되어야 함을 구성주의 관점에서 강조하는 설명을 하였다. 반면 학생들은 학생활동에 대한 이해가 수업 진행에 있어 큰 도움을 줄 것이라고 인식한다고 의견을 주로 나타냈다. 이 점에서 학생들이 내가 주장하는 의견과 다른 것인지, 아니면 단지 학생활동을 교수학습지도안에서 별도로 작성하는 것은 수업의 진행에 도움을 준다고만 생각하는 것인지 확인할 필요가 있다. 수업에서 확인한 바에 의하며 수업 진행에 도움이 될 것이라는 의견을 주로 나타낸 것으로 보아 여전히 교사중심의 수업 진행에 초점을 두고 있는 것으로 보인다. (2018. 3. 16)

- **반성적 고찰 I. 교수자가 구체적으로 도와주기를 바라는 예비교사, 예비교사 스스로 해결하기를 원하는 '나'**

나는 예비교사들에게 수업의 전문성은 결국 예비교사 본인 스스로 노력하고 계발하는 것이며, 정형화된 하나의 틀이 없다는 점을 강조하며 피드백의 중요성을 이야기하였다. 하지만 예비교사들이 교수자의 피드백에 지나치게 의존하는 경향이 나타났다. 예비교사들은 교수자에게 매우 구체적인 피드백을 받기를 기대했다. 하지만, 교수자는 그것을 구체적으로 하는 것보다 큰 방향성을 논의하고, 구체적인 선택은 결국 교사의 몫이라는 생각이 강하였다. 즉, 교수자는 상대적으로 수업 지도안에 대한 구체적인 피드백을 제공하기에 앞서서, 그와 같은 피드백을 제공하는 일련의 과정과 이유를 예비교사들이 이해하는 것이 먼저 앞서야 한다고 생각했으며, 그것이 더 중요하다고 생각하였다. 그러다 보니, 구체적인 피드백보다는 수업 개선 방향에 대한 논의가 주로 이뤄졌으며, 교수자는 이를 통해 예비교사들이 추후 학교 현장에서도 분석적으로 수업을 평가하고, 개선할 수 있기를 기대하였다. 이에 대한 입장의 차이는 강의 평가 내용과 교수자의 반성적 일지에서도 나타난다.

(학생들의 강의 평가 설문 중)

피드백이 사소한 것처럼 보이지만, 그것이 수업에 큰 영향을 줄 수 있다.
동료들에게 피드백하면서 내가 부족한 부분을 알게 되었다.
피드백이 구체적이지 않았다
교수님께 더 많은 피드백을 받지 못했다.

(나의 반성적 일지 중)

(예비교사의 수업 시연을 보았을 때) 발생학습에서 사용하는 오개념 평가 문항의 취지나 의도에 대해 오해하고 있는 것으로 보인다. 이로 인해 수업이 짜임새 있게 구성되지 못하였다. 수업 지도안의 구성이 쉽지 않은 듯(하며, 이는 수업 모형에 대한 이해가 더 필요하다는 생각을 하게 된다.) 다양한 수업 모형에 대하여 논의하면서, 정작 수업 지도안 구성에 대해서는 구체적인 피드백을 주지 못한 듯하다. (2018. 4. 19)

이와 같은 입장의 차이는 예비교사들이 적극적으로 교수자에게 피드백을 요구하고, 교수자는 그것이 다소 지나치다고 인식하는 상황에 이르게 되었다. 예비교사들은 '수업 시연 준비 과정에서 세심한 주의가 필요하다.'라는 것을 알게 되었다. 그러면서 수업 시연을 준비하는 과정 하나하나를 교수자에게 확인하고자 하였으며, 본인들이 상황을 교수자가 이해하기를 기대하며, 해결책을 요구하였다. 하지만, 교수자는 예비교사가 스스로 해결해내가는 능력이 부족한 것이 아닌가 걱정하였고, 예비교사들이 수업을 계획하는 과정에서 얻을 수 있는 다양한 지식과 능력에 초점을 두지 않고, 지나치게 하나의 정해진 답을 찾으려고 하는 것은 아닌지 걱정을 하기도 하였다. 다음은 이와 관련된 강의평가 내용과 교수자의 반성적 일지 내용이다.

(예비교사의 강의 평가 중)

당연히 되는 실험이라고 생각하고 준비를 하였는데, 잘되지 않고, 실험 준비물도 찾는데 시간이 걸리고 하였다. 실험 준비에 많은 시간이 걸려서 (수업 시연 준비가 부족해서) 아쉬웠다.
수업 준비에 상당한 시간이 필요했다.
아는 것과 수업을 하는 것이 매우 다르다고 느꼈습니다. 제가 머리속으로만 아는 것을 수업을 통해서 가르치려 하니 부딪히는 부분이 많았습니다. 그래서 교수학습에더 열심

히 해야겠다는 생각이 들었습니다
잘한 점은 수업 모형에 맞게 잘 준비 한 것 같고 수업을 자연스럽게 한것같습니다.

(나의 반성적 일지 중)

수업 시연을 앞두고, 전자석 실험에 건전지 소켓이 부적절하다고 학생이 찾아왔다. (그것도 수업 시작) 10분 전에 찾아와서, (미리 준비를 못한 점을 나무래야 하는 것 아닐까라는 생각과 함께) 나라고 뾰족한 해결 방법이 있는건 아닌데. 왜 날 찾아왔을까?(를 생각하였다.) 시시콜콜 다 나한테 찾아오는 것…긍정적인가? 아닌가? (2018. 4. 24)

• 반성적 고찰 2. 예비교사들이 변화의 주체가 되기를 바라면서도 강의를 지나치게 주도하는 '나'

강의가 끝난 뒤 예비교사들이 작성한 설문에서 수업 모형에서 내가 강조했던 수업의 형식이나 단계에 대해 여전히 큰 의미를 부여하지 못하는 것들을 발견할 수 있었다. 나는 그들에게 자기 반성의 기회를 제공하고 매우 구체적인 피드백을 제공한다면, 그들 스스로 수업을 개선해 나가면서 인식의 변화가 있을 것이라고 기대하였다. 수업 모형의 구현에서도 그들에게 구체적인 상황에 따라 매우 구체적인 피드백을 제공하면, 그들이 그것을 고쳐나감으로써 수업 내용 전체를 구성하는 데 있어 전문성이 높아질 것이라는 막연한 기대를 한 것은 아닌가라는 반성을 하게 되었다. 다음은 내가 강의에서 제공한 구체적인 피드백의 내용들이다.

(나의 반성적 일지 중)

학생들이 발생학습 수업 모형을 적용한 것을 보니, 지난 번과는 다른 양상을 확인할 수 있었다. 보다 학생들의 참여를 유도하고, 학생들의 토론을 통해 개념을 설명하는 전 과정은 의미가 있었다. 과연 이런 변화가 내가 원하는 학생들의 참여를 중심으로 하는 수업의 모습으로 변화를 의미하는 것인지? 아니면 수업 모형에 충실하게 연습하면서 나타난 결과인지는 지속적으로 확인할 필요가 있다.

(발생학습 수업 모형에서)

• 학생들의 의견이 대비될 때 그것을 명시적으로 칠판에 적어 수업하는 것은 좋은 방법이다.

- 학생들의 이름을 부르며 이야기하는 것은 학생들의 참여을 유도할 수 있을 것으로 기대된다.
- 학생들의 토론을 통해 개념변화를 유도하는 시도는 의미가 있었다.
- 학생들의 토론 후반부에 교사가 적극적으로 토론에 참여하는 것은 좋았다. (2018. 3. 22)

• 반성적 고찰 3. 서두르는 '나'

이처럼 많은 양을 강의의 내용으로 선정한 이면에는 교원임용고사에서 다루는 다양한 수업 모형들을 소개해야 한다는 일종의 압력도 있었다. 돌이켜보면, 상당히 많은 지적을 쏟아내었지만, 그것을 어떻게 구조화하고 강조할 것인지에 대한 고민은 상대적으로 덜했다. 이에 대한 구체적인 전략이나 순서, 그리고 고찰은 부족했던 것으로 보인다. 즉, 나는 예비교사의 변화 증거를 그들의 수업 시연에서 구체적인 변화가 일어날 것으로 생각하였으며, 그들이 기대하는 좋은 수업의 모습 역시 나와 실제 본인의 사례를 바탕으로 한 논의 과정을 통해 바뀔 것이라고 생각하였다. 하지만 내가 기대했던 만큼 변화의 모습이 명시적으로 나타나지는 않았으며, 강의를 진행하는 과정에서 기대만큼 나타나지 않는 변화에 대하여 실망하는 나의 모습을 볼 수 있었다. 다음은 내가 예비교사들에게 주어지는 피드백을 바탕으로 쓴 일지의 내용 일부이며, 그들이 나의 기대에 미치지 못함에 대한 실망감을 볼 수 있다.

(나의 반성적 일지 중)

발생학습 모형이지만 교사가 (수업 단계에서 중요한) 초점을 전혀 잡지 못했다. …(중략)… 오늘의 수업만을 본다면 구성주의에 기반을 둔 수업 모형을 이해하고 이를 적용하는데 있어서는 실패인 듯하다. (2018. 4. 19)

POE수업은 비교적 쉬운 수업 모형이라 생각했는지 모르겠으나, …(중략)… 시범 실험 모두 성공적으로 관찰이 이뤄지지는 못했다. …(중략)… 물론 실험의 한계였을 수도 있지만, 이를 준비하는 과정에서 더욱 면밀하게 준비하지 못한 점이 무엇일까 하는 고민이 들었다. (2018. 4. 18)

강의가 끝난 뒤, 나의 반성적 일지에 제공했던 많은 피드백의 내용을 다시 한번 살펴보았다. 예비교사들에게 물리 개념을 지나치게 어렵게 설명하는 것은 아닌지를 지적하는 과정에서, 예비교사들이 했던 수업 모형에 대해 매우 구체적이지만 너무 많은 정보를 제공하고 있는 나를 보게 되었다. 다음은 강의 중 내가 한 피드백 내용을 요약하여 제시한 것이다. 돌이켜 생각해보니, 과연 저 많은 내용들을 그들은 어떻게 이해하고 있는지에 대해 점검해보는 시간은 없었다. 4학년 1학기이고, 곧 교육실습을 나갈 것이고, 11월이면 임용고사를 볼 것이라는 생각에 나는 계속해서 많은 정보를 피드백으로 쏟아내고 있는 것이었다.

> 로슨의 순환학습을 적용한 수업 잘 보았습니다. 이전보다 학생들과 상호작용도 증가하고 자연스러워진 모습입니다. 특히 탐색과 연관을 지어 수업을 이끌어가는 모습은 좋았습니다. …(중략)… 1. 서술적 순환학습은 현상에 대한 서술과 관련된 개념의 도입입니다. 설명에서 지나치게 어려운 것은 아닌가 싶은 때도 있었습니다. 주의가 필요합니다. 예를 들어 공식까지 쓸 필요가 있는가?에 대한 고민이 필요합니다. 2. 경험귀추적 순환학습에서는 학생들이 인과적 의문을 가지도록 하는 것이 중요합니다. 학생들 주도적으로 인과적 의문을 가지도록 하는 노력이 필요합니다. 3. 가설연역적 순환학습에서 가설을 검증하는 것이 양적 검증이라면 가설연역적 순환학습의 특징을 더 잘 보여줄 수 있겠습니다. 4. 실험에서 과연 가능한가?라는 생각이 든 실험이 있었습니다. 5. 탐색에서는 개념을 도입하기보다는 개념을 학생들이 알고 있는지 확인하는게 필요하겠습니다. 그리고 다양한 탐색활동이 이뤄지는 것이 강조되어야겠습니다. 6. 적용을 어 게 할 것인가에 고민이 필요합니다. 실제 순환학습은 적용이 다음 탐색과 이어지도록 하는 것이 중요합니다. (2018. 4. 5)

● 반성적 고찰 4. 긍정적 변화를 함께 찾아준 비판적 동료들

강의에서 스스로 실망하는 부분을 구체적으로 살펴보면, 주로 나의 피드백이 충분하게 반영되지 않았거나 그들이 이미 물리내용학 수업을 3년 동안 수강하였음에도 불구하고 중등학교 물리 개념을 설명하는 데 있어 어려움을 드러내는 것에 관한 것이었다. 또한, 예비교사들은 내가 지적한 부분만 수정해오는 경향이 있었다. 이런 일련의 과정에서 나는 그들의 수업 능력이 과연 변화하고 있는가에 대한 의문이 들기도 하였다. 이와 관련하여 비판적 동료들은 그들에게 있어 긍정적인 변화가 있었을 것이라고 하였으며, 변화의 증거를 찾기 위해 노력하는 나 자신의 모습을 스스로 확인하였다. 다음은 예비교사들이 수업 시연에 더욱더 큰 노력을 기울이기를 기대하는 것, 그리고 그들의 수업 시연이 나의 기대대로 바뀌지 않는 부분에 대해 비판적 동료들과 대화하는 내용의 일부이다.

> 나: 물리를 설명하기에 어려움이 있는데, 물리교육만의 특징인가? (2018. 4. 11 회의록)
>
> 나: 학생들에게 피드백을 주면, 해당 부분만 수정해 온다...(중략)... 교과서 설명대로 하지 않고, 웅얼거리면서 자기가 이해한 대로 한다. (2018. 5. 10 회의록)
>
> 나: 수업 잘하는 것도 타고 나는 것인가? 하는 의문이 든다.
>
> 비판적 동료 A, B, C: 그래도 긍정적인 변화가 있었을 것 아닌가?
>
> 나: 실제 수업이 나의 기대만큼 확 바뀌는 것은 아니지만, 피드백을 받으러 자발적으로 찾아오는 등, 변화가 있었다. (2018. 4. 25 회의록)

이런 실망은 나에게 조급한 마음이 들게 하였다. 과연 "나의 실행 방안이 맞는 것인가? 혹시 잘못된 전략으로 접근한 것은 아닐까?"에 대한 고민을 하게 되었다. 이런 실망이 나의 실천에 대한 분석적인 고찰이 나에게 예전에는 보지 못했던 무언가를 새롭게 보게 했기 때문인지, 아니면 나의 실천과 관련하여 어떤 부분의 개선이 여전히 이뤄지고 있지 않은 것인지 반추하였다. 나는 왜 그들에게 그렇게 큰 기대를 하게 되었는지를 생각해보면서, 인식이나 가치관의 변화가 쉽게 일어나는 것은 아니라는 것을 알고 있으면서도 이번만큼은 다를 것이라고 기대했던 나의 모습을 반성적으로 살펴보게 되었다. 이를 비판적 동료들과 공유함으로써 나를 새롭게 이해하게 되고, 나의 실천에 대한 변화의 필요성을 인식하게 된다는 점에 의미를 부여하였다. 하지만 나를 고찰하는 일련의 과정은 있는 그대로의 내 모습을 대면한다는 점에서 당혹감, 무력감과 같은 심리적인 어려움을 동반하였다. 나를 대면하는 것이 유쾌한 경험만은 아니라는 점에서 비판적 동료들에게 정서적 지지를 호소하는 것을 볼 수 있었다. 다음은 당시 비판적 동료들에게 보낸 전자 우편의 내용 일부인데, 나의 실망이 지난 어떤 강의보다 컸던 상태였음을 볼 수 있다.

> (동료들에게 보낸 전자 우편 중)
>
> 먼저 내 수업에서 학생들의 반응, 그리고 수업에 대한 분석이 예전과는 다르다. 예전에 보지 않던 것을 보게 된다. 학생들의 반응, 그리고 일련의 흐름을 읽기 위해서 노력한

다. …(중략)…. 예전에는 그것을 몰랐을 수도 있고, 그것을 심각하게 받아들이지 않았을 것이다. 하지만 지금은 왜 그렇지, 혹은 무엇이 개선해야 할 부분이지, 혹은 그것이 당연한 것인가? 아니면 개선의 여지가 있는 것인가 등에 대해 끊임없이 질문을 하고 있는 나를 본다. 이것은 때로는 나에게 즐거움을 주기도 하지만 때로는 나를 지치게 만들기도 한다. …(중략)…. 예전의 수업 방식의 문제점을 생각해보면서 중요한 포인트를 찾았다면, 그것은 학생들의 변화로 보답될 것이라는 기대감이 커졌다. (하지만 이것이 얼마나 허황된 것인가는 내가 가르치는 구성주의에서 이야기하고 있지 않은가? 하지만 나는 그런 기대를 하게 된다. 그리고 그것이 내 셀프스터디의 중요 원동력이다.) 하지만 누구나 예상할 수 있듯이 나의 수업에서 변화가 학생의 변화로 직결되는 것은 아니다. 또한 그 과정은 복잡하고 개별적이다. 매우 독특하다. (2018. 6. 4)

나의 실망감에 대해 비판적 동료들은 오히려 이 과정을 통해 셀프스터디의 의미를 더 깊이 있게 체험할 수 있었으며, 교사교육자로서 내가 현재 많은 것을 공개하고 공유하고 있는 일련의 과정을 용기 있는 행동이라면서 격려해 주었다. 이와 같은 비판적 동료들의 반응은 이 연구를 시작하면서 내가 예비교사들의 변화 증거를 찾는 데 사용하고자 했던 또 다른 자료, 예를 들어 예비교사들의 설문 결과, 예비교사들의 수업 시연 동영상의 재분석, 그들의 상호 피드백의 변화 경향 등을 살펴봐야 함을 상기시켜주었다. 이처럼, 나의 실망감에 대한 반추와 비판적 동료들과의 논의는 예비교사들의 작은 변화를 찾아내고 드러내는 과정은, 그것이 비록 내가 기대한 것만큼 눈으로 보이는 아닐지라도, 여전히 필요하고 의미 있다는 생각에 주목하게 되었다.

(비판적 동료들이 보낸 답신 중)

어찌 보면, 최교수는 정말 진정한 셀프스터디를 하고 있는 것이 아닌가 생각이 드네요...^^ 그렇기 때문에 셀프스터디의 어려움을 온전히 느끼고 있는 것 같고요. 변화역량 관련 설문지를 고민하면서 저도 들었던 생각이 하나 있었는데요... "정말 '변화'를 하면, 그 사람이 힘들지 않을까?" 하는 것이었습니다. 내가 터해 오고 있던 가치관과 지향, 삶의 토대가 되는 핵심 습관 등이 변한다면, 이건 나의 정체성과 삶 전체가 변화하는 것일 수 있고, 이건 정말 나를 힘들게 할지 않을까 하는 생각이었지요. (2018. 6. 5. 비판적 동료 A)

최교수가 셀프스터디를 시도하고, 몰입하는 모습을 보면서 이것이야말로 연구 역량이 아닌가 하는 생각이 들었습니다. 안 바쁜 교수가 어디 있겠어요? 다들 바쁜데, 그중에서 O 교수는 연구에 많은 시간과 노력을 투자하는 것이고 그만큼 다른 것보다 우선순위에 두고 하는 것이겠지요. 이것은 정말 용기이자 능력이라고 생각합니다. (2018. 6. 5. 비판적 동료 B)

"외부에서의 변화 요구가 한 사람을 힘들게 할 것이다"라는 비판적 동료 A의 말에는 일부 동의, 일부 다른 생각이 드네요. 저는 학생들에게 자주 하는 말이 '사람은 정말 안 변한다. 하지만 그럼에도 변화를 믿어야 교육을 할! 수 있다'라는 말을 하거든요. 제가 그래요. 저 자신도 그랬고, 제 학생들도 그렇고 정말 안 변하는데요...(중략)... 그런데 긴 기간을 돌아보면 반대 극단으로 변한 점도 있고, 아이들도 변한 모습이 보입니다. (2018. 6. 5. 비판적 동료 C).

• 반성적 고찰 5. 수업 모형은 이론일뿐 현장과 괴리가 있다고 생각하는 예비교사들

예비교사들에게 직접적으로 수업 모형을 활용하여 수업 시연을 한 것에 대한 반응과 의견을 물었다. 예비교사들은 솔직하게 과연 그것이 학교 현장에서도 쓸 수 있는 것인가에 대한 의문을 품었다. 이는 나의 기대와 다른 부분이었다. 실제 나는 본 강의를 통해 예비교사들이 수업 모형에 대한 이해와 활용도에 관한 생각이 바뀌기를 기대했지만, 그렇지 못했다. 다음은 이와 관련된 강의 평가 내용과 나의 반성적 일지 내용이다.

(예비교사의 강의 평가 중)

학생과의 상호작용을 강조한 수업이 아주 잘 맞았다. 수업이 학생이 많이 참여할 수 있도록 짜는 게 중요하다고 생각하는데 5E같은 참여형 수업 모형에 대해 배울 기회였다. 하지만 발생학습이나 로슨의 순환학습이 실제로 학교 현장에서 썼을 때 이루어질 수 있는지는 의문이다.
과학 교수모형은 정말 이상적이고 실제로 이를 실연 하는 것은 어렵다고 느꼈습니다.

(나의 반성적 일지 중)

학생들과 다양한 수업 모형을 가지고 연습하고, 실제 수업 시연도 해보았지만, 수업 모형을 바탕으로 수업 지도안을 구성하는 데는 여전히 어려움을 보인다. …(중략)…이렇다면 이들(예비교사들)은 수업 모형을 학교 현장에서 사용할 가능성은 매우 희박해 보인다. 즉, 수업 모형을 어떻게 활용해야 하는지에 대한 관점의 이해를 (예비교사들이

가지기를 기대했는데) 이 부분에서 실패한 듯하다. (2018. 4. 16)

예비교사들은 수업 모형을 바탕으로 수업 시연을 한 부분이 임용 준비에 대해 실질적으로 도움이 되었고, 본인이 기대한 대로 수업을 자연스럽게 구성하는 데에는 도움이 되었다고 하였다. 하지만, 수업 지도안을 개발하고, 수정, 검토하는 일련의 과정을 배우기를 기대한 점은 충족되지 못했다고 교수자는 생각하였다. 또한, 이러한 과정에서 교수자가 정해진 하나의 방향을 제시하지 않고, 열린 결말을 제시한 점에 대해 불만을 이야기하기도 하였다. 다음은 관련된 강의 평가 설문 내용과 교수자의 반성적 일지이다.

(예비교사의 강의 평가 중)

좋았던 점은 과학교육론에 관한 수업 모형 이론에 대해서 쫌 어려움을 겪고 있었는데, 그 점에서는 일차(임용) 준비하는 데 도움이 되었습니다.
잘한 점은 수업 모형에 맞게 잘 준비한 것 같고 수업을 자연스럽게 한 것 같습니다.
내가 원하는 답은 없었다.
학생들을 고려하여 설명한다는 것이 무엇인지 몰라 어려웠다.
수업 지도안 짜는 방법을 조금은 알려주셨으면 좋았겠다.
학생들에게 생각해보는 시간을 주는 것도 좋지만 그 시간 이후에 분명하게 어떻게 생각하는지 이야기해보고 결론을 도출하는 것이 좋다.

(나의 반성적 일지 중)

이번 수업 시연에서 기본적이라 생각되는 것들이 모두 잘 안되고 있을 때 어디부터 어떻게 손을 대야 할지 하는 고민은 계속된다. (2018. 4. 19).
일방적으로 내가 무언가를 전달하는 것보다는 스스로 의미를 부여하고, 질문하고 답을 찾아나가 과정에서 자신에 대한 이해도 높아지기를 기대하고 있다. (2018. 9. 14).

3.4 추가 고찰 및 논의

앞 절은 강의를 진행하는 과정에서 나타나는 나의 반성적 고찰에 초점을 두었다면, 이 절은 이러한 과정에서, 다양한 연구 데이터를 종합적으로 분석하고 해석함으로써, 이 연구에서 있었던 실행과 반성적 고찰이 어떤 결과를 가져왔는지를 논의하였다. 추가 고찰 및 논의는 자료 분석과 반성적 고찰을 종합하여 연구의 결과를 확인 및 정리하고, 이것이 갖는 의미와 시사점, 추후 연구 제안 등으로 이루어진다. 특히 셀프스터디는 이와 같은 추가 고찰 및 논의 역시 비판적 동료 등과 개방적으로 논의하고 그 과정 역시 개방하는 특징을 가지고 있다. 이 절에서 제시한 저자의 연구 사례를 통해 독자들이 이와 같은 추가 고찰 및 논의의 중요성이나 서술 방법에 대해 조금 더 이해할 수 있기를 기대한다.

나는 예비교사에게 강의를 시작하면서 전문적인 교사의 모습에 대해 PCK 요소를 중심으로 설명하고, 본인 스스로 자신의 능력을 평가하도록 하였다. 수업 전, 예비교사들은 물리교육과 관련하여 본인의 전문성이 보통 이하라고 인식하였으며, 물리학만이 보통 이상의 점수를 나타냈다. 수업 후 예비교사의 자기 평가 결과를 보면, <표 3.5>에서 볼 수 있듯이, 모든 영역에서 평균이 상승하였고, 특히 교수 전략 지식 영역에서는 평균 1점이라는 큰 폭의 상승을 보였다. 이는 수업을 계획하고 분석하는 일련의 과정에서 함께 강의하고 강조한 내용인 학생들에 대한 이해를 바탕으로 수업을 진행하는 전략, 수업 후 형성평가 문항 작성방법과 활용법, 그리고 교육과정 및 교재의 분석, 그리고 좋은 물리 수업의 모습을 지속적으로 논의한 점 등에서 효과가 있었다고 보인다. 하지만, 예비교사는 여전히 부족한 부분이라고 인식하고 있었다.

그렇다면, 이 같은 수치상의 변화만큼 정말 예비교사들은 많이 배우고 변했을까? 본 강의는 4학년 예비교사를 대상으로 한 것이며, 2, 3학년 물리교육 강의가 이론 위주였던 반면 이 강의는 실행 위주로 구성한 수업이었던 만큼, 교수자는 눈에 띌만한 변화를 기대하였다. 무엇보다 구성주의에 기반을 둔 수업 모형을 연습하고 실행하는 과정에서 그들이 학생들의 특성이 다양하고, 그 특성을 어떻게 파악하고, 수업에서 능동적으로 대처하는 과정을 이해하기를 기대하였다. 특히, 좋은 물리 수업은 물리 내용을 정확하고 쉽게 전달하는 것이라는 예비교사들의 생각이 그들의 좋은 수업에 대한 지향점을 바꾸어서 학생들에 대한 이해를 바탕으로 한 수업 전개 방식의 변화로 이어지기를 기대하였다.

표 3.5 교사로서 전문성에 관한 자기 평가

	사전 평균(순위)	사후 평균(순위)	상승폭
본인은 과학교육과정 지식에 대해 얼마나 전문성 이 있다고 생각합니까?	2.36 (5)	2.93 (5)	0.57
본인은 학생의 과학적 이해 지식에 대해 얼마나 전문성 이 있다고 생각합니까?	2.79 (2)	3.50 (1)	0.71
본인은 교수 전략 지식에 대해 얼마나 전문성 이 있다고 생각합니까?	2.50 (4)	3.50 (1)	1.00
본인은 과학적 소양 평가 지식에 대해 얼마나 전문성 이 있다고 생각합니까?	2.07 (6)	2.71 (6)	0.64
본인은 과학 교수 지향점에 대해 얼마나 전문성 이 있다고 생각합니까?	2.79 (2)	3.29 (4)	0.50
본인은 과목 내용 지식에 대해 얼마나 전문성 이 있다고 생각합니까?	3.21 (1)	3.43 (3)	0.21

하지만 그와 같은 지향점에 관해서는 예비교사 스스로 변화하지 않았다고 응답하였다. 즉, 다음의 예비교사 강의 평가 사례에서도 볼 수 있듯이, 학생에 대한 교사의 이해나 학생들의 흥미가 중요함을 인식하고 있었지만, 이로부터 좋은 수업에 대한 자신의 지향점을 변화시키는 것까지는 이어지지 못하고 있었다.

> (예비교사의 강의 평가 중)
>
> (좋은 수업에 대한 나의 지향점은) 거의 달라지지 않은 것 같아요. 제대로 알고 정확히 전달하는 수업이 좋은 물리 수업인 것 같습니다.
> 어려운 물리를 쉽게 가르치고 싶다고 했었습니다. 수업 시연을 해보니 학생들의 흥미가 얼마나 중요한지 알게 되었습니다. 학생들이 흥미가 있을 수 있도록 유도하는 것이 중요한 것 같아요.

한편, <표 3.5>와 같은 수치상의 긍정적인 변화에도 불구하고, 나는 강의에서 예비교사들이 교수자에게 의존적인 모습을 보이며, 하나의 구체적인 답을 계속 요구하는 점에서 큰 실망을 하였다. 이와 같은 나의 모습은 교수자 스스로가 지나치게 큰 변화를 기대한 것일 수도 있으며, 성급함일 수도 있다. 하지만 어쨌든, 나는 예비교사들의 수동적인 모습과 교수자가 제공하는 일련의 피드백을 수정하고 개선하는 과정의 의미를 교수자와 함께 공감하지 못하는 모습을 보면서, 교수자 본인이 가르치는 교과교육지식이 과연 학교 현장에서는 쓸모가 없어지는 것 아닌가 하는 걱정을 하였다.

(나의 반성적 일지 중)

셀프스터디를 한 다음에 드는 여러 고민 중에 하나는 마치 판도라의 상자를 연것처럼, 내가 가르치는 학생들이 과연 나에게 무엇을 배우는가?라는 질문을 한다. 하지만 그 변화는 눈에 보이지 않는다. 이때 이런 변화가 없음에 대해 과연 그것이 누구의 문제인가? 하는 질문을 한다. …(중략)… 나는 교사를 변화시킴으로써 학교 현장에 더 큰 변화를 줄 것이라 꿈꿔왔다. …(하략)…(2018. 6. 11)

- 추가 고찰 I. 수업에 대한 비판적 안목을 가진 예비교사들

물론 강의의 성과가 전혀 없었던 것은 아니었다. 강의가 끝난 뒤, 나는 비판적 동료들과 함께 그들의 수업 시연 자료를 다시 한번 더 살펴보고, 예비교사들이 과연 나의 강의에서 어떤 것을 배웠는지를 분석하였다. 이 과정을 통해 성과를 확인할 수 있었다. 그중 하나로 예비교사들은 내가 강조하고 있는 것에 대한 의미를 공유하고 있었다. 예를 들어, 예비교사들이 그들의 모의 수업 평가에서 서로에게 제공하는 피드백의 초점이 강의 중반기를 넘어가면서는 학생들의 참여를 강조하고 있는 것을 알 수 있었다. 또한 피드백에서 나와 예비교사들이 서로 보완적인 측면이 있다는 점, 그리고 그들이 수업에 대한 비판적인 시각을 가지게 되었다는 점 등에서 성과를 확인할 수 있었다.

(수업 시연에 대한 예비교사들의 동료 피드백 중)

실제 있을법한 반응으로 수업 진행하는 것이 좋았습니다. 학생들이 오개념을 받아들일 때 자연스럽다고 말해주는 게 좋았습니다.
실험결과에 대해 이야기할 때 학생들의 오개념에 대해 일방적으로 틀렸다고 지적하는 게 아니라 그럴 수 있다고 말하면서 학생들이 수업에 거부감이 들지 않게 잘 이끈 것 같다. 또 실제 수업처럼 전 시간 내용을 이야기해 줘서 좋았다. 말투가 편안해서 학생들이 편안하게 다가갈 수 있는 교사인 것 같다.
학생들의 반응을 살피고 다시 시범을 보여주시는 모습이 좋았습니다.
학생들과 많은 소통이 있는 수업이어서 좋습니다.

(예비교사의 반성적 일지 중)

수업 전반부:
너무 선생님 중심의 수업이었던 것 같습니다. 학생들의 반응을 더 살펴보고 학생들의 얘기를 더 들어보려는 자세가 필요하다고 느꼈습니다.
다른 발표자의 영상과 비교해보니 제 말투와 억양이 어눌하고 명확하지 않았던 부분이 이었습니다. 말하는 연습도 더 하면 좋다고 생각했습니다.

수업 후반부:
학생들과 소통하고 설명을 하는 게 전보다 늘고 있는 것 같다. 실험, 예제 등 수업 준비를 잘 해왔다. 학생들을 스스로 참여하게 하는 활동이 좋았다. (예비교사 f)

(비판적 동료와의 회의록 중)

나: 교수자와 예비교사가 흐름 둘이 같이 간다.
비판적 동료 B: 개념변화와도 비슷하다고 볼 수 있는 것 아닐까? 그 흐름이 둘이라는 것이 구체적으로 무엇을 의미하는가?
나: 학생 본인이 좋아하는 수업으로 가는 것과 교수자가 원하는 수업 모형의 '상호작용'의 결과가 수업 시연이 아닐까? (2018. 4. 25 회의록)
나: 교수와 학생의 피드백이 보완적으로 보인다. 내게 안 보이는 것을 학생은 본다. (2018. 3. 28 회의록).

• 추가 고찰 2. 최선의 노력을 다하고 있는 예비교사들

예비교사들의 사후 설문 결과를 보면, 본인의 좋은 수업에 대한 지향점이 바뀌었느냐는 질문에 대하여 '변하였다'고 단정적으로 표현하는 경우는 볼 수 없었다. 단적으로 내 생각은 바뀌지 않았다고 표현한 예비교사는 11명(78%)이었으며, 일부 수정이 있었다고 표현한 경우가 3명(22%)이었다. 즉, 이 강의를 통해 극적인 변화가 일어난 경우는 나타나지 않았다. 다음은 관련한 설문 내용의 일부이다.

(강의 평가 설문에서)

달라지진 않았지만, 조금 더 구체적이고 내용을 추가할 필요성을 느꼈다. 흥미 있는 수업도 중요하지만 학생들이 수업 내용을 잘 받아들이고 참여할 수 있는 수업도 중요한 것 같다 (예비교사 j)
거의 달라지지 않은 것 같아요. 제대로 알고 정확히 전달하는 수업이 (여전히) 좋은 물

리 수업인 것 같습니다. (예비교사 k)

여전히 흥미와 호기심이 중요하다고 생각합니다. (예비교사 l)

실험을 통해서 학생들과 소통하는 수업이 (중요하다고 생각해요.). 하지만 선생님이 혼자 실험을 아무리 잘하고 잘 도와줘도 학생과 소통을 못한다면 재미있는 수업이 될 수 없다고 느꼈다. (예비교사 e)

쉽고 재미있게 가르치는 것도 좋지만 교사의 과목내용지식의 정확성과 의사소통이 중요한 것 같습니다. (예비교사 g)

물론, 예비교사들이 나의 관점을 일부 수용하고 긍정적으로 본다는 점은 중요한 성과로 볼 수 있다. 하지만 예비교사들은 동료들에게 지적과 비판까지는 할 수 있었지만, 정작 본인 수업에서는 성공적으로 구현하지 못하였다. 이런 것들을 종합하여 볼 때, 오히려 그들에게 필요한 것은 내가 강조하는 학생참여, 구성주의가 아닌 보다 근본적이고 중요한 것들인지도 모른다는 생각이 들었다. 그들에게 학생참여를 강조하는 것도 중요하지만, 그 전에 교육과정을 분석할 줄 알고, 교재를 분석하고, 그 교재의 내용에 충실하게 수업을 할 수 있는 기본적인 능력을 갖춰나가는 것이 오히려 그들에게 필요한 것은 아니냐는 생각을 하게 되었다. 한편으로 내가 강조하고 있는 것을 그들이 구현해내기 위해서는 절대적으로 시간이 부족한 것일 수 있으며, 장차 그들이 현장 교사가 되었을 때 중요한 밑거름이 될 수도 있을 것이다. 나는 예비교사들이 강의 후반부에 작성한 설문에서 예비교사들 스스로는 최선의 노력을 다하고 있으며, 그들 역시 본인의 기대만큼 수업 시연의 성과가 나타나지 않아 고민하는 모습들을 확인할 수 있었다. 이와 같은 점은 예비교사들이 나의 기대만큼 성과를 내지 못한다고 하여 내가 그들이 노력하지 않고 있다고 판단하거나, 강의 성과에 대해 회의적으로 생각하던 것을 돌아보게 해주었다. 어찌 보면 이러한 성찰을 할 수 있게 된 것이 이 연구의 가장 큰 성과라 할 수 있을 것이다. 다음은 예비교사들이 수업 시연, 교수자와 동료 피드백, 자기 반성의 일련의 과정을 반복하면서 본인이 어떻게 준비하였으며, 무엇을 배웠다고 생각하는지에 대하여 작성한 설문 일부이다.

(강의 평가 설문에서)

도움을 많이 준 것 같습니다. 수업을 직접 찍고 동료들을 대상으로 수업을 직접 진행해보니 수업의 문제점을 확인할 수 있었고, 동료 피드백(댓글)을 통하여 다양한 의견을 들을 수 있어서 좋았던 것 같습니다. (예비교사 h)

다른 친구들의 수업 시연을 보면서 좋은 점과 아쉬운 점이 보이기 때문에 그런 모습들을 내 수업 때도 반영할 수 있었다. 예를 들어 중간 중간 학생들에게 토론을 시키고 예측을 시킬 때 어떻게 발문을 만들어야 할지도 고민이 되었고 같은 조에게 배운 점도 있었다. (예비교사 j)

아직 나는 한참 멀었구나 싶었다. 나는 교과지식도 별로 없고 수업 모형도 이제야 알게 되었는데 다른 친구들은 훨씬 많이 공부하고 연습해왔다는 것을 알고 이제 열심히 해야겠다는 생각이 들었다. (예비교사 k)

예비교사들은 동료들의 피드백에 대하여 긍정적인 입장에 있었으나, 피드백이 지적하는 방향대로 구체적인 변화로 이끌어내는 데에는 더 큰 노력이 필요한 것으로 보였다. 또한 그들은 동료들의 피드백을 일종의 격려와 건설적인 비판으로 인식하는 것을 확인할 수 있었다. 예비교사들은 교수자에게 받은 피드백과 동료들에게 받은 피드백의 차이를 인식하고 각각이 서로 다른 도움을 주었다고 생각하였다. 특히 내가 강조하는 학생참여의 필요성, 그리고 그것이 가지는 의미에 대하여 긍정적인 인식을 보이는 경우도 확인할 수 있었다.

(예비교사의 반성적 일지 중)

해보면서 나의 모습을 직접 보다보니 고쳐야 할 점들을 정확하게 볼 수 있었다. 피드백은 내가 하는 피드백은 내 영상이라 꼼꼼히 봐서 잘 체크하려고 노력했는데 동료에게 받는 피드백은 ~~단계를 잘한 것 같아요. 학생들의 반응을 잘 들어주었어요. 등의 막연한 것들이 수라서 세세하게 도움을 받기는 힘들었다. 하지만 한 줄짜리라도 댓글을 받는 것 자체가 같이 보고 응원해 주었다는 기분이 들어서 힘이 나는데 도움이 되었다.(예비교사 k)

교수님께서 탐색에서는 개념을 도입하기보다는 개념을 학생들이 알고 있는지 확인하는게 좋겠다는 말이 와닿았다. 시나리오가 책상에 있어서 읽고 하느라 눈을 아래로 깔고 해서, 상호작용이 잘 일어나지 못했던 것 같다.(예비교사 d)

(강의 평가 설문에서)

같은 수업 모형에 대해 다른 생각을 할 수 있다는 것을 알게 되었고 같은 모형을 다른

주제에 적용할 때는 어떻게 되는지를 확인할 수 있었다.(예비교사 k)

교수님한테 피드백 받는 과정은 전체적인 내용면에서 받은 게 좋았고, 확실히 같이 수업을 듣는 사람들에게서 나오지 않았던 이야기까지 해주셔서 좋았다. (예비교사 j)

실제 그들이 얼마나 노력하고 있는지는 크게 주의를 기울이지 않았다. 나는 예비교사라면 당연히 강의 준비에 충실해야 하고, 그런 노력은 당연한 것으로 생각하는 경향이 있었다. 그 과정에서 구체적인 성과물이 있기를 기대하였다. 그런 점에서 나는 칭찬에 인색했었다. 늘 강의가 끝난 뒤에, 나에게 찾아와 자기 스스로 "열심히 했어요."라고 말하면서 나의 동의를 구하는 학생들을 완전하게 이해하기란 나에게는 솔직히 참 어려운 일이었다. 한편 나는 그들이 열심히 노력하고 함에도 자신의 기대만큼 되고 있지 않아 실망하고 있다는 점에 주목해야 할 필요성을 느꼈다. 그리고 내가 학부생이었을 때 나 역시 그랬을 것이라고 생각을 하게 되었다. 나 역시 노력했지만 내 뜻대로 되지 않을 때 느꼈던 답답함에 대해 생각해보았다. 그런 그들에게 그것을 포기하지 않고, 계속 노력하도록 하는 격려나 조언이 오히려 필요한 것은 아니냐는 생각을 하게 되었다. 그들의 노력에 대해 교사교육자로서 나는 어떤 입장을 취하는 것이 좋을지 고민하게 되었다. 내가 쏟아내는 수많은 피드백을 수용하고 반영하기 위해 노력했지만, 늘 지적만 받았던 예비교사들은 결국 나로 인해 자존감이 떨어지는 것은 아닌가 하는 고민을 하게 되었다. 다음은 예비교사들이 강의 후에 작성한 강의 평가 내용의 일부인데, 같은 맥락에서 나에게 큰 숙제를 던지고 있다.

(강의 평가 설문에서)

과학 교수모형은 정말 이상적이고 실제로 이를 실연 하는 것은 어렵다고 느꼈습니다. 어려웠던 점은 역시 수업 시연인데, 과학교육론의 수업 모형이 참 이상적이라는 생각이 듭니다. 바라는 점은 없습니다. 그냥 제가 열심히 하려고 합니다. (예비교사 a)

교수님이 생각하시는 좋은 물리 수업의 모습이 무엇인지는 모르겠습니다. 다만 여러 수업 모형으로 수업을 해보았고 이 수업은 실제 수업에 반영하기 어렵겠구나 라고 느낀 것도 있고, 그래도 동아리 수업에서 쓰면 좋겠다는 수업 모형이라고 생각했습니다. (예비교사 c)

4 셀프스터디 마무리하기

> 이 절에서는 저자가 셀프스터디를 어떻게 마무리하였는지를 간략히 소개한다. 셀프스터디가 단순히 개인적 차원의 연구로서 머물지 않고, 그것이 가지는 연구로서의 의미와 시사점을 도출하는 의미가 있으며, 앞서 제기한 연구 문제에 대한 결론을 도출하는 과정을 담고 있다. 이 절이 이 장 전체를 통해 소개한 저자의 연구사례가 보여주는 결과, 의미, 시사점 등을 요약하고, 아울러서 셀프스터디를 마무리하는 방식의 이해에도 도움이 되기를 기대한다.

우리는 예비물리교사들이 교사교육자인 나와 다른 가치관과 개인적 인식론을 이해하고, 그것을 공유하고 논의하는 것은 예비물리교사들의 전문성 신장에 있어 중요한 역할을 할 것이라고 기대하면서 연구를 시작하였다. 그러나 이미 형성된 예비교사들의 가치관과 인식을 쉽게 바꿀 수 있는 것은 아니었다. 이런 사실은 예비교사교육을 담당하는 대학교수로서 나의 역할과 지향점이 무엇이어야 하는지를 생각해보게 하였다. 왜냐하면 나는 대학교수로서 그들이 수업 전문가로 성장할 수 있는 밑거름을 제공하는 역할을 담당하고 싶으나, 그것이 생각보다 쉽지 않음을 본 연구를 통해 인식하였기 때문이다. 그렇다면 나는 어떤 지향점을 가지고 예비물리교사들을 가르쳐야 할까? 종종 현장 교사들이 자신들이 대학에서 배웠던 과학 수업 모형과 물리교육 지식을 학교 현장에서 사용하기에는 너무 어렵다고 하소연을 할 때, 과연 내가 어떤 얘기를 해줄 수 있을까? 학교 현장에 대한 나의 역할과 기대를 돌이켜보면서, 예비물리교사를 가르치는 대학교수로서 나의 정체성과 지향점, 그리고 구체적인 실행 전략에 대한 끊임없는 고민이 이어지고, 또, 그래야 하는 이유이다.

이 연구에서 나는 **"내가 본 강의에서 예비교사들에게 기대하는 바는 무엇이며, 나의 실행에 대한 고찰이 자기이해에 주는 영향은 무엇인가?"** 라는 문제에 답을 하기 위해 나의 과거를 돌이켜 보고, 현재 나를 반성해보고, 그리고 내일 무엇을 어떻게 할 것인지를 생각하였다. 나는 내가 물리교육을 연구하고 배우면서, 그것을 단순히 앎에 그치지 않고 실행과 밀접하게 연관을 지으려 했으며, 현재 나는 교사교육자로서의 나의 정체성과 전문성을 기르기 위해, 예비교사들과 소통하려고 한다. 그러면서, 그들이 대학을 졸업한 후에 학교에서 교사이자 전문가로서 역할을 하기를 기대한다. 이런 바람은 내가 노력하고 애쓴 시간이 어딘가에서 미래의 누군가에게 조금이나마 보탬이 되고자 하는 것이었다. 이 연구는 그런 이야기를 담고 있으며, 현재도 진행형이다.

다시 연구 문제로 돌아오면, 나의 학생, 예비교사들에 대한 고찰과 나의 실행에 대한 반성이 있었다. 나의 감정을 드러내고, 매 수업이 끝난 뒤, 비판적 동료들과 함께 이를 돌이켜보면서, 나는 나의 실행의 한계가 무엇인지를 명확히 하였으며, 나의 변화가 필요함을 알았다. 이 연구에서 나는 예비교사들에게 수업 모형을 바탕으로 수업 시연의 기회를 확대하고, 자기 자신에 대한 이해와 반성을 할 수 있도록 동료들간의 피드백, 그리고, 그에 대한 자기 반성을 격려하고 강조하였으며, 연구를 시작하면서는 상당한 성과가 있을 것이라 기대하였다. 연구자로서 가설을 세우고, 새로운 실행 전략을 세울 때, 나의 실행은 꼭 성공할 것만 같았다. 아마, 어느 연구자나 그리고 교육자는 비슷한 경험이 있을 것이다. 하지만, 배움은 반드시 나의 기대대로 되는 것은 아니다. 이 연구에서 나는 "내가 강의에서 예비교사들에게 강조하는 학생에 대한 이해"가 바로 나에게 절실히 필요함을 느꼈다. 나는 그들을 이해하기 위해, 그리고 그들이 내 강의에서 비판적 자세를 견지하고, 때로는 날카롭게, 때로는 치열하게 고민하기를 기대하였다. 그러면서도, 내 생각을 이해해주기를 바라는 양면적인 태도를 보이고 있었다. 실제 이 연구에서 나는 지나치게 강의를 주도하기도 하였으며, 조급해하기도 하였다. 내가 지나치게 욕심을 많이 부리는 것일 수도 있다는 생각도 하였으며, 그들이 가지고 있는 물리교육강의에서 배운 것은 이론적인 것에 불과하다는 인식을 바꾸는 것이 그리 간단치 않다는 것을, 알고 있었으면서도, 바꿔보려고 했다. 너무 성급했던 것은 아닌가 싶었다. 긴 호흡을 가지고 예비교사들을 바라보고, 변화를 모색해야 한다고 생각하였다. 강의가 끝나고 난 뒤, 그들의 수업 결과물을 다시 한번 더 살펴보면서, 그들에게 있어서 수업에 대한 비판적 안목이 생겼다는 점, 그리고 그들이 나의 의도를 이해하려고 노력하며, 열심히 노력하는 모습을 발견하였다. 내가 강의 도중, 섣부르게 판단하고 평가했던 것이 부끄럽기도 하였다. 연구자라고 학생들의 설문을 분석하고 이해하는 과정에서 지나치게 나의 관점에서 예단한 것은 아닌지 반성하게 되었다. 이것이 본 연구의 주요 내용, 즉 나의 이야기이다. 셀프스터디는 나의 실행과 관련된 일련의 과정을 공개하고, 함께 하는 것이 주요 내용이자 목적이다.

그렇다면, 나는 이제부터, 무엇을 할 것인가를 생각해봐야 할 것이며, 이 연구가 교사교육에 있어 어떤 기여와 시사점이 있는지를 논의하는 것이 필요하다. 나는 이 연구에서 나의 이야기와 함께 예비교사의 이야기와 현재 교사 양성과정에 관한 이야기를 포함하였다. 연구를 마치고 나서 보니, 나는 그들을 변화의 주체로, 그들 스스로 능동적인 학습의 주체가 될 수 있도록 하는 노력을 더욱 경주해야겠다고 다시 한번 더 다짐하였다. 나의 변화를 모색하고, 그와 관련된 다양한 실행 방법을 살펴봐야겠다는 것이다. 나는 여전히 예비교사들을 설득의 대상으로, 나의 관점과 그들의 관점이 일치해야 한다는 생각을 가지고 있었던 것은 아닌가 성찰하게 되었으며, 이에 대한 '나'의 정체성에 대한 인식의 변화가 필요하다는 것을 알게 되었다. 이와 관련하여 학술대회에서 한 교사교육자가 우리에게 "왜 예비교사들이 교사교육자인 내 생각과 일치하여야 한다고 생각하는가?"라는 질문을 하였다. 이 질문은 비단 나에게만 해당되는 질문이라고 생각하지 않았다. 이는 기존 교수자의 강의가 매우 일방적이지 않았는가에 대한 반성을 포함하며, 현재, 교사교육의 방향이, 나의 강의의 진행이 그러했다는 점에 대한 개인적인, 그리고 교사교육 전반에 대한 반성이라고 할 수 있다. 이런 교수자의 고민은 자연스럽게 "예비교사의 변화와 그에 대하여 어떤 방향성을 가지는 것이 옳은가?"라는 가치의 문제에서 시작해, "과연 교사교육은 성공적으로 이뤄지고 있는 것인가?"라는 것으로 확장되었다. 이것이 바로 셀프스터디가 가지는 특징이라고 생각하며, 그것이 단순히 개인적 차원에서 머물르지 않고, 공적인 차원으로 확대될 수 있다는 점을 보여준다. 이 연구에서 우리는 "과연 교과교육 강의가 예비교사들에게 어떤 긍정적인 변화를 끌어내는가?" 라는 문제를 냉정하게 되짚어보고, 물리교육의 방향과 실행에 대해 다시 한번 더 성찰할 것을 제안하며, 나의 변화 방향을 모색하며, 또 다른 연구에서 독자들과 만날 수 있기를 기대한다.

연구 후기

나에게는 두 번째 셀프스터디 연구이다. 첫 번째에도 그랬고, 두 번째이지만, 셀프스터디를 시작할 때 이 이야기의 끝이 무엇인지 알 수 없었다. 그래서 설레며 시작하고, 그 여정은 미지의 세계를 탐험하는 탐험가처럼, 흥미진진하기도 하고, 즐겁고, 동료들과 이야기하면서 마음의 치료도 된다. 그런데, 그런 즐거움만이 나를 기다리는 것은 아닌데, 특히 글로 쓸 때가, 나에게는 개인적으로는, 가장 힘들다. 글을 쓰고, 다시 글을 읽으면서 나는 '나'를 다시 한 번 더 마주하게 된다. 이 글의 투박함과 거침, 그것이 바로 나인 것이다. 그리고 나의 이야기가 어떤 의미가 있는지 생각해볼 때면, 연구를 수행하면서 나의 이야기를, 때로는 투덜거림을, 들어주는 동료들이 있다는 점이 얼마나 큰 행운인지 생각해보았다. 그리고 내가 셀프스터디를 하는 가장 큰 이유는 나의 이야기를 할 수 있다는 것이며, 다른 한 편으로 나와 대면할 수 있도록 해주기 때문이라고 생각한다. 나는 나의 이야기 속에서 설렘, 힐링, 두려움, 실망, 그리고 행복을 이야기하며, 이와 같은 이야기는 나의 삶이다. 이 글에서 나는 교사교육자로, 연구자로 무엇을 해야 할지 나에게, 그리고 우리에게 이야기하려고 하였으며, 누군가에게 작은 용기를 줄 수 있기를 간절히 바라며, 나의 이야기를 마무리하고자 한다. (2018년 겨울, 논문 초고를 쓰고 나서)

참고문헌

강경희(2013). 마이크로티칭에서 예비과학교사의 자기평가 정확도와 과학교수효능감의 관계. 교사교육연구, 52(3), 336-350.

강경희(2016). 포트폴리오 활용이 예비 과학교사의 반성적 사고에 미치는 영향에 관한 내러티브 탐구. 한국과학교육학회지, 36(2), 221-229.

강호군, 이지원, 문예린, 오은주, 김중복(2015). 예비과학교사의 학습 조력자 활동에 기반 한 실천적 교과교육과정의 효과성 검증에 대한 연구. 청람과학교육연구논총, 21(2), 12-25.

고연주, 이현주(2014). 예비 과학교사의 연구 수행 경험이 학생의 물리 오개념에 대한 이해 및 "연구자로서의 교사"에 대한 인식에 미치는 영향. 한국과학교육학회지, 34(5), 449-457.

고은정, 최병순(2014). 예비화학교사가 수강한 과학교육 과목이 학습관에 미치는 영향에 관한 사례연구. 대한화학회지, 58(1), 105-117.

곽영순(2002). 구성주의 프로파일로 표현된 예비교사들의 신념변화. 한국지구과학회지, 23(3), 242-258.

곽영순, 김주훈(2003). 좋은 수업에 대한 질적 연구: 중등 과학 수업을 중심으로. 한국과학교육학회지, 23(2), 144-154.

김경순, 윤지현, 박지애, 노태희(2011). 중등 과학 예비교사들의 수업시연 계획 및 실행에서 나타난 교과교육학지식의 요소. 한국과학교육학회지, 31(1), 99-114.

김동렬(2013). 과학 탐구활동지 만들기 수업 프로그램이 초등 예비교사들의 과학에 대한 태도와 과학 탐구에 대한 태도에 미치는 영향. 과학교육연구지, 37(2), 261-277.

김영민, 이현주, 김재권(2013). 예비 과학교사의 과학 교수와 학습에 대한 신념 및 변화 양상. 과학교육연구지, 37(1), 40-51.

김혜진, 차정호, 김인환(2013). 중등 예비 과학교사의 과학 교수관 분석: 2007년과 2010년의 결과 비교. 교사교육연구, 52(3), 464-473.

송진웅, 강석진, 곽영순, 김동건, 김수환, 나지연, 도종훈, 민병곤, 박성춘, 배성문, 손연아, 손정우, 오필석, 이준기, 이현정, 임혁, 정대홍, 정종훈, 김진희, 정용재(2019). 미래세대를 위한 과학교육표준의 주요 내용과 특징. 한국과학교육학회지, 39(3), 465-478.

양미선, 민병미, 손연아, 김동렬(2012). 예비 과학교사가 중학교 과학수업에서 겪는 어려움 분석. 교원교육, 28(2), 143-163.
양찬호, 이지현, 노태희(2014). 중등 예비과학교사들의 수업 계획에서 나타나는 특징. 한국과학교육학회지, 34(2), 187-195.
윤혜경(2012). 생산적 반성의 관점에서 분석한 초등 예비교사의 과학 수업 반성의 특징. 한국과학교육학회지, 32(4), 703-716.
윤혜경(2013). 과학 모의 수업에 대한 반성 저널 쓰기와 토론을 통한 초등 예비교사의 생산적 반성 증진. 초등과학교육, 32(2), 113-126.
윤혜경, 송영진(2017). 과학 수업 비디오에 기초한 반성 활동을 통한 초등 예비교사의 전문적 시각의 변화. 한국과학교육학회지, 37(4), 553-564.
이봉우(2016). 좋은 과학수업에 대한 중등 과학교사의 인식. 한국과학교육학회지, 36(1), 103-112.
최재혁(2017). '물리교육론' 수업의 질문 분석을 통한 예비 교사의 요구 고찰. 새물리, 67(12), 1460-1472.
최재혁, 조광희, 정용재, 김희경(2016). 탐색, 갈등, 도전, 그리고 변화 -물리교과교육 수업을 위한 한 교사교육자의 셀프스터디. 한국과학교육학회지, 36(5), 739-756.
Grossman, P. L. (1990). The making of a teacher: Teacher knowledge and teacher education. New York: Teachers College Press.
Magnusson, S., Krajcik, J., & Borko, H. (1999). Nature, sources, and development of pedagogical content knowledge for science teaching. In J. Gess-Newsome & N. G. Lederman (Eds.), Examining pedagogical content knowledge (pp. 95-132). Dordrecht: Kluwer
Samaras, A. P. (2011). Self-study teacher research: Improving your practice through collaborative inquiry. Thousand Oaks, CA: Sage.
Samaras, A. P., & Freese, A. R. (2006). Self-study of teaching practices. New York: Peter Lang.
Whitehead, J. (1989). Creating a living educational theory from questions of the kind,'How do I improve my practice?'. Cambridge Journal of Education, 19(1), 41-52.

CHAPTER 4

초등 과학 예비교사를 위한 셀프스터디 기반 수업 사례

이 장에서는 학생들의 셀프스터디에 기반한 수업을 계획하는 교사나 교사교육자를 위해 한 가지 사례로서 초등예비교사를 위한 셀프스터디 기반 과학교육 관련 수업 사례를 소개하였다. 먼저, 셀프스터디에 기반한 과학교육 관련 수업을 어떻게 계획하고 구성했는지를 소개하고, 실제 예비교사들이 수업 과정에서 어떤 방법으로 셀프스터디를 수행했는지를 소개하였다. 셀프스터디에 기반한 과학교육 관련 수업의 구성은 셀프스터디의 특징과 방법, 자기이해와 변화역량 함양을 위한 셀프스터디 기반 반성적 실천 전략(RPUS) 등을 고려하면서 목표의 명료화, 구성 원칙 마련, 구성 원칙을 반영한 내용과 활동 구성의 단계를 거쳤다. 이렇게 구성된 수업에 참여하면서 예비교사들은 자신에 대한 이해와 목표의 명료화, 비판적 동료와의 협업, 교육적 실행에 대한 자기성찰 및 개선 노력 등의 방법으로 셀프스터디를 수행하였다. 이러한 과정에서 예비교사들의 자기이해와 변화역량의 일부 요소가 증진되기도 하였다. 이 사례를 예비교사들이 본격적인 셀프스터디를 수행한 사례로 보기에는 다소 한계가 있지만, 추후 셀프스터디에 기반한 수업을 하고자 하는 교사나 교사교육자가 수업을 계획하고 실천하는 데에 도움이 될 수 있기를 기대한다.

1 들어가면서

앞서 2장에서 논의한 바와 같이, 셀프스터디는 교사나 교사교육자 뿐만 아니라 예비교사 등의 학생들에게도 유용한 측면이 있다. 그렇다면, 교사나 교사교육자의 입장에서 학생들의 셀프스터디에 기반한 수업을 하고자 한다면 어떻게 할 수 있을까? 이 장에서는 이와 같은 고민의 연장선에서 시도한 한 가지 사례를 소개하고자 한다. 이를 위해, 먼저 학생들의 셀프스터디를 장려하기 위해 셀프스터디에 기반한 수업을 어떻게 계획하고 구성했는지를 소개하고, 구성된 수업에 참여한 학생들이 어떤 방법으로 셀프스터디를 수행했는지, 그리고 이들에게 어떤 변화가 일어났는지를 간략히 다루었다.

이 장에서 소개하는 사례는 초등예비교사를 대상으로 셀프스터디 기반 과학교육 강좌를 운영한 사례이다. 사례 속 과학교육 강좌는 '과학학습론'으로서 충청지역의 한 교육대학교에서 2학년 과학교육 심화과정 예비교사들을 대상으로 운영하는 3학점짜리 강좌이다. 본래 과학학습론은 과학학습과 관련된 이론과 실제를 학습하는 강좌인데, 이러한 본래 교과 목표를 살리면서 예비교사들의 셀프스터디에 기반한 수업으로 재구성하였다.

특히, 이 사례에서는 셀프스터디를 통해 예비교사의 자기이해와 변화역량의 증진을 같이 추구하였다. 우선, 예비교사를 위한 셀프스터디 기반 수업은 예비교사들이 초등교사가 되었을 때 잘 가르치고자하는 노력을 지속해서 할 수 있도록 도움을 주는 것을 목표로 한다. 이 책의 1장에서 논의하였듯이, 셀프스터디는 자기 자신, 자신의 실천, 자신의 생각 등을 대상으로 하는 연구로서, 특히, 교육적 실행과 관련하여 자기로부터 연구가 시작되고 자기 자신과 자신의 실천에 대한 천착에 초점을 두어, 교육자로서 나에 대한 깊이 있는 이해와 교육적 실천의 개선을 추구하는 연구를 말한다. 이러한 셀프스터디는 잘 가르치는 것에 대한 일반화된 방법과 설명의 추구로는 충분히 이해하기 어려웠던 교육자로서 나 자신과 나 자신의 교육적 실천에 대해 탐구하고, 그럼으로써 자신과 자신의 교육적 실천에 대한 이해와 개선을 위한 경험적이고 실천적인 지식의 구성 및 공유를 가능하게 하며, 이를 통해 잘 가르치고자 하는 우리의 노력에 실질적인 도움을 제공할 수 있을 것으로 기대된다. 이와 같은 셀프스터디의 특성을 예비교사교육 단계부터 경험할 수 있다면, 추후 초등교사로서 자신의 수업을 돌아보고 개선하는 데에 유용한 지식과 역량을 기를 수 있을 것이라는 기대가 예비교사를 위한 셀프스터디 기반 수업을 기획하고 실천한 바탕이다.

그런데, 많은 연구자들은 잘 가르치기 위해 교사가 갖추어야 할 역량으로 교사의 자기이해(self-understanding)와 변화역량(change capacity)을 강조하고 있다(조광희 등, 2018). 예를 들어, 교사의 변화역량과 관련하여, 외부의 정책이나 제도의 변화만으로는 충분하지 않으며, 교사가 변화를 주도하고 스스로 변화에 대처하는 방법을 모색해야만 여러 교육 개혁 시도들이 학교 안의 변화로 이어질 수 있다는 주장이 제기되어 왔다(Fullan, 1993; Fullan & Hargreaves, 1991). 또, 반성적 실천가로서 교사는 자신의 수업에 대해 스스로 비판적 성찰을 수행함으로써 변화와 발전을 모색해야 한다는 주장도 제기된 바 있으며(진영은과 함영기, 2009; Schön, 1987; Sparks-Langer & Colton, 1991), 교사는 적응적(adaptive) 전문가이어야 하므로 익숙한 문제의 해결 능력만이 아니라 변화에 적응하고 나아가 변화를 선도하는 적응적 전문성을 갖추어야 한다는 주장이 있어왔다(Anthony, Hunter, & Hunter, 2015; Bransford, Brown,

& Cocking, 2000). 즉, 교사는 "교사 스스로 바람직한 변화를 만들어나가려는 목표를 토대로 실제 변화를 일궈내기까지의 과정을 이끌어가는 교사의 능력"(엄채윤, 2012a, p. 193)인 변화역량[1]을 갖출 필요가 있다는 것이다(조광희 등, 2018).

그런데, 이러한 변화역량을 갖추기 위해서는 교사들의 자기이해가 뒷받침되어야 할 것으로 보인다. 교사들은 오랜 학교생활 속에서 형성된 습관적 교수 관행에서 쉽게 벗어나지 않는 경향이 있다(Attard, 2007). 인지 부담을 최소화하기 위해서 심도 깊은 반성적 성찰을 하기 보다는 반복적인 패턴에 안주하기 쉽기 때문이다(Grant, 2001). 이러한 습관적 행태를 벗어나 변화를 추구하기 위해서는 우선 실행 주체인 자신에 대한 올바른 이해와 자신을 둘러싼 상황에 대한 성찰 및 이해가 필수적이다(조광희 등, 2018). 그런 점에서 교사의 변화역량은 교사의 자기이해를 필요로 한다.

한편, 초등교사에게 자기이해와 변화역량이 필요하다면, 이에 대한 함양은 장차 초등학생들을 가르치게 될 초등예비교사들에 대한 교육에서부터 이뤄져야 할 것이다. 교육대학교에서는 초등교사로서 갖추어야 할 전문성을 초등예비교사들에게 길러줘야 할 의무가 있기 때문이다. 그리고 이것은 초등 과학교사로서의 전문성 신장을 위해서도 마찬가지일 것이다.

이에 따라, 이 장에서는 변화역량과 자기이해의 함양을 주안점으로 하여 예비교사들의 셀프스터디를 기반으로 하는 과학교육 관련 수업의 구성과 실천 사례를 소개하였다. 우선, 예비교사들의 셀프스터디를 기반으로 한 과학교육 관련 수업을 어떻게 계획하고 구성했는지를 목표의 명료화, 구성 원칙 마련, 구성 원칙을 반영한 내용과 활동 구성의 단계별로 소개하였다. 그리고 수업에 참여하는 과정에서 예비교사들이 어떤 방법으로 셀프스터디에 기반한 활동들을 수행했는지를 몇몇 사례를 들어 소개하였다. 아울러, 한 학기 강좌가 끝난 후, 예비교사들의 자기이해와 변화역량에 어떤 변화가 일어났는지를 간략하게 소개하였다.

---

1. 변화역량은 학자에 따라 'change capacity'(예를 들어, Fullan, 1993)을 쓰기도 하고 'change capability'(예를 들어, 엄채윤, 2012a)를 쓰기도 한다. 이중에서 엄채윤(2012a)은 'change capability'를 '변화능력'으로 번역하여 사용하고 있다. 그러나 엄채윤(2012a)의 연구 역시 Fullan(1993)의 연구에 바탕을 두고 있고 그 의미가 크게 다르지 않기 때문에 본 저서에서는 change capacity와 change capability를 모두 '변화역량'으로 서술하였다.

2 셀프스터디 기반 수업의 계획과 구성

2.1 수업 계획을 위한 준비 과정 개요

예비교사들의 셀프스터디를 장려하고, 이를 바탕으로 예비교사들이 자기이해와 변화역량을 증진할 수 있도록 수업을 계획하기 위해, 첫째, 강좌의 목표를 이에 맞게 명료하게 설정하고, 둘째, 셀프스터디의 특징과 방법, 자기이해와 변화역량 증진을 위한 방법 등을 고려하여 강좌 혹은 수업의 구성 원칙을 마련한 다음, 셋째, 구성 원칙을 반영하여 수업의 내용과 활동을 구성하는 방법으로 강좌와 수업을 재구성하였다. 다음 그림은 이러한 과정을 거쳐 초등예비교사들이 셀프스터디에 기반하여 자기이해와 변화역량을 함양할 수 있도록 저자가 강좌/수업 계획 과정에서 세운 목표, 구성 원칙, 그리고 내용 및 활동 구성의 개략적인 내용이다.

특히, 위와 같은 준비 과정에서 예비교사들이 부분적으로나마 셀프스터디를 경험할 수 있게 하기 위해서는 구성 원칙의 마련이나 수업 내용 및 활동의 실제 구성에서 자기 자신에 대한 성찰, 자신의 수업 실행에 대한 성찰, 자신의 성찰에 바탕을 둔 개선 노력 등 예비교사들이 셀프스터디의 특징과 방법을 경험할 수 있도록 하는 것이 필요하다.

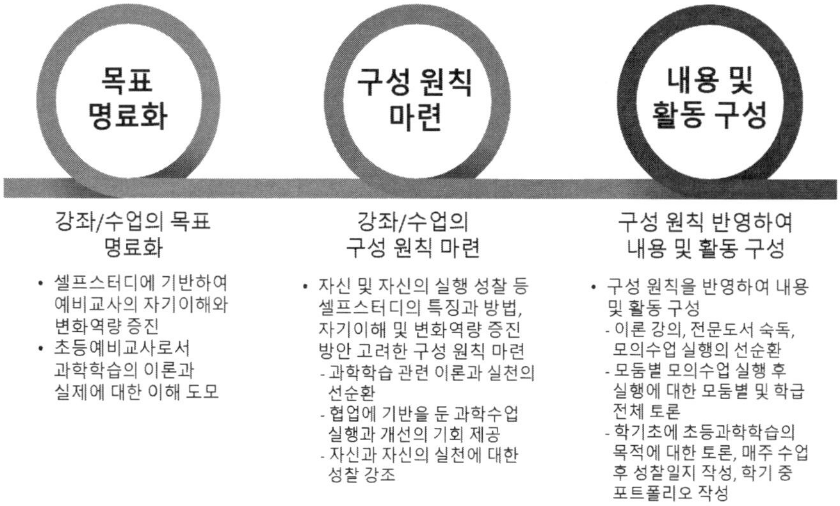

그림 4.1 수업 계획을 위한 준비 과정의 개요

2.2 목표의 명료화

셀프스터디를 기반으로 하는 강좌 혹은 수업을 계획하기 위해서는 적절한 강좌를 선택한 후 그 목적을 명료화하는 것이 필요하다. 이 사례의 경우는 셀프스터디를 기반으로 하되 예비교사의 자기이해와 변화역량의 함양을 함께 추구하였기에 강좌의 목적에 셀프스터디, 자기이해, 변화역량 등을 포함하였다.

'과학학습론'은 충청지역에 소재해 있는 한 교육대학교 교육과정 중 과학교육 심화과정 2학년 예비교사들을 대상으로 하는 3시간의 전공필수 교과로서, 과학학습 이론과 실제에 대한 예비교사들의 이해를 제고하고 교수학습 모형을 중심으로 초등교사로서 과학수업 역량을 함양하는 것을 목적으로 하는 강좌이다. 이를 위해 예비교사들은 과학교육의 목표, 과학교과 교육과정, 과학 교수·학습모형, 과학학습평가 등을 학습하게 된다. 이러한 '과학학습론' 강좌에서 셀프스터디를 기반으로 변화역량과 자기이해 신장을 함께 추구하기 위해, 강좌의 목적을 다음과 같이 두 가지로 설정하였다.

1. 이 강좌는 초등예비교사로서 과학학습의 이론과 실제에 대한 이해를 도모하는데 그 목적이 있다. 이에 따라, 이 강좌에서는 과학교육목표, 과학교육과정, 과학교수학습이론, 과학교수학습모형 및 과학학습평가 등에 대한 핵심적인 내용을 다룬다.

2. 이 강좌는 초등예비교사로서 초등학교 과학 수업 개선을 위한 지속적인 노력을 경주하게 하는 데에 그 목적이 있다. 이에 따라, 이 강좌에서는 과학학습과 관련된 이론 학습과 더불어 모의 수업 등을 통해 셀프스터디에 기반하여 수업 실천역량을 함양하고, 그 과정에 대한 성찰을 통해 자기이해와 변화역량 함양을 도모한다.

위와 같은 강좌의 목적은 '과학학습론'이라는 과목이 교육대학교 교육과정에서 차지하는 기본적인 역할을 할 수 있게 하면서, 동시에 이 책의 1장에서 다루고 있는 좋은 수업을 하기 위한 노력과 셀프스터디의 필요성을 고려하고, 이 책의 2장에서 다루고 있는 자기개념명료성, 진로정체성, 자기효능감 등의 '자기이해'와 변화감수성, 목표의식, 협력, 성찰, 숙달 등의 '변화역량'을 셀프스터디를 기반으로 순환적으로 함양하는 것을 고려한 것이다.

2.3 구성 원칙 마련

셀프스터디에 기반한 수업을 계획하기 위해서 셀프스터디의 특징과 방법, 자기이해와 변화역량 함양 방안 등을 고려하여 '과학학습과 관련된 이론과 실천의 순환적 구성', '협업에 기반을 둔 과학 수업 실행과 개선의 기회 제공', '자신과 자신의 실천에 대한 성찰 강조' 등의 세 가지 원칙을 구성 원칙으로 세웠다. 이러한 구성 원칙은 예비교사들의 자신에 대한 이해와 목표의 명료화, 비판적 동료와의 협업, 교육적 실행에 대한 자기성찰 및 개선 노력을 장려하기 위한 것으로서, '과학학습론' 강좌가 교육대학교 교육과정에서 담당하고 있는 역할에 대한 고려와 함께, 셀프스터디의 특징과 방법, 변화역량과 자기이해의 요소 등을 고려하였고, 교사교육자인 세 명의 비판적 동료가 공유해준 셀프스터디 기반 수업 관련 실천 경험과 조언 등을 고려하여 마련하였다.

특히, 이러한 구성 원칙은 이 책의 2장에서 논의한 '셀프스터디에 기반한 반성적 실천 전략(RPUS: Reflective Practice strategies Using Self-study)'의 세 가지 기본 조건, 즉, '자발적 지향 설정', '실행에 기반한 변화', '지속적 변화 추구'를 반영한 것이다. 예를 들어, 첫 번째 구성 원칙인 '과학학습과 관련된 이론과 실천의 순환적 구성'은 '지속적 변화 추구'와 '실행에 기반한 변화'라는 RPUS의 기본 조건을 반영한 것이다. 또, '협업에 기반을 둔 과학 수업 실행과 개선의 기회 제공' 원칙은 '실행에 기반한 변화'라는 RPUS의 기본 조건을 반영한 것이다. 그리고, '자신과 자신의 실천에 대한 성찰 강조'라는 세 번째 구성 원칙은 '자발적 지향 설정', '실행에 기반한 변화', '지속적 변화 추구'라는 RPUS의 기본 조건 세 가지를 모두 반영한 것이다.

'과학학습론' 강좌 재구성을 위한 세 가지 원칙 각각의 필요성과 구체적 내용, 기대하는 셀프스터디 방법 등은 다음과 같다.

과학학습과 관련된 이론과 실천의 순환적 구성

이 책의 1장에서 논의한 바와 같이, 잘 가르친다는 것은 단순히 몇몇 명제로 정의 내릴 수 있거나 어느 한두 요인을 변화시킨다고 달성할 수 있는 것으로 보기 어렵다. 또, 잘 가르치기 위한 노력은 명제적이고 이론적인 지식뿐만 아니라 경험적이고 실천적인 지식을 필요로 한다(Berry, 2007). 즉, 잘 가르친다는 것은 교재에서 제시하는 일반적인 지식이나 개념뿐만 아니라, 교사의 신념, 교과 내용, 교과의 본질적 가치, 학생의 특성, 교육방법, 환경, 제도, 공동체 가치 등, 다양한 내적·외적 요인들의 복잡한 뒤얽힘 속에서 좀 더 나은 선택을 하고자 하는 끊임없는 노력을 필요로 한다(오필석, 2011; 조영미와 오필석, 2011). 셀프스터디 역시 위와 같은 잘 가르친다는 것의 복잡성을 전제로하면서, 교수·학습 관련 실천 방법이나 상황의 개선을 적극적으로 추구한다(Baird, 2007).

이런 점에서, 과학 수업을 잘 하고자 하는 예비교사들 역시 과학학습과 관련된 일반적인 지식뿐만 아니라, 실제로 자신이 가르치게 될 초등학생의 특성, 수업 상황의 특성, 실제적인 수업방법과 그 특성, 수업을 준비하고 실행하는 나에 대한 고려와 성찰 등 과학학습 및 과학학습 지도를 위한 실천적인 지식과 방법, 상황에 대한 고민이 필요하다. 물론, 예비교사는 아직 학교 교육 현장에서 학생들을 직접 가르치는 처지가 아니므로, 현장 교사와 같이 이른바 '살아있는' 수업 상황을 고려하는 것은 한계가 있다. 그리고 이러한 한계에 따라 일반적인 지식과 다분히 개인적이고 상황에 의존하는 실천적인 지식을 조화시키는 데에도 한계가 있을 수밖에 없다. 그러나, 이러한 한계를 참작하더라도, 잘 가르친다는 것의 복잡성과 셀프스터디의 필요성을 고려할 때, 최소한 과학학습과 관련된 이론을 접하고 이해하는 데에 있어서 예비교사로서 예상할 수 있고 생각할 수 있는 실천적 방법과 상황을 함께 고려해야 할 것이다.

첫 번째 구성 원칙인 '과학학습과 관련된 이론과 실천의 순환적 구성'은 이와 같은 필요성을 반영한 원칙이다. 여기에서 '과학학습과 관련된 이론'이란 일반적으로 교재나 전문 서적 등에서 제시하는 지식, 이론, 모형 등을 말한다. 반면, '과학학습과 관련된 실천'이란 실제로 수업과 같이 과학학습을 지도하는 상황에서 필요하거나 고려해야 하는 실천적 지식이나 방법, 상황 등을 말한다. 물론 이 둘의 구분은 때에 따라서는 명확하지 않을 수 있다. 예를 들어, 어떤 단원의 교육과정 내용에 대한 지식은 해당 내용의 제시 배경이나 전체 구조 속 위치 등을 파악할 때는 이론적 지식에 가까울 수 있지만, 실제 수업 속에서 우리 반 학생들에게 적절한 학습 목표를 제시하거나 추가적인 활동을 구성하고자 하는 경우에는 실천적 지식에 가깝다고 볼 수 있다. 한편, 이론과 실천의 '순환적 구성'이란 과학학습 관련 이론과 실천을 각각 독립적으로 이해하는 데에 그치지 않고 서로를 연관 지어 생각하고 실행할 수 있도록 구성하는 것을 말한다. 예를 들어, 과학학습과 관련된 이론과 실천을 연이어 다루거나, 실천에 대한 고민을 하면서 이론을 다루거나, 혹은 모의 수업 등의 실행을 한 후에 다시 이론을 되짚어 다루는 구성 등을 말한다.

이러한 '과학학습과 관련된 이론과 실천의 순환적 구성'은 예비교사가 수업 실행 등의 교육적 실천과 개선에 관련 이론을 의미 있게 연결 짓도록 함으로써, 예비교사들이 교육적 실행에 대한 자기성찰 및 개선 노력 등의 방법으로 셀프스터디를 수행할 수 있도록 하기 위한 구성 원칙이다.

협업에 기반을 둔 과학 수업 실행과 개선의 기회 제공

두 번째 구성 원칙은 '협업에 기반을 둔 과학 수업 실행과 개선의 기회 제공'이다. 이 책의 1장에서 논의하였듯이, 셀프스터디는 자신의 수업 실행을 되돌아보고 개선을 시도하는 과정에서 기본적으로 자기 자신에게 초점을 두지만, 동시에 비판적 동료와의 협업을 강조한다(Baird, 2007; Beck, Freese, & Kosnik, 2007; Berry, 2007; Clarke & Erickson, 2007; Manke, 2007). 나 자신과 나 자신의 지식, 행동 등이 개인과 사회 문화적 배경 사이의 다면적인(multi-faceted) 상호작용 과정에서 발생하는 사회적 구성물로 바라보기 때문이다(Clarke & Erickson, 2007). 즉, 셀프스터디에서 말하는 교사, 예비교사, 교사교육자는 다른 사람들과 배타적으로 동떨어져 있는 개인이라기보다는 공동체 속 개인이고, 지식과 실천, 실천에 대한 성찰과 개선 행위 역시 공동체 구성원들과의 상호작용 속에서 구성된 것으로 본다. 이런 점에서 예비교사들을 대상으로 하는 셀프스터디 기반 수업은 수업의 실행과 개선의 기회를 제공할 필요가 있으며, 그 기회는 다른 사람과의 협업 과정에서 제공될 필요가 있다. 그리고 이러한 협업의 과정은 다른 사람에 비추어 나와 나의 실천을 되돌아볼 수 있는 기회를 제공함으로써 변화에 대한 인식과 나에 대한 다면적인 이해 등에도 도움을 줄 수 있을 것이다.

두 번째 구성 원칙인 '협업에 기반을 둔 과학 수업 실행과 개선의 기회 제공'은 이와 같은 필요성을 반영한 원칙으로, 예비교사들에게 간접적으로나마 과학 수업 실행과 개선의 기회를 제공하되 그 과정이 다른 사람과의 협업과 토론을 통해 이뤄질 수 있도록 구성함을 말한다. 예를 들어, 교육과정에서 제시하고 있는 초등학교 과학 교과 단원의 성취기준에 따라 모둠별로 모의 수업을 해보고 이에 대해 토론하면서, 간접적으로나마 예비교사들에게 과학 수업을 준비하고 실행하며 개선방안을 탐색하는 경험을 제공하되, 그 과정을 모둠별 공동작업이나 전체 토론 등 다른 사람과의 협업을 통해 수행할 수 있도록 구성하는 것을 말한다.

이러한 '협업에 기반을 둔 과학 수업 실행과 개선의 기회 제공'은 동료와 함께 수업을 개선하는 기회를 제공함으로써, 예비교사들이 비판적 동료와의 협업을 통한 교육적 실행에 대한 자기성찰 및 개선 노력 등의 방법으로 셀프스터디를 수행할 수 있도록 하기 위한 구성 원칙이다.

자신 및 자신의 실천에 대한 성찰 강조

셀프스터디에 기반하여 예비교사의 변화역량과 자기이해의 신장을 추구하는 강좌를 구성하기 위한 세 번째 구성 원칙은 '자신 및 자신의 실천에 대한 성찰 강조'이다. 셀프스터디는 교육자로서 나와 나의 실천에 대한 이해와 개선을 추구하는 연구로서, 이 과정에서 반성, 협력, 개방성, 상황탐구 등 반성적이고 실제 상황을 고려한 탐구를 중시한다(Samaras & Freese, 2006). 이러한 나와 나의 실천에 대한 성찰의 강조는 잘 가르치기 위한 노력의 과정에서 일반적인 지식뿐만 아니라 특정한 상황에 결부된 실천적인 지식과 방법을 고려하는 데에 도움을 줄 수 있을 것이다.

아울러, 이러한 나와 나의 실천에 대한 성찰은 이 책의 1장과 2장에서 논의한 바와 같이 자기개념명료성, 진로정체성, 자기효능감 등의 자기이해 관련 요소에 대한 스스로의 이해를 높이는 데에 기여할 것으로 기대되며, 이는 변화감수성, 목표의식, 협력, 숙달 등의 변화역량을 증진하는 데에도 도움을 줄 것으로 기대된다(조광희 등, 2018). 즉, 교사나 교사교육자와 마찬가지로, 예비교사 역시 스스로 자신과 자신의 실천에 변화를 주고 발전을 모색하는 반성적 실천가이자(Schön, 1987; 진영은과 함영기, 2009) 이미 익숙한 문제뿐만 아니라 변화에 적응하고 때로는 변화를 선도하는 적응적 전문가(Anthony, Hunter, & Hunter, 2015)로서, 스스로 바람직한 변화를 만들어나갈 수 있는 변화역량(Fullan, 1993; 엄채윤, 2012)을 갖춘 전문가로 성장하기 위해 노력할 필요가 있는데, 이는 자신과 자신의 실천에 대한 이해와 비판적 성찰을 필요로 한다(조광희 등, 2018).

세 번째 구성 원칙인 '자신 및 자신의 실천에 대한 성찰 강조'는 이와 같은 필요성을 반영한 원칙으로, 수업의 전체 과정, 즉, 교재 등을 통한 일반적인 지식의 학습, 토론 등을 통한 일반적인 지식과 실천적인 상황의 연계, 모의 수업 등을 통한 수업 준비와 실행의 경험, 수업 실행과 관련된 개선방안 모색 등의 전체 과정에서 자신 및 자신의 실천에 대한 성찰을 강조함을 말한다. 예를 들어, 모의 수업 후 토론 등을 통해 수업 실행을 성찰하거나, 매 수업 후 자신과 자신의 실천에 대한 성찰일지를 작성하도록 하는 것 등이 한 예이다.

이러한 '자신 및 자신의 실천에 대한 성찰 강조'는 자신의 목표, 효능감 등 자신에 대한 성찰과 학습, 수업 실행 등 자신의 실천에 대한 성찰의 기회를 제공함으로써, 예비교사들이 자신에 대한 이해와 목표의 명료화, 교육적 실행에 대한 자기성찰 및 개선 노력 등의 방법으로 셀프스터디를 수행할 수 있도록 하기 위한 구성 원칙이다.

2.4 내용 및 활동 구성

예비교사의 셀프스터디를 장려하고 이를 통해 예비교사의 자기이해와 변화역량을 함양하기 위해, 앞서 살펴본 세 가지 구성 원칙, 즉, '과학학습과 관련된 이론과 실천의 순환적 구성', '협업에 기반을 둔 과학 수업 실행과 개선의 기회 제공', '자신 및 자신의 실천에 대한 성찰 강조'를 반영하여 수업의 내용과 활동을 다음과 같이 구성하였다.

과학학습과 관련된 이론과 실천의 순환적 구성

앞서 구성 원칙에서 논의하였듯이, 예비교사들이 셀프스터디에 기반하여 자기이해와 변화역량을 함양하기 위해서는 이론과 실천의 선순환적 구성이 필요하다. 과학학습과 관련된 이론과 실천을 순환적으로 구성하기 위해, 다음의 주별 계획과 같이 '과학학습론' 강좌를 크게 '일반적인 이론 학습', '과학학습 관련 전문 서적 읽고 토론하기', '모의 수업 및 토론하기'의 세 부분으로 구성하여 운영하였다.

첫째, '일반적인 이론 학습'은 과학학습에 대한 일반적인 이론을 학습하는 부분으로, 과학과 교육과정, 과학의 본성과 구성, 과학탐구과정, 과학학습이론, 과학과 수업 모형, 과학학습평가 등을 주로 다루었다. 수업을 듣는 예비교사들이 아직 교육대학교 2학년이라는 점을 고려하여 첫 번째 부분은 과학학습과 관련된 기본적인 지식과 이론에 대한 이해를 중심으로 이루어졌기 때문에 주로 교수의 강의와 이와 관련한 질의응답, 토론 등이 이루어졌다. 다만, 이 부분에서도 예비교사들이 처해 있는 개인적인 상황과 장차 초등교사로서 마주하게 될 교육현장의 상황을 고려하여, 임용고시 준비와 추후 초등교사로서 수업 준비를 위해 자주 접하게 될 초등학교 과학과 교사용 지도서를 주된 교재로 사용하였다. 또, 첫 시간에 초등과학교육의 목적과 관련하여 "초등학교 과학에서 가장 중시해야 할 한 가지는?"이라는 질문에 대해 자기 생각을 적고 이를 동료들과 토론하게 함으로써, 일반적인 이론에 대한 학습을 자기개념명료성이나 진로정체성 등의 자기이해와 목표의식 확립, 숙달 등의 변화역량 요소와 관련지을 수 있도록 구성하였다. 특히, 과학과 수

표 4.1 '과학학습론' 강의 구성

주	강의 내용	예비교사들의 주요 셀프스터디 방법
1	- 강좌의 목표 및 운영 안내	
2	- 초등과학교육의 목적 - 2007, 2009. 2015 개정 과학과 교육과정	- 초등과학교육에서 가장 중시해야 할 사항에 대한 토론을 통한 '자신에 대한 이해와 목표의 명료화' - '비판적 동료와의 협업'
3	- 과학의 구성요소 - 가설의 설정과 검증	
4	- The pupils as scientist? 1장 - 과학학습 이론 개관 - 과학학습 이론(0): 행동주의, 위계학습 이론	
5	- The pupils as scientist? 2장 - 과학학습 이론(1): 경험학습 관련 이론	- 모의 수업 실행을 통한 '자신에 대한 이해와 목표의 명료화' - 모의 수업 준비 과정과 평가 과정에서 '비판적 동료와의 협업' - 모의 수업 실행과 비판적 토론, 자기 성찰지 활용 등을 통한 '교육적 실행에 대한 자기성찰 및 개선 노력
6	- The pupils as scientist? 3장 - 모의 수업 발표(1): 경험학습 수업 모형 - 과학학습 이론(2): 발견학습 관련 이론	
7	- The pupils as scientist? 4장 - 모의 수업 발표(2): 발견학습 수업 모형 - 과학학습 이론(3): 탐구학습 관련 이론	
8	- The pupils as scientist? 5장 - 모의 수업 발표(3): 탐구학습 수업 모형 - 과학학습 이론(4): 순환학습 관련 이론	
9	- The pupils as scientist? 6장 - 모의 수업 발표(4): 순환학습 수업 모형 - 과학학습 이론(5): 개념변화학습 관련 이론	
10	- The pupils as scientist? 7장 - 모의 수업 발표(5): 개념변화학습 수업 모형 - 과학학습 이론(6): STS 관련 이론	
11	- The pupils as scientist? 8장 - 모의 수업 발표(6): STS 수업 모형	
12	- 기타 과학학습 이론(1) - 과학학습 유형 - 과학학습 평가	- 포트폴리오 정리를 통한 '자신에 대한 이해와 목표의 명료화' - 한 한기 정리와 자기 성찰지 활용 등을 통한 '교육적 실행에 대한 자기성찰 및 개선 노력
13	- 기타 과학학습 이론(2)	
14	- 과학학습 관련 종합토론	
15	기말고사	

업 모형의 경우는 해당 수업 모형의 단계와 특징, 바탕이 되는 학습 이론 등의 이론적 내용을 학습한 후, 해당 수업 모형을 적용한 모의 수업을 실시하고, 수업에 대한 성찰과 토론을 진행함으로써 이론과 실천의 순환적 구성이 이루어지도록 하였다.

둘째, '과학학습 관련 전문 서적 읽고 토론하기'는 과학학습과 관련된 이론적인 배경과 함께 구체적인 사례들을 접할 수 있는 책을 읽고 이에 대한 질의응답과 토론을 진행하는 부분이다. 이는 과학학습 이론에 대한 깊이 있는 이해를 도모함과 동시에 과학학습 이론을 과학 수업 중에 나타날 수 있는 구체적인 사례 및 학생의 생각과 연관 지어 이해할 수 있도록 하기 위한 시도였다. 이를 위해 함께 읽고 토론할 과학학습 관련 전문 서적으로 R. Driver(1983)의 "The pupils as a scientist?"를 선정하였다. 이 책은 비교적 오래전에 출판된 110여 쪽의 얇은 책이지만, '과학 교수에서 귀납의 오류', '관찰하기 학습', '의미 만들기', '아동의 믿음과 교실 학습', '발명과 상상', '과학학습과 인지발달 이론', '아동의 사고에서 논리와 직관', '이론에서 실제로' 등 과학학습에서 구성주의적 접근의 필요성과 방법, 인지발달단계 이론에서 개념변화 학습 이론에 이르기까지의 이론적 배경, 관찰의 이론 의존성 등 탐구학습에서 주의해야 할 사항들, 학생이 가지고 있는 대안틀(alternative framework)과 선개념의 특징, 과학학습을 위해 필요한 실제적인 고민 등에 대해 다루고 있어, 예비교사들이 과학학습을 이해하고 실천할 수 있는 안목을 기르는 데에 도움이 될 것으로 판단하였다. 특히, 이 책은 이론적인 논의와 함께, 비록 외국의 사례이긴 하지만, 학생들이 가지고 있는 다양한 생각과 실제 수업 중 활동 사례들을 다루고 있어 예비교사들이 일반적인 이론과 실제 상황을 연관 지어 생각해보는 데에 도움이 될 것으로 판단하였다. 아울러, 이 책에서 발견학습의 장점과 한계점, 순환학습의 장점과 한계점, 개념변화 학습의 장점과 주의점 등도 함께 다루고 있음을 고려하여, 예비교사들이 과학 수업 모형에 대한 이론을 학습하고 이를 적용한 모의 수업과 토론을 하는 데에도 책의 내용을 활용하고, 자기개념명료성 등의 자기이해와 변화감수성, 숙달 등의 변화역량과도 연결 지어 볼 수 있도록 안내하였다.

세 번째, '모의 수업 및 토론하기'는 과학과 교육과정에서 초등학교 3~6학년 단원으로 제시하고 있는 성취기준과 교과서 내용 등을 고려하여 한 차시 정도의 모의 수업을 해보고, 수업에 대한 모둠별 토론과 학급 전체 토론 등을 하는 부분이다. 이 부분은 간접적으로나마 예비교사들이 과학 수업을 준비하고 실행해보는 경험을 하고 수업에 대한 동료 토론을 통해 수업을 성찰하고 개선 방안을 모색해 보는 경험을 함으로써, 자기개념명료성, 진로정체성, 자기효능감 등 자기이해 관련 요소와 변화감수성, 목표의식, 협력, 성찰, 숙달 등 변화역량 관련 요소를 함양할 수 있도록 의도한 구성이다.

이러한 의도에서, 예비교사들이 '일반적인 이론 학습' 부분에서 학습한 6개 과학과 수업 모형(경험학습 수업 모형, 발견학습 수업 모형, 탐구학습 수업 모형, 순환학습 수업 모형, 개념변화학습 수업 모형, STS 수업 모형)의 단계와 특징을 적용하여 가상의 초등학생을 대상으로 한 30~40분 정도의 모의 수업을 실시하고, 모의 수업 후 모의 수업에서 해당 수업 모형이 잘 구현된 점과 좀 더 개선해야 할 점 등을 중심으로 모둠별 토론과 전체 학급 토론을 진행하도록 구성하였다. 이때 30~40분 정도의 모의 수업은 실제로 초등학생 대상으로 수업을 한다는 가정하에 동기유발, 실험 및 활동 등 수업의 전체 요소를 실제로 실행해보도록 하고, 동료 예비교사들을 초등학생이라고 가정하여 수업에 참여하도록 구성하였다.

이상의 세 가지 부분, 즉, '일반적인 이론 학습', '과학학습 관련 전문 서적 읽고 토론하기', '모의 수업 및 토론하기' 부분은 "과학학습과 관련된 이론과 실천 순환적 구성"이라는 구성 원칙을 반영하여, 가능한 한 세 부분이 동떨어지지 않은 상태에서 순환적으로 연관될 수 있도록 구성하였다. 예를 들어, 위의 주별 강의계획표에서 볼 수 있듯이, 과학 수업 모형에 대한 일반적인 이론을 학습한 후에는 이를 바탕으로 1주일 후 해당 수업 모형을 적용한 모의 수업을 실시하고, 모의 수업 후 성찰과 토론과정에 다시 해당 수업 모형에 대한 일반적인 이론 사항들을 연결하여 생각해볼 수 있도록 구성하였다. 그리고 일반적인 과학학습 이론에 대한 이해, 모의 수업의 준비와 실행, 토론 등에 "The pupils as a scientist?" 책의 내용을 연결 지어 생각해볼 수 있도록 구성하였다.

협업에 기반을 둔 과학 수업 실행과 개선의 기회 제공

예비교사들이 셀프스터디를 경험할 수 있도록 하기 위해서는, 앞서 두 번째 구성 원칙과 관련하여 논의하였듯이, 개개인의 단독적인 활동보다는 동료와의 협업이 필요하고, 이 과정에서 수업 실행 개선의 기회가 제공되는 것이 필요하다. 그리고 이러한 과정은 장차 초등교사가 될 예비교사로서의 자기이해와 변화역량 함양에도 도움이 될 것으로 기대할 수 있다.

이러한 점에서, 두 번째 구성 원칙인 "협업에 기반을 둔 과학 수업 실행과 개선의 기회 제공"을 반영하기 위해, 앞서 첫 번째 구성 원칙에 따른 '모의 수업 및 토론하기'에서 설명한 바와 같이, 6개 과학과 수업 모형을 적용한 모의 수업을 실시하고 이에 대한 성찰과 개선방안 모색을 '과학학습론'의 핵심적인 활동 중 하나로 구성하였다. 그리고 모의 수업을 준비하는 과정과 모의 수업 실시, 모의 수업에 대한 성찰과 개선방안 모색 과정을 모두 모둠 구성원들이 협력하여 진행하도록 함으로써, 예비교사들이 협업에 기반을 둔 과학 수업 실행과 개선 과정을 경험해볼 수 있도록 구성하였다.

아울러서, 협업에 기반을 둔 과학 수업 실행과 개선의 기회가 '과학학습론' 수업에 잘 제공되도록 하기 위해서, 앞선 주별 강의계획표에서 볼 수 있듯이, 강좌의 첫 시간에 6개의 과학과 수업 모형을 적용한 모의 수업 실시에 대해 안내하고, 각 모형을 적용할 6개의 모둠을 정해 모둠 구성원을 정하도록 안내하였다. 이는 본격적인 모의 수업 준비는 해당 수업 모형에 대한 일반적 이론을 학습한 이후인 전체 강좌의 중반부터 이뤄지더라도, 학기 초부터 예비교사들이 모의 수업을 염두에 두고 과학학습에 대한 일반적인 이론과 "The pupils as a scientist?" 책을 이해할 수 있도록 하고, 필요할 때마다 모둠별로 모여 모의 수업 준비 등을 할 수 있도록 하기 위함이었다.

자신 및 자신의 실천에 대한 성찰 강조

셀프스터디의 가장 큰 특징 중에 하나는 자신과 자신의 실천에 대한 성찰이다. 따라서 예비교사들이 셀프스터디를 경험할 수 있도록 하기 위해서는, 초등교사가 될 예비교사 자신에 대한 성찰과 수업 실행 등 자신의 실천에 대한 성찰의 기회를 제공하는 것이 필요하다. 그리고 이러한 성찰의 기회는 예비교사로서의 자기를 되돌아볼 수 있게 함으로써 자기이해와 변화역량 함양에도 도움이 될 것으로 기대할 수 있다.

이러한 의미에서, 세 번째 구성 원칙인 "자신 및 자신의 실천에 대한 성찰 강조"를 반영하기 위해, 크게 수업 중 성찰, 수업 후 성찰, 포트폴리오 작성 등을 '과학학습론'의 활동으로 구성하였다. 우선, 첫째, 수업 중 성찰은 수업이 이뤄지는 과정 중에 예비교사들에게 성찰의 기회를 제공하는 것이다. 예를 들어, 2주째에 초등과학교육의 목적과 관련하여 "초등학교 과학에서 가장 중시해야 할 한 가지는?"이라는 질문에 대한 자기 생각을 말하고 이를 동료들과 하는 활동을 진행하였다. 이는 수업 중에 자신과 자신의 생각을 성찰하게 하는 활동의 한 예이다. 또, 모둠별로 모의 수업 준비 과정이나 모의 수업 실시 후 수업에 대한 성찰의 기회를 제공하였는데, 이 역시 수업 중 성찰 활동으로 구성한 한 예이다.

둘째, 수업 후 성찰은 매주 수업이 종료된 후 수업이나 수업참여 등과 관련하여 자신과 자신의 실천에 대한 성찰 활동을 말한다. 예비교사들의 수업 후 성찰 활동을 위해 매주 자기성찰일지를 작성하여 온라인으로 제출하게 하였는데, 자기성찰일지에는 강의에 임하는 목표, 강의에서 좋았던 점, 강의에서 갈등을 느꼈거나 고민이 되었던 부분, 강의를 통해 일어난 나의 변화 등을 작성하게 함으로써 매주 자기 자신에 대한 이해와 자신의 변화에 대해 성찰할 수 있도록 하였다.

셋째. 포트폴리오 작성은 한 학기, 즉 15주 동안 학습한 내용과 함께 자신 및 자신의 실천을 정리하고 성찰할 수 있도록 하기 위한 활동이다. 강좌 계획단계에서 이루어진 비판적 동료와의 자료 공유와 토론 등을 바탕으로, 포트폴리오를 어떻게 작성하고 어떤 내용을 포함할지를 구성하였다.

3 예비교사의 셀프스터디 사례

3.1 과학학습과 관련된 이론과 실천의 순환적 활동에서 셀프스터디 사례

예비교사들이 자신에 대한 이해와 목표의 명료화, 비판적 동료와의 협업, 교육적 실행에 대한 자기성찰 및 개선 노력 등의 방법으로 셀프스터디를 수행할 수 있도록 과학학습과 관련된 이론과 실천을 순환적으로 구성한 '과학학습론'에 참여하면서, 예비교사들은 다음과 같이 셀프스터디를 수행하였다.

1주차 수업에서 '과학학습론' 강좌의 목표, 성격, 운영방법 등에 대한 전체적인 안내를 받은 예비교사들은 2주차 수업에서 초등과학교육의 목적에 대한 생각을 서로 발표하고 토론하는 활동을 했다. 이 활동에서 예비교사들은 초등과학교육과 관련한 본인의 생각을 스스로 성찰하고 정리해 보는 방식으로 셀프스터디를 수행하였다.

초등과학교육의 목적에 대한 토론 활동은 크게 세 단계로 이루어졌는데, 첫 번째는 다음과 같은 질문에 대해 개별적으로 자신의 생각을 종이에 적는 단계이다.

> ➔ 초등학교 과학교육에서 가장 중요하게 추구해야 한다고 생각하는 것과 그 까닭은?
>
> (1) 한 단어로 나타낸다면?
>
> (2) 그 까닭은?

두 번째 단계는 모둠별로 토론을 통해 초등학교 과학교육에서 가장 중요하게 추구해야 하는 것과 관련하여 우리 모둠의 생각을 정하는 단계이다. 개별적으로 적은 자신의 생각을 모둠 안에서 발표하고, 서로 토론을 통해 모둠에서 가장 중요하게 생각하는 키워드 한 가지를 정하였다.

세 번째 단계는 전체 학급 토론 단계로서, 모둠에서 정한 가장 중요하게 생각하는 한 가지를 모둠 대표가 학급 전체 토론의 패널로서 발표하고 토론하는 단계이다. 물론, 이때 모둠의 대표 이외의 다른 모둠원들도 자신의 생각을 발표하거나 토론할 수 있다.

토론을 진행한 결과, 초등학교 과학교육에서 가장 중요하게 추구해야 한다고 생각하는 것과 관련하여 6개 모둠은 각각 '소통', '유레카', '탐구', '실용성', '안전', '흥미'를 자기 모둠에서 가장 중요하게 생각하는 키워드로 뽑았다. 이를 바탕으로 <그림 4.2>와 같이 학급 전체 토론을 진행하였다.

학급 전체 토론에서는 각 모둠에서 가장 중시하는 키워드를 주장하고 동료들을 설득하기 위해 다양한 의견들이 오고 갔다. 예를 들어 초등학교 과학교육에서는 '소통'이 가장 중요하다고 주장하는 의견에 대해 예비교사들은 다음과 같은 대화를 주고받았다.

A: (전략) 이러한 이유로 저희는 소통이 가장 중요하다고 생각했습니다.

B: 순서가 바뀌었다고 생각하는데요, 좋아해야 할 말도 생기는 거 아닐까요? 그냥 말 주고받는 것은 굳이 과학교육에서 적용하지 않아도 되는 것 같은데요….

A: 그런데, 과학이라는 특성상, 그러니까 아이들을 완전 백지상태로 가정을 한다면, 정작 지식이 들어가야 아이들이 흥미가 생기지 않을까요? "어, 이런 게 있네." 하면서 뭔가 흥미가 생기기 때문에 먼저 선생님이 아이들과 소통을 하면서 뭔가 그런 지식들을 아이들에게 불어 넣어줘야 한다고 생각합니다.

C: 저는 소통도 굉장히 중요하다고 생각하는데, 사실 사람과 굳이 소통하지 않아도

그림 4.2 초등과학교육의 목적에 대한 학급 전체 토론 장면

박물관이나 책을 통해서 좀 더 이제 쉽게 받을 수도 있다고 생각하거든요. 다양한 매체들을 통해서…. 이런 점에 대해서는 어떻게 생각하시는지?

A: 물론 매체를 통해 얻는 지식도 있지만, 저는 아무래도 선생님과 학생이 말을 주고받으면서 얻는 지식이 훨씬 더 많다고 생각하거든요. 왜냐하면, 박물관에서 뭐 뭐를 적어놔도 “어, 왜 이런게 있지?” 하면서 궁금증이 또 생기잖아요? 하지만, 선생님과의 1대1 면담을 통해서는 추가적인 궁금증을 또 해결할 수 있고, 그래서 훨씬 더 효과적인 그런 방법이라고 생각합니다.

(중략)

D: 그런데, 여러 명이 있잖아요? 선생님 한 명 대 학생들은 열 명이 넘어갈 수도 있고. 그런데 1대1로 수업을 다하고 소통을 하기는 어렵잖아요?

A: 그렇죠.

D: 그런 순간에, 그렇다면, 선생님과 학생 간에, 과학 시간에, 소통을 넓힐 수 있는 방법은 무엇이 있다고 생각하시나요?

A: 일단, 제가 생각하는 가장 중요한 것은, 일단 선생님 아이의 시선으로 바라보는 것이 가장 중요하다고 생각합니다. 왜냐하면, 아이들의 수준을 알아야 아이들이 알아들을 수 있게 설명해줄 수 있잖아요. 그러니까, 1대1 상황이 힘들겠지만, 그래도 가능하다면 아이들이 다 알아들을 수 있게 선생님이 그렇게 낮게 접근을 하는거요. 아이들의 시선에 맞추어서요. 이런 식으로 하면 효과적으로 이뤄질 수 있다고 생각합니다.

E: 아이의 눈높이에 맞추기 위해서 소통을 하셔야 한다고 했는데, 소통 자체가 아이들이, 그런 과학적인 이야기를 아이들과 해야되는데, 그러면, 아이가 과학적인 내용에 대해서 흥미나 그런게 없으면 소통할 내용이 없는데, 그러면 결국 일방적으로 교사가 지식을 주입하는 것밖에 소통이 되지 않지 않나요?

위의 대화에서 볼 수 있듯이, 비록 그 주장 하나하나는 논의의 여지가 있을 수 있지만, 예비교사들은 자신의 생각을 바탕으로 다른 사람의 생각에 대해 질문을 하거나 반대 의견을 제시하였고, 그 과정에서 자기 생각과 다른 사람의 생각을 되돌아보는 기회를 가졌다. 그리고 이러한 토론을 거치면서 초등학교 과학교육에서 가장 중시해야 할 것에 대해 학급 전체적으로 조금 더 많은 사람이 동의하는 것을 찾아 나갔다.

이후, 초등학교 과학교육에서 가장 중시해야 할 것에 대해 예비교사들이 스스로 생각한 키워드들이 과학교육 전문가들의 생각과 동떨어져 있지 않고 실제로 초등과학교육에서 중요하게 다뤄지고 있다는 점을 예비교사들이 인식할 수 있도록 하였다. 즉, 약 50분의 학급 토론이 끝난 후, 우리나라 과학과 교육과정의 과학 교과의 성격, 목표 등에 대한 강의에서 예비교사들은 앞서 초등과학교육에서 가장 중요하다고 생각한 자신들의 키워드들이 과학과 교육과정에서도 의미 있게 제시되고 있음을 알 수 있었다. 아울러, 과학 학습 관련 이론에 대한 학습, 과학과 수업 모형에 대한 학습 및 이를 적용한 모의 수업과 토론 등 한 학기 동안 이루어지는 '과학학습론'의 내용과 활동을 자신이 초등과학교육과 초등과학학습에서 가치 있게 생각하는 바와 의미 있게 연결 지어 보도록 권장하였다.

한편, 이러한 '초등학교 과학교육에서 가장 중요하게 추구해야 한다고 생각하는 것'에 관한 토론 활동에 대해서, 예비교사들은 주별 성찰일지 작성을 통해 다음과 같은 항목을 중심으로 스스로 성찰하는 셀프스터디를 수행하였다.

- 오늘 '나'의 강의에 임하는 목표는 무엇이었습니까?
- 오늘 강의는 나의 목표에 어떤 점이 어떻게 도움이 되었습니까?
- 전반적으로 오늘 강의에서 좋았던 점이나 도움이 되었던 점은 무엇입니까?
- 오늘 강의에서 더 찾아보거나 질문하고 싶은 점은 무엇입니까?
- 오늘 강의에서 갈등을 느꼈거나 고민이 되었던 부분은 무엇인가?
- 오늘 수업을 통해 나와 관련된 변화가 필요하다고 느꼈나요? 있다면 어떤 점을 느꼈습니까?
- 오늘 수업을 통해 실제로 나와 관련된 변화가 있었나요? 있다면 어떤 점이 변화되었습니까?
- '나', '초등과학교육' '초등과학학습', '교대 생활', '교직에 대한 생각' 등등 어떤 이야기이든 하고 싶은 얘기가 있으면 자유롭게 써주시기 바랍니다.

이 성찰일지 항목은 저자의 강좌 계획 단계에서 이루어진 비판적 동료와의 자료 공유와 토론 등을 바탕으로 구성되었다. 해당 수업에 임하는 나의 목표와 수업으로부터 얻게 된 점, 더 알아보고 싶거나 고민이 된 부분, 수업을 통해 변화의 필요성을 느꼈는지, 혹은 실제로 변화가 있었는지, 나 자신과 과학학습 및 교직에 대한 생각 등을 성찰하게 함으로써, 자기개념명료성, 진로정체성, 자기효능감 등의 자기이해 관련 요소와 변화감수성, 목표의식, 협력, 숙달 등의 변화역량 관련 요소와 관계된 항목이 포함되도록 구성하였다.

성찰일지 작성을 통한 셀프스터디 과정에서 한 예비교사는 '초등학교 과학교육에서 가장 중요하게 추구해야 한다고 생각하는 것'에 대한 토론 활동과 관련하여 <표 4.2>와 같이 언급하고 있었다. 사례에서 볼 수 있듯이, 이 예비교사는 '초등학교에서 가장 중요하게 추구해야 할 것'에 대한 토론 수업에 대해 초등학교 과학교육에서 어떠한 것들을 중시해야 하는지를 생각할 수 있었고, 과학교육과정에 대한 이해를 할 수 있는 기회라고 생각하고 있었다. 그러면서 앞으로 교육이나 과학 지식에 대해 좀 더 관심을 가져야겠다는 생각이 들고, 아이들이 흥미를 느낄 수 있도록 하는 방법에 대해 궁금하다는 것과 같이 자신을 돌아보고 앞으로 해야 할 것들에 대해 고민하는 모습도 보였다.

표 4.2 초등학교 과학교육에서 가장 중요한 것에 관한 토론 수업에 대한 성찰일지 사례

오늘 '나'의 강의에 임하는 목표는 무엇이었습니까?	오늘 강의는 나의 목표에 어떤 점이 어떻게 도움이 되었습니까?	전반적으로 오늘 강의에서 좋았던 점이나 도움이 되었던 점은 무엇입니까?	오늘 강의에서 더 찾아보거나 질문하고 싶은 점은 무엇입니까?	오늘 강의에서 갈등을 느꼈거나 고민이 되었던 부분은 무엇인가?	오늘 수업을 통해 나와 관련된 변화가 필요하다고 느꼈나요? 있다면 어떤 점을 느꼈습니까?	오늘 수업을 통해 실제로 나와 관련된 변화가 있었나요? 있다면 어떤 점이 변화되었습니까?	'나', '초등과학교육' '초등과학학습', '교대생활', '교직에 대한 생각' 등등 어떤 이야기이든 하고 싶은 얘기가 있으면 자유롭게 써주시기 바랍니다.
교육과정에 대해 알아보는 것	과학과 교육과정 총론에 대해 알 수 있었다.	2번째 시간에 과학교육에서 중요한 것이 무엇인가에 관해 토론해본 것	교육과정에 대해 더 자세히 알고 싶다.	토론과정에서 다른 사람들과 의견이 상이하게 달랐던 경우	좀 더 교육에 대해 관심을 써야겠다.	없다	아직 없습니다
다른 친구들이 생각하는 과학교육에서 가장 추구하는 것은 무엇인지 이해하기	다양한 의견을 이해하고 생각의 폭을 넓힐 수 있었다	친구들의 생각을 기반으로 교육과정 총론까지 알아볼수있어서 좋았습니다	딱히 없음	없음	좀 더 다양한 지식을 수용하기 위해 노력하자?	과학교육의 목표를 이해하는데 큰 도움이됨	없음
과학교육에서 어떤 것이 중요한지 알고자 하였습니다.	과학교육에서 중요한 5가지 소양에 대해 알 수 있어서 의미있는 시간이었습니다.	토론을 해보며 과학교육을 할 때 어떤 것이 가장 중요할지 생각해보는 시간이 좋았습니다.	그렇다면 어떤 수업을 해야 아이들의 기본소양을 기를 수 있을지 궁금합니다.	아이들이 과학을 암기과목으로 생각하지 않으려면 어떻게 해야 하는지 궁금합니다.	제가 과학적 지식을 더 많이 알아야 할 것 같습니다.	우리나라 교육과정을 알 수 있어서 좋았습니다.	재미있게 수업하고 싶은데 어떻게 수업해야 아이들이 흥미를 느낄지 궁금합니다.

이와 같은 방식으로 예비교사들이 자신을 되돌아보면서 일반적인 이론과 실천의 순환적 구성을 경험하면서 자기이해와 변화역량을 함양할 수 있도록 시도하였다.

3.2 협업에 기반을 둔 과학 수업 실행과 개선 활동에서 셀프스터디 사례

앞서 언급하였듯이, 예비교사들이 셀프스터디에 기반하여 자기이해와 변화역량을 함양할 수 있도록 '과학학습론'을 협업에 기반을 둔 과학 수업 실행과 개선의 기회를 제공하고자 하였다. 이에 따라, 예비교사들이 모둠별 혹은 학급 전체 협업을 통해 6개 과학과 수업 모형을 적용한 모의 수업을 실시와 이에 대한 성찰 및 개선방안 모색을 할 수 있도록 구성하였다.

모의 수업의 실시는, '과학학습 관련 이론과 실천의 순환적 구성'에서 언급하였듯이, 6개의 과학과 수업 모형(경험학습 수업 모형, 발견학습 수업 모형, 탐구학습 수업 모형, 순환학습 수업 모형, 개념변화학습 수업 모형, STS 수업 모형)에 대한 이론적 안내가 이뤄진 후 이를 모의 수업에 적용하는 방식으로 이루어졌다. 예를 들어, 예비교사들이 경험학습 수업 모형에 대한 개관과 핵심적인 이론 사항에 대해 학습하면, 경험학습 수업 모형 모의 수업을 하기로 한 모둠이 1주일 후 경험학습 수업 모형을 적용한 모의 수업을 시행하는 방식이다. 이때 모의 수업은 가능한 한 초등학교 과학 수업 실행의 경험을 유사하게나마 가질 수 있도록 초등학교 과학 수업 시간과 유사하게 30~40분 수업을 준비하게 하였고, 가상이지만 동료 예비교사들을 초등학생이라고 생각하고 실험 등의 실제 활동을 하도록 하였다. 그리고 모의 수업이 끝난 후에는 그 수업이 경험학습 수업 모형

그림 4.3 발견학습 수업 모형에 따른 모의 수업과 수업 후 토론 장면

을 어떤 점에서 잘 구현했고, 어떤 점에서는 좀 더 보완해야 하는지 등에 대해 모둠별 토론과 학급 전체 토론을 실시함으로써, 예비교사들이 비록 모의 수업이긴 하지만 과학 수업을 실행하고, 그 실행에 대해 성찰한 후 개선 방안을 모색하는 셀프스터디 기반 활동을 할 수 있도록 하였다. <그림 4.3>은 발견학습 수업 모형에 따른 모의 수업 장면과 수업 후 토론 장면이다.

한편, <표 4.3>은 발견학습 수업 모형을 적용한 모의 수업을 실행하고 수업에 대해 토론을 진행한 수업관 관련하여 한 예비교사가 작성한 주별 성찰일지 사례이다.

표 4.3 발견학습 수업 모형 적용 모의 수업 실행 수업에 대한 성찰일지 사례

오늘 '나'의 강의에 임하는 목표는 무엇이었습니까?	오늘 강의는 나의 목표에 어떤 점이 어떻게 도움이 되었습니까?	전반적으로 오늘 강의에서 좋았던 점이나 도움이 되었던 점은 무엇입니까?	오늘 강의에서 더 찾아보거나 질문하고 싶은 점은 무엇입니까?	오늘 강의에서 갈등을 느꼈거나 고민이 되었던 부분은 무엇인가?	오늘 수업을 통해 나와 관련된 변화가 필요하다고 느꼈나요? 있다면 어떤 점을 느꼈습니까?	오늘 수업을 통해 실제로 나와 관련된 변화가 있었나요? 있다면 어떤 점이 변화되었습니까?	'나', '초등과학교육' '초등과학학습', '교대생활', '교직에 대한 생각' 등 등 어떤 이야기이든 하고 싶은 얘기가 있으면 자유롭게 써주시기 바랍니다.
수업 시연을 잘 해내자.	조끼리 상의해서 구상한 대로 발표하는 친구들이 잘 구현해 준 것 같다.	우리의 수업 시연을 보고 우리가 미처 생각하지 못한 부분까지 지적해주어서 사고를 더 넓힐 수 있었다.	.	수업 시연에 대해 왜 굳이 위험한 촛불을 시험에 사용했나 하는 질문이 있었다. 그것이 실험 결과를 가장 간단하고 명확하게 보여줄 수 있는 도구라고 생가했었는데 교사가 준비하기 좀 까다롭더라도 아이들의 안전을 더 생각해야겠다는 생각이 들었다.	아이들의 기습적인 질문에 충실히 대답해줄 수 있도록 배경지식을 더 키워야겠다고 생각했다.	수업을 준비할 때는 절대 교사의 입장보다는 아이들의 입장에서 준비해야겠다고 생각했다.	100을 알고 10을 가르치는 교사가 되어야겠다고 다짐했다.

표 4.3 발견학습 수업 모형 적용 모의 수업 실행 수업에 대한 성찰일지 사례(계속)

오늘 '나'의 강의에 임하는 목표는 무엇이었습니까?	오늘 강의는 나의 목표에 어떤 점이 어떻게 도움이 되었습니까?	전반적으로 오늘 강의에서 좋았던 점이나 도움이 되었던 점은 무엇입니까?	오늘 강의에서 더 찾아보거나 질문하고 싶은 점은 무엇입니까?	오늘 강의에서 갈등을 느꼈거나 고민이 되었던 부분은 무엇인가?	오늘 수업을 통해 나와 관련된 변화가 필요하다고 느꼈나요? 있다면 어떤 점을 느꼈습니까?	오늘 수업을 통해 실제로 나와 관련된 변화가 있었나요? 있다면 어떤 점이 변화되었습니까?	'나', '초등과학교육' '초등과학학습', '교대생활', '교직에 대한 생각' 등 등 어떤 이야기이든 하고 싶은 얘기가 있으면 자유롭게 써주시기 바랍니다.
발견학습 모형 이해하기	발표수업이 어떻게 짜여 있는지 유심히 보게 되었다.	수업 시연을 할 때 발견학습 모형에 맞게 다양한 실험을 준비해와서 좋았다. 아이들이 다양한 경험을 할 수 있을 것 같았다. 다양한 감각기관을 사용하도록 했고 동기유발이 재미있었다.	드라이버 책을 이해하기 좀 어려워서 다시 읽어봐야겠다.	무게가 같은 추를 놓았을 때 어떤 결과가 나올지 고민되었었다.	나조차도 과학에 대한 오개념이 있다는 것을 알게 되었다.	.	.
발견학습 이론에 대한 고찰	발견학습 모형이 무엇인지에 대해 알 수 있었다.	수업 시연을 직접 들으니 발견학습모형에 대해 구체적으로 실감할 수 있었다.	.	발견학습모형만을 통해서 학생들이 학습목표에 도달하고 온전한 지식을 습득할 수 있을까?	발견학습모형에서 학생들이 지식을 습득할 때까지 인내심을 가지고 기다려야 한다고 하는데 교사로서의 인내가 필요하다고 느꼈다.	.	.
바른 자세로 바르게 임하자	실제로 초등학교에서 실험을 하면 어떨지 생각해봄	실제로 내 삶과 연관시킨 점	없음	불을 초등학교 3학년이 다루기엔 너무 위험하다.	실험은 어떻게 진행해야 겠구나 하는 인식	역시 마찬가지이다.	초등과학학습은 아무래도 안전이 일단 전제되어야 한다.

3.3 자신 및 자신의 실천에 대한 성찰 강조 활동에서 셀프스터디 사례

셀프스터디에 기반하여 예비교사의 변화역량과 자기이해의 신장을 추구하는 강좌를 위한 세 번째 구성 원칙인 “자신 및 자신의 실천에 대한 성찰 강조”를 반영하기 위해, 크게 수업 중 성찰, 수업 후 성찰, 포트폴리오 작성 등의 활동을 하였다. 수업 중 성찰과 수업 후 성찰의 경우, 앞서 <표 4.2>와 <표 4.3>에서 제시한 바와 같이 수업 중에 모둠 혹은 전체 토론을 통해 성찰을 수행하고, 수업 후에 성찰일지 작성을 통해 자신 및 자신의 실천에 대해 스스로 성찰하고 이후 개선 방안을 찾아보도록 하였다.

특히, 예비교사들이 주별 수업 후 성찰일지를 쉽게 작성할 수 있도록, <그림 4.4>와 같이 성찰일지 기본 항목을 포함한 온라인 설문지를 제작하고, 이를 SNS 단체방에 올려 매주 수업 후 컴퓨터나 휴대전화 등으로 쉽게 접속하여 작성할 수 있도록 하였다.

포트폴리오 작성은 한 학기 동안 학습한 내용과 자신 및 자신의 실천에 대해 정리하

그림 4.4 주별 성찰일지 작성을 위한 온라인 설문지

고 성찰할 수 있도록 활동으로서, “초등과학교육에서 가장 중시해야 하는 것에 대해서 나는 ○○○○라고 생각합니다.”, “나는 초등과학 학습에서 중요하게 고려해야 하는 것을 찾기 위해 ○○○○와 같은 노력을 했습니다.” 등과 같이 과학교육과정, 초등 과학교육 및 초등 과학학습에 관한 자신의 생각이나 자신의 실천에 대해 정리하고 성찰하는 부분이 포함되어 있다. 또, “교육과정에 따라 수업을 설계하기 위해 ○○○○를 했습니다.”, “나는 여러 가지 교수·학습모형의 장단점을 파악하고 수업에 적용할 때 어떻게 해야 할지 ○○○○와 같이 고민했습니다.” 등과 같이 과학과 수업모형을 적용하는 것과 관련된 자신의 생각이나 자신의 실천에 대해 정리하고 성찰하는 부분이 포함되어 있다.

이처럼, 한 학기 동안의 포트폴리오를 작성하면서 예비교사들은 과학 교육과정, 초등 과학교육 및 초등과학학습 일반, 과학과 수업 모형 및, 수업 실행 능력 개선 등과 관련하여 어떠한 노력을 했고 어떠한 고민을 했는지, 그리고 어떠한 성과가 있었는지를 포함하도록 하였는데, 이는 한 학기 동안의 ‘과학학습론’ 수강을 통해 학습한 내용 및 활동, 자신과 자신의 변화 등을 성찰할 수 있도록 하기 위함이었다. 또, 이러한 포트폴리오 작성이 추후 초등교사가 되었을 때 어떻게 도움이 될지 예상해 보게 하고, 학기 말에 제출한 포트폴리오를 되돌려 주고 추후 필요할 때마다 되짚어 살펴보도록 권고함으로써, ‘과학학습론’을 수강한 경험이 초등교사로서의 전문성 신장을 위해 노력하는 데에 연계될 수 있도록 안내하였다.

4 수업의 영향 및 논의

4.1 자기이해에 대한 인식의 변화

이 장에서 소개한 ‘셀프스터디에 기반을 둔 강좌’가 예비교사들에게 어떠한 영향을 미치는지를 알아보기 위해, 강좌를 수행하기 전과 후에 예비교사들의 자기이해와 변화역량 관련 인식을 조사하였다. 조사 도구로는 조광희 등(2018)이 개발한 도구 중에서 초등과학 예비교사로서의 자기이해 문항(<표 4.4>, Cronbach`s α=.944)과 변화역량 문항(<표 4.5>, Cronbach‘s α=.951)을 사용하였다. 각 문항은 ‘강한 긍정’에서 ‘강한 부정’까지의 5단계 리커르트 척도로 이루어져 있다. 그리고 예비교사들의 인식이 강좌 수강 전과 후에

표 4.4 초등과학예비교사로서의 자기이해에 대한 인식

요인	문항 번호	문항
자기개념 명료성	1	다른 사람들에게 내가 초등 과학 예비교사로서 어떤 사람인지 말해줄 수 있다.
	2	초등 과학 예비교사로서 나는 내가 어떤 사람인지 명확히 알고 있다.
	3	초등 과학 예비교사로서 나는 내가 진정으로 원하는 것이 무엇인지를 명확히 알고 있다.
진로정체성	4	초등 과학 교사는 내가 원하는 진로이다.
	5	초등 과학 교사는 내가 잘 할 수 있는 일이다.
	6	초등 과학 교사는 내가 즐겁게 할 수 있는 일이다.
	7	나는 초등학생들에게 과학을 가르치는 데에 흥미가 있다.
자기효능감	8	나는 초등학생들에게 과학을 가르치는 데에 필요한 충분한 지식을 가지고 있다.
	9	나는 초등학생들에게 과학을 효과적으로 가르치기 위한 교수·학습 방법을 알고 있다.
	10	나는 초등학교 과학 수업 중 학생들의 질문에 답할 수 있을 것이다.
	11	나는 초등학생들에게 과학을 잘 가르칠 자신이 있다.
	12	나는 초등 과학 교사가 될 자격을 갖추고 있다.

표 4.5 초등과학예비교사로서의 변화역량에 대한 인식

요인	문항 번호	문항
변화감수성	1	나는 초등 과학 예비교사로서의 내가 어떻게 변화하고 있는지에 대해 민감하다.
	2	나는 초등 과학 예비교사로서 나에게 변화가 필요한 적절한 시기를 잘 찾곤 한다.
	3	나는 좋은 초등 과학교사가 되기 위해 나의 변화를 두려워하지 않는다.
목표의식	4	나는 초등 과학교사로서 나의 목표를 가지고 있다.
	5	나는 초등 과학교사에게 무엇이 중요한지에 대한 관점을 가지고 있다.
	6	나는 초등 과학교사로서의 나의 목표를 달성하기 위해 무엇을 해야 할지 깊게 생각한다.
	7	나는 초등 과학교사에게 무엇이 중요한지에 대해 깊게 생각한다.
	8	나는 좋은 초등 과학교사가 되기 위해 깊게 고민한다.
협력	9	나는 초등과학교육과 관련된 주제에 대한 다른 사람의 의견에 귀를 기울인다.
	10	나는 초등과학교육과 관련해서 다른 사람들과 소통을 잘 한다.
	11	나는 초등과학교육과 관련된 문제를 해결하기 위해 다른 사람들과 협력한다.
	12	나는 초등 과학 예비교사로서의 나의 모습과 그 변화에 대한 다른 사람의 생각을 경청한다.
성찰	13	나는 어떤 말이나 행동을 하고나면 그것이 초등 과학 예비교사로서 적절한 것이었는지 생각한다.
	14	나는 내가 한 말이나 행동이 초등과학교육과 관련하여 어떤 결과를 가져올 지 생각한다.
	15	나는 나의 생각이 초등 과학 예비교사로서 올바른지 되짚어 생각한다.
숙달	16	나는 초등학생들에게 과학을 잘 가르치기 위해 필요한 지식이 풍부하다.
	17	나는 초등학생들에게 과학을 잘 가르치기 위해 필요한 교수·학습 방법을 알고 있고 적용할 수 있다.

어떤 차이를 보이는 알아보기 위해 SPSS(ver. 25) 프로그램을 사용하여 문항별 평균의 사전, 사후 검사 사이의 차이를 t-검정을 통해 분석하였다.

예비교사들의 자기이해 관련 문항별 사전, 사후 응답 결과는 <표 4.6>과 같다. <표 4.6>에서 볼 수 있듯이, 본 연구에 참여한 예비교사들은 강좌를 수강한 후 자기개념명료성 요인과 자기효능감 요인에서 강좌 수강 전에 비해 긍정적인 응답을 하였다. 즉, 자기개념명료성 요인의 경우 사전 검사에서 평균 3.37이었지만, 사후 검사에서는 3.63으로 상승하였다. 또, 자기효능감 요인에서도 사전 검사(3.24)에 비해 사후 검사(3.63)에서는 점수가 높아졌다. 특히 자기개념명료성과 관련해서는 “다른 사람들에게 내가 초등 과학 예비교사로서 어떤 사람인지 말해줄 수 있다.”라는 문항의 평균이 3.30에서 3.70으로 상승하여 통계적으로도 유의미한 차이를 보였다(p=.032). 또, 자기효능감과 관련해서는 요인 전체 평균이 통계적으로 유의미하게 상승하였는데(p=.046), 특히 “나는 초등학생들에게 과학을 효과적으로 가르치기 위한 교수·학습 방법을 알고 있다.”라는 문항의 평균이 2.70에서 3.85로 평균이 1점을 넘게 상승하였다(p=.000).

표 4.6 초등과학예비교사로서의 자기이해에 대한 사전 사후 검사 결과

요인 평균 (사전/사후)	문항 번호	사전 검사		사후 검사		t-검정 결과 (문항별)		t-검정 결과 (요인별)	
		평균	표준편차	평균	표준편차	t	p	t	p
자기개념 명료성 (3.37/3.63)	1	3.30	.847	3.70	.585	2.197	.032*	1.389	.170
	2	3.36	.895	3.61	.704	1.223	.226		
	3	3.45	.938	3.58	.867	.545	.588		
진로정체성 (3.71/3.71)	4	3.48	.972	3.73	.839	1.084	.282	.000	1.000
	5	3.67	.890	3.52	.834	-.714	.478		
	6	3.88	.820	3.76	.792	-.611	.543		
	7	3.82	.846	3.85	.870	.143	.886		
자기효능감 (3.24/3.63)	8	3.18	1.044	3.33	.957	.614	.541	2.034	.046*
	9	2.70	.847	3.85	.834	5.565	.000**		
	10	3.42	.869	3.67	.854	1.078	.285		
	11	3.42	.936	3.70	.810	1.266	.210		
	12	3.48	.870	3.61	.899	.556	.177		

* p<.05, ** p<.01

이러한 변화는 과학학습론 강좌에서 과학 수업 모형들에 대해 학습한 후 실제로 모의 수업을 해보는 과정과 이러한 활동들에 대해 매주 스스로 돌아보는 자기 성찰지를 작성한 것이 영향을 미쳤을 것으로 판단된다. 다만, 위의 통계 결과로는 그 인과관계까지 확인하기 어려우므로 추후 좀 더 심도 있는 분석이 필요하다.

4.2 변화역량에 대한 인식의 변화

예비교사들이 초등예비교사로서 본인의 변화역량에 대해 어떻게 인식하고 있는지를 강좌 수강 전과 강좌 수강 후에 조사한 결과는 <표 4.7>과 같다. <표 4.7>에서 볼 수 있듯이, 본 연구에 참여한 예비교사들은 강좌를 수강한 후 자신의 변화역량에 대한 인식과 관련하여 변화감수성(3.37/3.63), 목표의식(3.54/3.68), 협력(3.83/3.95), 성찰(3.38/3.61), 숙

표 4.7 초등과학예비교사로서의 변화역량에 대한 인식 조사 결과

요인	문항 번호	사전 검사		사후 검사		t-검정 결과 (문항별)		t-검정 결과 (요인별)	
		평균	표준편차	평균	표준편차	t	p	t	p
변화감수성 (3.37/3.63)	1	3.21	.960	3.50	.718	1.365	.177	.870	.388
	2	3.12	.927	3.38	.609	1.300	.198		
	3	3.79	.820	3.66	.653	-.715	.478		
목표의식 (3.54/3.68)	4	3.64	.859	3.78	.706	.741	.461	.786	.435
	5	3.58	.830	3.91	.641	1.793	.078		
	6	3.39	.966	3.59	.712	.947	.347		
	7	3.55	.905	3.56	.716	.084	.933		
	8	3.55	.869	3.53	.718	-.072	.943		
협력 (3.83/3.95)	9	3.88	.781	4.09	.641	1.211	.230	.741	.462
	10	3.82	.727	3.88	.751	.310	.758		
	11	3.67	.816	3.84	.808	.879	.383		
	12	3.97	.728	4.00	.632	.177	.860		
성찰 (3.38/3.61)	13	3.36	1.055	3.53	.915	.683	.168	1.011	.316
	14	3.33	1.051	3.66	.787	1.399	.167		
	15	3.45	.971	3.66	.865	.883	.381		
숙달 (3.03/3.70)	16	3.09	1.027	3.53	.842	1.863	.067	3,267	.002*
	17	2.91	1.011	3.88	.751	4.360	.000**		

* p<.05, ** p<.01

달(3.03/3.70)의 모든 요인에서 강좌 수강 전보다 평균이 상승하였다. 이 중에서 '숙달' 요인은 그 차이가 통계적으로도 유의미한 차이를 보였으며(p=.002), 특히 "나는 초등학생들에게 과학을 잘 가르치기 위해 필요한 교수·학습 방법을 알고 있고 적용할 수 있다."라는 문항은 평균이 2.91에서 3.88로 상승하여 매우 큰 차이를 보였다(p=.000).

이러한 변화는 앞서 논의한 바와 같이 해당 강좌에서 교재를 통한 이론적 학습뿐만 아니라 학습한 과학 교수학습 방법을 실제로 모의 수업을 통해 적용해보고 서로 토의하는 과정이 숙달이라는 변화역량 영역에 대한 인식에 긍정적인 영향을 미쳤을 것으로 판단된다. 아울러서, 통계적으로 유의미한 차이는 아니더라도 변화역량에 대한 인식이 전반적으로 제고된 것은 매주 스스로와 관련된 변화를 되짚어 보는 자기 성찰지 작성이 영향을 미쳤을 것으로 판단된다. 다만, 이러한 인과관계 역시 좀 더 깊이 있는 분석을 위한 추후 연구를 통해 검증될 필요가 있다.

5 마치면서

이 장에서는 셀프스터디에 기반하여 수업을 하고자 하는 교사나 교사교육자들을 위해 초등예비교사를 위한 셀프스터디 기반 과학교육 관련 강좌의 계획 과정과 실제 수업 활동 사례를 소개하였다. 이와 관련하여, 우선 셀프스터디에 기반한 과학교육 관련 수업을 어떻게 계획하고 구성했는지를 소개하고, 실제 예비교사들이 수업 과정에서 어떤 방법으로 셀프스터디를 수행했는지를 소개하였다.

이 장에서 소개한 사례 속에서 셀프스터디에 기반한 과학교육 관련 수업의 구성은 셀프스터디의 특징과 방법, 자기이해와 변화역량 함양을 위한 셀프스터디 기반 반성적 실천 전략(RPUS) 등을 고려하면서 목표의 명료화, 구성 원칙 마련, 구성 원칙을 반영한 내용과 활동 구성의 단계를 거쳤다. 이렇게 구성된 수업에 참여하면서 예비교사들은 자신에 대한 이해와 목표의 명료화, 비판적 동료와의 협업, 교육적 실행에 대한 자기성찰 및 개선 노력 등의 방법으로 셀프스터디를 수행하였다. 그리고 이 과정에서 예비교사들의 자기이해와 변화역량에 대한 인식이 좀 더 긍정적으로 변화하였다.

이 장에서 서술한 수업 계획이나 수업 사례를 예비교사들이 본격적인 셀프스터디를 수행한 사례로 보기에는 다소 한계가 있다. 하지만, 이 장에서 서술한 수업 계획이나 수업 사례들이 추후 셀프스터디에 기반한 수업을 하고자 하는 교사나 교사교육자가 수업을 계획하고 실천하는 데에 작으나마 도움이 될 수 있기를 기대해 본다. 그리고 아울러 이러한 수업을 통해 예비교사들이 자신과 자신의 수업에 대해 성찰하면서 개선을 위해 끊임없이 노력하는 교사, 즉, 자기이해를 바탕으로 변화역량을 갖춘 실천적 교사로 성장할 수 있기를 기대해 본다.

참고문헌

엄채윤(2012a). 교사의 변화능력에 대한 의미와 함의. 학습자중심교과교육연구, 12(2), 191-215.

엄채윤(2012b). 교사의 변화능력에 관한 연구. 서울대학교대학원 박사학위논문.

오필석(2011). “채워지지 않는 잔(盞)”: 초등 교사들에게 있어 과학 수업의 의미. 한국과학교육학회지, 31(2), 271-294.

조광희, 김희경, 최재혁, 정용재(2016). 과학교육 연구에서 셀프스터디의 특징과 가능성 탐색: 이론적 배경과 기존 연구에 대한 고찰을 중심으로. 한국과학교육학회지, 36(3), 457-470.

조광희, 정용재, 최재혁, 김희경(2018). 과학교육 관련 자기이해와 변화역량 조사 도구 개발 및 적용: 초등예비교사의 인식을 중심으로. 한국과학교육학회지, 38(6), 901-917.

조영미, 오필석(2011). 과학 실험 수업에 관한 한 초등학교 교사의 실천적 지식의 ‘구조’ 분석. 초등과학교육, 30(2), 162-177.

진영은, 함영기(2009). 수업 전문성 재개념화 연구 동향 및 과제. 열린교육연구, 17(2), 47-71.

Anthony, G., Hunter, J., & Hunter, R. (2015). Prospective teachers development of adaptive expertise. Teaching and Teacher Education, 49, 108-117.

Attard, K. (2007). Habitual practice vs. the struggle for change: can informal teacher learning promote ongoing change to professional practice? International Studies in Sociology of Education, 17(1-2), 147-162.

Bransford, J. D., Brown, A. L., & Cocking, R. R. (2000). How people learn. Washington, D.C.: National Academy Press.

Fullan, M. G. (1993). Why teachers must become change agents. Educational Leadership, 50(6), 1-13.

Fullan, M. G., & Hargreaves, A. (1991). What's worth fighting for? Working together for your school. Andover, MA: The Regional Laboratory for Educational Improvement of the Northeast & Islands.

Schön, D. A. (1987). Educating the reflective practitioner: Toward a new design for teaching and learning in the professions. San Francisco: Jossey-Bass.

Sparks-Langer, G. M., & Colton, A. B. (1991). Synthesis of research on teachers’ reflective thinking. Educational Leadership, 48(6), 37-44.

CHAPTER 5

'나'의 셀프스터디 시도하기

막상 셀프스터디를 직접 해보려고 하면 무엇부터 어떻게 누구와 시작해야 할지 막막하다. 아직은 표준화된 연구 방법이나 안내서도 없고, 셀프스터디 특성상 문제 제기가 나 자신에게서 출발하기 때문에 남들과 같이 시작하거나 도움을 받기도 쉽지 않다. 따라서 이 장에서는 이론적 논의를 주로 한 앞 장의 내용에서 나아가, 셀프스터디에 관심을 가지고 있으나 혼자 시작하기 막막한 예비교사나 교수자들에게 도움이 될 만한 활동들을 예시하고 직접 실습해볼 수 있는 내용으로 구성하였다. 이 장에서는 셀프스터디를 직접 수행하기 위해 단계별로 유용한 활동이나 자료를 기반으로 실습해 볼 수 있게 안내하고, 앞서 논의한 이론적 내용이 실제로 어떻게 수행될 수 있는지에 대해 설명한다. 또한, 단계별로 예비교사와 교사의 셀프스터디 시도 사례를 소개하여 셀프스터디가 독자에게 실행 가능한 방법으로 다가갈 수 있도록 하고자 한다.

전체 본문의 구성은 다음과 같다. 첫째, 셀프스터디의 '시작하기'에서는 셀프스터디 시작 단계에서의 점검 사항 및 준비에 필요한 요소를 알아본다. 이어, '계획하기'와 '실행하기'에서는 셀프스터디 실행 계획을 세우고, 수행하는 과정에 도움이 되는 활동을 실습한다. 마지막으로 셀프스터디의 결과를 공유하고 이후 다음 단계의 셀프스터디를 계획하는데 필요한 활동 등을 논의한다.

1 시작하기

1.1 문제 명료화를 위한 성찰과 탐색

셀프스터디를 한다는 것은 나에 대한 성찰과 개선을 하는 것이지만, 여기서 '나'란 동료나 외부 환경과 독립된 존재가 아니다. 따라서 나로 시작해서, 나와 비판적 동료로 구성된 우리, 우리를 둘러싼 환경에 대해 점검하는 것으로 셀프스터디를 시작할 수 있다. 내가 설정한 문제를 제대로 파악하기 위해서는 셀프스터디를 해야겠다고 마음먹게 된 '문제'가 나에게는 어떤 의미가 있으며, 비판적 동료 및 환경에는 어떠한 영향을 주고 있

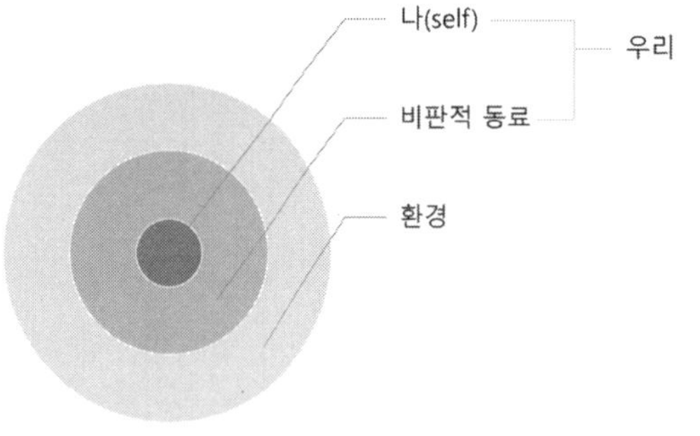

그림 5.1 셀프스터디에서의 연구 주체

는지에 대한 큰 그림을 그리는 것이 필요하기 때문이다.

예를 들어 3년간의 육아휴직을 마치고 현장으로 복귀하게 된 김 교사가 시도하는 셀프스터디 사례를 가상적으로 생각해보자. 김 교사는 최근 변화의 속도가 더욱 빨라진 현장에서 3년간의 공백을 잘 따라잡을지 두려움과 걱정이 있다. 셀프스터디를 통해 현장에 잘 적응하여 안착하는 것이 김 교사의 현재 목표이다. 이를 위해 동료 교사 2인에게 자신의 적응과정, 특히 수업의 적응과정을 대상으로 협력적 성찰을 도와줄 것을 부탁하였다. 이는 비판적 동료의 역할인데, 비판적 동료는 앞의 이론에 관한 장에서 여러 번 논의가 된 바와 같이 나의 셀프스터디에 대해 정서적 지원과 자료에 대한 비판적 성찰을 함께 하는 연구 동료이다. 나의 셀프스터디를 도와줄 연구 동료가 설정되었으면 이제 구체적으로 무엇을 하면 될지 생각해보자.

먼저 '나'와 나의 '문제'에 대해 스스로 정리한 내용을 바탕으로 비판적 동료와의 상호작용을 시작할 필요가 있다. 하나의 문제를 규정하는 시각이 다르면 그에 대한 성찰내용과 피드백도 다르다. 또한, 나에게는 확실한 문제가 타인에게는 매우 모호하고 복잡해 보일 수도 있다. 따라서, 연구의 시작 시점에 최대한 문제를 명료하게 규정하여 비판적 동료와의 셀프스터디를 시작하는 것이 좋다.

물론 '나의 문제'가 명확한 경우도 있지만, 대부분은 정작 정리해보려 하면 모호하고 막막한 경우가 많다. 교육 현상은 다양한 변인들의 그물망과 같기 때문이다. 따라서 연구의 시작 시점에는 아직 문제가 규정되지 않았다 하더라도, 작은 파일럿 연구(pilot study)처럼 나와 나의 상황에 대한 정보를 줄 수 있는 자료들을 모아보고 성찰해보면 도움이 된다. 즉, 셀프스터디는 일반적인 양적연구처럼 문제 규정이 명확히 된 후 자료 수집이 이루어지기보다는 **자료 수집과 문제 명료화가 동시에 이루어진다**고 볼 수 있다.

다만, 초기 자료 수집 과정에서는 아직 문제 명료화 전이므로 나의 상황에 대한 포괄적 정보를 수집한다는 차이점이 있으며, 이러한 자료들에 대한 성찰을 통해 내가 주목했던 문제가 구체적으로 무엇이며 어떤 요인들과 관련 있을 것인가에 대한 이해를 얻을 수

표 5.1 셀프스터디의 시작을 위한 자료수집 활동

셀프스터디의 시작: 문제 명료화를 위한 성찰/자료 수집 활동의 예시	
'나'	· 자서전 쓰기 · 일지(수업일지, 감정일기 등) 쓰기 · 자료(수업동영상, 수업자료 등) 수집하기 · 여러 검사지 활용하기 (교수효능감 검사, 변화역량 검사, 등)
나의 '문제'	
비판적 동료	· 동료와의 모임을 기록한 일지 쓰기 · 비판적 동료의 정보 (셀프스터디와 관련된 것, 예를 들면 수업에 대한 관점, 교직 경력, 담당 교과 등) 정리해보기
관련 주요 대상 및 환경	· 학생, 동료 교사와의 대화(면담) 기록 · 학교 환경 정보(학교 급, 규모, 교사 수, 학생 수, 개설 교과, 위치, 진학 특징 등)

있다. 물론 초점 없이 자료를 수집하고 들여다본다고 정리된 문제가 떠오르진 않을 것이다. 따라서 몇 가지 나와 나의 문제를 이해하는 데 도움이 될 만한 **초점 질문**들을 가지고 자료들을 들여다 보는 것이 좋다.

곧바로 문제가 명확해지지 않는다고 해서 초조해 할 것은 없다. 셀프스터디처럼 풍부한 질적 자료에 기반하는 연구의 경우 초점 질문이라고 부르는 '문제'는 연구 중반까지도 계속 자료와 상호작용하며 수정될 수 있다.

초기 자료들에 대한 성찰에서 주목해야 할 안내 질문들과 예시는 다음과 같다.

표 5.2 문제 명료화를 위해 도움이 되는 질문들

'나'와 나의 '문제'에 대한 이해를 위해 나와 비판적 동료를 위한 질문들	
'나'	· 나는 누구인가? -예 경력 15년의 40세 여교사 -예 3년의 휴직이라는 경력 단절(휴직 중 연수나 협의회 활동에 참여하지 못함)
나의 '문제'	· 나의 문제는 무엇인가? -예 나는 현장학교에 복귀했을 때, 학생들이 나와 소통이 어려울 것 같아 수업이 잘 될지 의문이다. · 왜 이것이 나에게 중요한 문제가 되는가? -예 학생과 소통하고 공감하는 수업 속에서 가장 큰 보람을 느꼈기 때문이다.

표 5.2 문제 명료화를 위해 도움이 되는 질문들(연결)

	'나'와 나의 '문제'에 대한 이해를 위해 나와 비판적 동료를 위한 질문들
비판적 동료	· 비판적 동료로서 다양한 시각과 의견을 제시할 수 있는가? - 나의 문제 상황과 비슷한 경험이 있는가? - 비판적 동료와 나는 문제의식을 공유할 수 있는가? - 비판적 동료는 나에 대해 얼마나 알고 어느 수준까지 조언을 줄 수 있는 관계인가? · 비판적 동료에게도 생산적인 활동인가? - 나의 문제에 대한 성찰이 비판적 동료에게 어떤 도움을 줄 수 있는가?
관련 주요대상 및 환경	· 나의 셀프스터디가 나를 둘러싼 환경에는 어떤 의미를 줄 것인가? - 나의 적응은 누구에게 어떤 영향을 주는가? - 나의 문제 해결은 외적으로 누구를 통해 어떤 지표로 파악할 수 있는가? - 나의 문제 해결은 나와 동료, 환경에 어떤 의미를 가지는가? - 나의 셀프스터디로 인한 윤리적 문제가 발생할 여지는 없는가?

1.2 문헌 리뷰를 통한 문제 명료화

'나'에 대한 성찰은 일지나 자서전 등의 작성을 통해서 깊이 있는 성찰을 시도할 수 있으나 다른 이의 시각이나 표준화된 기준에 비추어 나를 파악하는 것이 필요할 수도 있다. 이럴 때는 이미 개발된 표준화된 검사지나 체크리스트 등을 활용할 수 있는데 교육과 관련된 문헌과 자료집에서 다양한 자료들을 참고할 수 있다. 한국교육학술정보원에서 운영하는 학술연구정보서비스(https://www.riss.kr)에서 키워드 검색을 통해 관련 연구자료들을 찾아보거나 한국학술지인용색인(https://www.kci.go.kr)에서 자료 검색을 해보면 대부분 원하는 키워드에 해당하는 논문자료를 찾을 수 있다. 물론 네이버나 구글스칼라(https://scholar.google.com/)와 같은 검색엔진을 통해서도 다양한 문헌자료 검색이 가능하다.

자신의 교육적 실행을 개선하고 싶은 교사나 예비교사의 입장에서 볼 때, 교사를 대상으로 한 다양한 자기 점검 설문지가 문제 파악에 도움이 될 수 있는데, 여러 연구 주제와 관련되어 이미 개발된 도구들이 상당히 많다. 예를 들어 최근 자신의 수업에 대한 자신감이 관심사라면, 교수효능감 검사를 통해 자가진단을 해볼 수도 있다. 교수효능감 검사문항은 교사의 자기효능감을 진단하는 것으로 자신의 수업활동에 대한 자신감을 알아보는 검사지(OECD 국제학습비교조사:TALIS[1])에서 사용된 교수효능감 검사 항목들로 구성되어 있다(<표 5.3> 참조). 한편, 창의적 수업에 관심이 많다면 창의수업지표 자가진단지(CFTIndex)를 참고해볼 수도 있다(Soh, 2017).

다만, 이러한 검사지들은 대부분 리커트 척도로 응답하게 되어 있으며 그 결과는 충분한 응답자수를 확보한 상태에서 결과의 양적 수치를 해석하는 목적으로 개발되기 때문에 한 개인의 응답에 대한 해석이 애초의 목적은 아님을 알아야 한다. 따라서 나의 설문 응답 결과는 자신이 관심 있는 키워드에서 중요하게 다루어지는 하위 요소들이 무엇인지 파악하고 그 항목에 대한 나의 인식 수준을 인지하는 정도로 활용하면 된다.

예를 들면, 표 5.4에 제시한 자가진단 문항은 저자가 예비교사들을 위한 셀프스터디

표 5.3 교사의 자기효능감 진단문항 예시(이동엽 등, 2019: 116p)

구분		문항 내용
교사 자기 효능감	선생님은 학생들을 가르치는데 있어 다음의 행동들을 어느 정도 하실 수 있습니까?	
	교수-학습 효능감	(c) 학생들을 위한 좋은 문제 만들기 (j) 다양한 평가 전략을 사용한다. (k) 학생들이 잘 이해하지 못할 때 다른 방식으로 설명해준다. (l) 수업 시간에 다양한 교수 전략을 사용한다.
	학생 참여 효능감	(a) 학생들에게 학업을 잘 해내고 있다는 믿음 주기 (b) 학생들이 배움을 가치있게 여기도록 돕기 (e) 학업에 관심없는 학생들에게 동기 부여하기 (g) 학생들이 비판적으로 사고할 수 있다록 돕기
	학급 경영 효능감	(d) 교실에서 방해되는 행동을 통제하기 (f) 학생들의 행동에 대한 기대를 명확히하기 (h) 학생들이 학급규칙을 따르도록 만들기 (i) 방해가 되거나 시끄러운 학생 진정시키기
	4점 척도(할 수 없음, 조금 할 수 있음, 꽤 잘 할 수 있음, 매우 잘 할 수 있음)	

1. TALIS 2018(The OECD Teaching and Learning International Survey: 교수학습 국제 조사)에서는 Tschannen-Moran & Woolfolk Hoy(2001)의 다차원적 교수효능감 이론에 근거하여, 교사의 자기효능감을 교수-학습 자기효능감(efficacy in instruction), 학생참여에 대한 자기효능감(efficacy in student engagement), 학급 경영에서의 자기효능감(efficacy in classroom management)의 세 영역으로 구분하여 측정하였다(이동엽 등, 2019).

프로그램에서 활용한 사전 점검 문항이다. 이 문항들은 예비교사들이 스스로 메타인지, 지식, 열정, 실행력, 협업 능력, 자기이해 수준이 어떤지 프로그램의 초기와 끝에 점검하여 자신의 변화를 파악하는 데 사용하였다. 프로그램 참가 학생들이 충분히 많으면 동료 학생들의 전체 평균 점수 대비 자신의 응답 점수를 비교할 수도 있으며 프로그램의 사전 사후 자신의 변화를 인식하는데 도움이 되도록 학생에게 제공하여 활용하였다.

표 5.4 예비교사용 사전 점검 문항의 예시

- 나는 '예비물리교사'로서 나에 대해 잘 알고 있다.
- 나는 '예비물리교사'로서 지식이 뛰어나다고 생각한다.
- 나는 '예비물리교사'로서 열정이 뛰어나다고 생각한다.
- 나는 '예비물리교사'로서 수행능력이 뛰어나다고 생각한다.
- 나는 '예비물리교사'로서 협업능력이 뛰어나다고 생각한다.
- 나는 '예비물리교사'로서 어떤 사람인가요?

정리하면, 한마디로 설명하기 어렵고 복잡한 '나'와 나의 '문제'에 대해서 기존 연구들이 제공하는 다양한 시각과 키워드를 참고하여 **다시 보고, 찬찬히 보기** 시작하면서 연구는 시작된다. 연구 초기는 내가 연구하고자 하는 문제에 대해 내부자의 관점에서 찬찬히 들여다보는 작업과 동시에 외부자의 관점에서 주요하게 부각되는 키워드를 고려하면서 나의 문제에 대한 초점을 맞추는 과정이 필요하다. 비유하자면, 현미경의 초점 맞추기나 양팔저울의 균형 맞추기와 같다. 셀프스터디라 해도 나의 목소리 뿐 아니라 다른 이들의 목소리와 관련 연구들도 살펴 보는 이유가 바로 그 때문이다.

2 계획하기

2.1 셀프스터디의 방법론에 따른 연구 계획하기

앞서 1장에서 정리한 것처럼 셀프스터디를 수행하는 전체적인 절차와 방법론적인 특징에서 나타나는 핵심 요소로는, '개인적으로 상황화된 탐구', '비판적이고 협력적인 탐구', '개선된 학습', '투명하고 체계적인 연구 과정', '지식 생성과 발표'(Samaras, 2011)라고 할 수 있다. 즉, 개인의 문제의식에서 출발한 셀프스터디이지만, 동료와 비판적이고 협력적인 탐구를 추구하며, 체계적인 연구와 발표 과정을 통해 자신과 공동체의 학습과 인식 개선에 이바지하고자 하는 목적을 가진 활동이기 때문에 계획 단계에서도 이러한 요소가 반영되도록 할 필요가 있다.

시작이 반이라는 말처럼, 셀프스터디로 이끌어준 '나'의 문제의식은 '개인적으로 상황화된 탐구' 요소를 반영한다. 또한, 나의 연구에 대해 협력적 탐구를 수행해 나갈 비판적 동료를 모으고 이들과 같이 연구를 해나가기로 결정했다면 두 번째 요소인 '비판적이고 협력적인 탐구'도 시작되었다. 그리고 셀프스터디를 통해 나 자신과 나의 수업의 개선, 혹은 공동체 차원의 교육 실행 개선을 목표로 삼았다면, '개선된 학습' 요소 역시 반영된 것으로 볼 수 있을 것이다. 이제 연구과정에서 '투명하고 체계적인' 요소를 어떻게 드러내고 '지식 생성과 발표'로 연결해야 할지 고민해보아야 한다.

이를 위해 셀프스터디의 연구 방법에 대해 논의했던 1장의 내용을 다시 살펴보면, 셀프스터디는 자기 자신에 초점을 맞춤으로써 다른 연구를 통해서는 잘 드러나지 않는 내부자적 관점을 명료히 드러내는 연구이지만, 동시에 한 개인에 의한 개인적인 혹은 자기만족적인 연구라기보다는 다른 이의 공식적인 비평과 공동 구성, 공동체 속에서의 연구결과 공유와 확산 등을 추구하는 연구이다(Beck, Freese, & Kosnik, 2007; Berry, 2007; Clift, 2007; Manke, 2004; 최재혁 등, 2016; 황혜영, 2013). 따라서, 셀프스터디는 질적 자료의 활용과 반성적 성찰이 완전히 개인적이고 사변적인 글쓰기에 그치지 않도록 하기 위해 비판적이고 협력적인 동료와의 상호작용, 다중자료를 활용한 타당성 확보 등 다양하면서도 엄밀한 연구 방법을 활용한다.

물론 셀프스터디를 시도하는 목적이 교사 혹은 예비교사로서 자신에 대한 이해와 수업 개선하기 위함이지 연구 발표까지 할 필요는 없으니, 방법론은 상관없다고 생각할 수도 있을 것이다. 또한 교사교육과정에서 예비교사들에게 셀프스터디를 도입하려 할 때 참여하는 예비교사들이 개인적 개선으로 그치고 발표를 하고 싶지 않다고 할 수도 있다. 그러나 비판적이고 협력적인 동료와의 상호작용, 엄밀한 연구 방법의 다각적 사용은 연구자들의 수행 절차이기 때문이 아니라 셀프스터디를 단순한 개인적 자기 합리화나 단순한 일지의 기록을 넘어서게 하는 핵심적 요소이다. 다각적 자료의 삼각검증, 비판적 동료와의 상호작용은 '나만의 해석'이라는 제한된 틀을 넘어서게 해주고, 풍부하면서도 타당한 해석을 도출하며, 인식의 확장과 공동체의 정체성 확립 등을 도와준다. 따라서 연구 방법에 대한 설계는 셀프스터디를 하는데 있어 나에 대한 고민을 한 단계 올려 연구화시켜 기존의 성찰만으로 얻을 수 없었던 깊은 이해를 줄 수 있으므로, 중요하게 다루어질 필요가 있다.

셀프스터디는 양적 데이터만으로는 드러낼 수 없는 개인화되고 심층적인 측면을 드러내기 위하여 주로 질적 연구 방법에 의존하게 된다. 질적 연구 방법은 면담, 관찰, 문서, 그림, 기록 등 수치화되지 않은 질적 자료를 수집하여 다각적인 해석방법을 사용하는 연구 방법이다. 수치화되지 않은 자료를 수집하여 분석하다 보니 연구가설에 대한 통계적 검증보다는 연구자가 주로 관심 있는 '초점질문'에 대해 다양한 현상학적 해석이나 기술, 이해 등을 추구하기 위해 다중적이고 두터운 자료 수집 방법을 사용한다. 셀프스터디도 이러한 질적 연구 방법에 기반을 두고 실행되는데, 이는 10년간의 셀프스터디 관련 논문에서 사용된 연구 방법을 분석한 조광희 등(2016)의 연구에서도 잘 나타난다. 즉, 셀프스터디를 하겠다고 마음을 먹었다면 질적 연구 방법에 대해 살펴볼 필요가 있다. 물론, 질적 연구에 대한 이해가 있는 독자라면 이미 알고 있는 다양한 질적 연구 방법을 활용하면 될 것이다. 혹, 질적 연구에 익숙하지 않은 독자라면 질적 연구 방법에 대해 살펴보고 활용 가능한 질적 연구 방법을 익히는 것이 필요하다. 다만 이때에도 질적 연구 방법을 완벽히 습득한 후 셀프스터디를 시작하려고 하면 그 시작 자체가 너무 어렵고 시간도 오래 걸릴 것이다. 그보다는 본 책에서 안내하는 간단한 안내 등을 활용하여 먼저 시작해보고 필요시마다 학습해나가는 것도 의미가 있을 것이다. 이 책은 질적 연구 방법에 대한 개론서가 아니므로 셀프스터디 입문자를 위해 필요한 내용으로 한정해 안내하고자 한다.

질적 연구는 질적 자료를 기반으로 한 연구이며, 질적 자료는 간단히 **면담, 관찰, 기록된 문서**의 3가지 유형의 자료라고 볼 수 있다(Patton, 2015). 따라서, 셀프스터디를 위한 계획을 세우는 단계에서 '나'의 문제에 관련된 증거를 어떻게 면담, 관찰, 기록된 문서 등으로 수집할 수 있을지 고민해보아야 한다. 이에 더해 학생들의 학습 증거물로서 학업성취도 검사 결과나 다양한 수치 자료를 수집할 수 있는데, 이 때에는 윤리적으로 문제가 되지 않는 수준에서 수집의 범위, 대상 등을 구체적으로 정한다.

이 밖에도 연구 방법을 결정하기 위해서는 연구목적, 가용자원 등 연구의 중요 요소들에 대해 미리 가늠할 수 있는 다음과 같은 질문들(<표 5.5> 참조)이 도움이 될 수 있다.

각 질문에 대해 적절한 답을 오른쪽 열의 예시를 참고하여 답을 해보면서 적절한 연구 방법을 설계해보자. 이 표에서는 연구의 목적, 연구발표의 대상, 연구 문제의 유형, 수집 자료의 유형, 가용자원의 범위, 연구 결과의 타당성 확보 방안으로 안내 질문을 제시하였다. 독자의 편의상 응답의 예시도 제공하였으나, 이는 예시일 뿐 연구에 따라 다양한 응답이 가능할 것이다. 5.1절에서 안내한 대로 문제를 명료하게 규정하기 위해 이미 기초 자료를 수집하고 있었다면 <표 5.5>에서 제시된 질문들을 통해 좀 더 연구의 방향이 쉽게 구체화 될 것이다.

질적 연구 방법론 안내서들에는 실행연구, 사례연구, 문화기술지, 민속지, 근거이론, 생애사연구, 내러티브연구, 참여관찰연구, 현상학적 연구 등 독자의 머리를 복잡하게 할 만한 다양하고 명칭이 복잡한 질적 연구의 유형들이 안내되고 있지만, 이러한 용어가 중요한 것은 아니다. 셀프스터디의 경우 '나'의 문제 개선을 위해 가용자원에 바탕을 둔 다각적 자료를 수집하여 비판적 동료와 협력적으로 성찰, 분석하고 이를 통해 '나'와 '우리'의 문제에 대한 이해를 높이고 개선해 나간다는 것을 유념해 연구를 설계하면 족하다.

또한, 이미 셀프스터디를 수행한 교사교육자나 교사들에 대한 논문들이 최근 출판되고 있으니, 이러한 자료를 살펴보고 좋은 선례로서 이들이 어떻게 연구를 실행하였는지 검토하여 활용하거나 이 책의 사례(3, 4장 등)를 참고하기를 권한다. 이 책은 그런 점에서 여러 장들이 긴밀히 연관되어 있으며, 순차적으로 읽을 수도 있지만, 이론적 논의를 다룬 장과 사례를 다룬 장을 넘나들며 읽는 것도 하나의 방법이 될 것이다. 저자들의 부족한 사례일지라도 실제 적용 사례들을 2부의 여러 장에 걸쳐 소개한 것은 이론적 논의를 다룬 절이나 이번 절에서 안내하는 방법이나 서식들이 실제로 어떻게 사용되었는지 안내하기 위함이다.

표 5.5 연구 설계를 위한 질문과 응답 예시

안내 질문	응답 예시(다중응답 가능)
· 이 연구의 목적은 무엇인가?	√ 수업 개선 □ 나의 정체성 탐구 □ 지식 생성
· 이 연구를 공유하고 발표할 주 대상은 누구인가?	□ 연구자 √ 교사공동체 □ 동료 예비교사
· 내가 추구하는 '문제'는 어떤 유형인가?	□ 이론의 검증 √ 교실의 문제해결 □ 나에 대한 이해
· 어떤 자료가 나의 문제이해에 도움이 될 것인가?	√ 학생 면담 √ 교사 초점그룹면담 □ 설문조사 √ 수업 관찰 √ 기록된 문서
· 현 상황에서 나의 가용자원은 무엇인가?	-재정: -시간: -인적 자원: -접근성: 학생들의 성취도, 성과물..
· 내 주장(연구 결과)의 타당성과 질을 판단하는 기준으로 무엇을 볼 것인가?	√ 실행가능성 √ 적절성 √ 신실성 √ 투명성 □ 엄밀성, 타당성, 신뢰도

예를 들면 3장에서 소개한 과학교육전공 교사교육자의 셀프스터디는 <표 5.5>의 적용 사례로서 <표 5.6>과 같이 작성해볼 수 있다.

표 5.6 연구 설계를 위한 질문과 실제 사례 (사범대 교사교육자 셀프스터디의 예시)

안내 질문	응답 예시
· 이 연구의 목적은 무엇인가?	√ 수업 개선 사범대학 교과교육 강의 실행에 대한 이해와 개선
· 이 연구를 공유하고 발표할 주 대상은 누구인가?	√ 연구자 √ 교사교육자 공동체
· 내가 추구하는 '문제'는 어떤 유형인가?	√ 교실의 문제해결 √ 나의 '실행'에 대한 이해 교과교육학 강의에서 학생들과 갈등 상황의 해결 및 강의 개선
· 어떤 자료가 내 문제 해결에 도움이 될 것인가?	√ 비판적 동료/교수 면담 √ 수업 관찰 √ 설문조사 √ 기록된 문서 수업반성적 일지, 교수와 비판적 동료의 수업 시연 피드백, 수업 시연 동영상, 수업실행에 대한 설문, 개인과 모둠 과제 산출물
· 현 상황에서 나의 가용자원은 무엇인가?	-재정: 데이터 처리비, 문헌구입비 -시간: 매주 비판적 동료 회의, 강의 후 반성적 일지 작성 -인적 자원: 전공이 동일하고 동일한 교과목 운영을 하는 비판적 동료 확보 -접근성: 학생들의 산출물, 수업평가결과 등
· 내 주장(연구 결과)의 타당성과 질을 판단하는 기준으로 무엇을 볼 것인가?	√ 실행가능성 √ 적절성 √ 신실성 √ 투명성 삼각검증과 다각적 자료 확보 및 동료 연구자 공동체의 피드백을 통한 논문 출판

한편 사범대학교나 교육대학교의 예비교사들을 대상으로 셀프스터디를 도입한 수업의 경우도 3, 4장에 일부 소개되어 있으며 각 연구사례에 대한 연구 설계 개요를 요약하면 <표 5.7>과 같다.

표 5.7 연구 설계를 위한 질문과 실제 사례(예비교사의 셀프스터디의 사례 예시)

안내 질문	응답 예시
- 이 연구의 목적은 무엇인가?	√ 수업 실행역량 개선 예비교사로서 자신의 수업실행 역량에 대한 이해와 개선
- 이 연구를 공유하고 발표할 주 대상은 누구인가?	√ 예비교사 공동체 동료 예비교사와 교과 지도교수
- 내가 추구하는 '문제'는 어떤 유형인가?	√ 나의 '실행'에 대한 이해 나의 수업실행 역량에 대한 이해 및 개선
- 어떤 자료가 내 문제 해결에 도움이 될 것인가?	√ 학생 면담 √ 비판적 동료 면담 √ 수업 관찰 √ 기록된 문서 수업반성적 일지, 비판적 동료와의 주기적 회의, 수업 관찰, 학생에 대한 설문 및 초점그룹 면담, 학생 산출물
- 현 상황에서 나의 가용자원은 무엇인가?	-재정: 필요 없음 -시간: 매주 수업후 반성적 일지 작성, 강의 마지막에 포트폴리오 작성 -인적 자원: 나를 잘 알고 수업을 같이 듣는 비판적 동료와 교수자 -접근성: '나'의 산출물, 평가결과 등
- 내 주장(연구 결과)의 타당성과 질을 판단하는 기준으로 무엇을 볼 것인가?	√ 실행가능성 √ 적절성 √ 투명성 동료 및 교수와 상호작용을 통해 작성한 포트폴리오 발표와 공유

독자들도 자신의 상황과 초점질문에 대해 위 표를 채워보면서 연구의 틀을 세워보기 바란다.

2.2 연구 일정 계획 세우기

연구 설계를 위한 질문 점검 등을 통해 자신의 연구에 대한 그림이 명료해졌다면 이제 연구 전체에 대한 계획을 일정을 고려해 세워볼 수 있을 것이다. 연구의 전체 일정을 기준으로 설계-실행-공유 일정의 비중을 정하여 나누고 각 단계에 필요한 세부 일정을 작성해 채워보자. <표 5.8>은 일정표 작성을 통한 연구계획 세우기에 대한 예시이다.

표 5.8 셀프스터디 연구 일정 계획 세우기

일 정 / 수행내용	추 진 일 정									세부 기록
	3월	4월	5월	6월	7월	8월	9월	10월	11월	
[설계]										
· 연구주제 정하기										· 예 온라인수업에서 상호작용 방법 찾기(3/5)
· 비판적 동료 조직하기 · 가용자원 점검하고 확보하기										· 예 같은 학년 과학교사 김, 이 교사와 모임 구성(3/15)
· 연구주제 관련자료 공부하기 · 연구 질 확보 기준 결정하기										
· 참여자 결정하기 · 맞는 수업방법 결정하기 · 연구윤리 검토하기 · 구체적 연구계획서 작성하기 · 기초자료 수집하기(수업촬영, 일지작성, 등)										
[실행]										
· 다양한 자료 수집하기										
· 자료를 범주화/정리/해석하기										
· (필요시)연구 문제 가다듬기										
· 비판적 동료와 자료 검토하기										
· 연구 결과 타당성 검토하기										
[공유]										
· 연구 결과 보고서(포트폴리오) 작성하기										
· 결과/결론/논의점 작성하기										
· 동료(학회)에게 발표/논의하기										
· 결과가 '나'와 공동체에 주는 시사점 찾기										
· 결과 보고서 마무리하기										
· 다음 계획 연결하기										
연구진도(%)	25%		60%			80%		100%		
※주요 (예상) 결과물										

<표 5.8>에서처럼 연구를 크게 설계, 실행, 공유로 나누고 세부적으로 들어가야 할 연구 과정들을 자신의 연구주제에 맞춰 설계해보자. 위 예시에서는 대략 1년에 걸친 계획을 기본으로 하였지만, 한 학기나 몇 년에 걸친 계획으로 적절하게 수정하여 작성하면서 최대한 자세한 일정을 만들 수 있다면 어느 정도 연구가 명료해질 것이다.

이 표에서는 각 단계에서 기대되는 연구 세부 과정의 개요를 예시로 제안하였으나 연구자의 상황에 따라 변경하여 사용하면 된다. 연구의 시작 단계인 설계 단계에서는 연구의 주제를 정하고, 비판적 동료 팀을 구성하여 연구 수행 공동체를 조직하여야 한다. 또한 연구의 계획을 체계적으로 설계하기 위해, 연구주제 관련 이론적 리뷰를 수행하고, 기초자료를 수집하여 연구 문제와 연구 방법을 명료화한다. 이후 적절한 연구 참여자와 연구 질 확보 기준을 결정하여 개선하고자 하는 수업의 운영 방식과 자료수집방법을 명확히 하는 과정을 설계 단계의 세부 과정으로 제시하였다.

확정된 계획에 따라 자료를 수집하고 동시에 비판적 동료와 함께 자료에 대한 협력적 성찰과 분석을 통해 연구 결과를 정리해가는 과정이 실행 단계의 핵심이다. 실제로 연구가 수행되면 질적 자료의 경우 반복 수집이 어렵기 때문에, 자료 수집의 일정과 정리 과정을 구체적이고 짜임새 있게 계획하는 것이 좋다. 또한 비판적 동료와의 회의를 통해 나눈 이야기를 기록한 회의 일지나 연구 메모 등도 놓치지 말고 정리해 놓는 것이 필요하다. 아무리 셀프스터디라 하더라도 연구자의 회상에만 의존하여 결과를 진술하는 것은 연구의 타당성에 여러 문제를 야기할 수 있다.

마지막으로 연구 결과를 공동체에 공유하고 출판하는 과정에 대한 계획이 필요하다. 다음 절에서 좀 더 자세히 기술하겠지만, 비판적 동료와의 포트폴리오 작성이라는 방법을 통해 연구 결과를 정리할 수도 있으며, 연구보고서의 형식을 따를 수도 있다. 형식은 연구자의 경력과 연구 목적에 따라 달라질 수 있을 것이며, 공통적으로 연구의 결과와 공동체에 주는 시사점, 실행의 개선을 위한 이슈나 제안점 등이 포함될 수 있도록 한다.

3 실행하기

3.1 자료 수집하기

셀프스터디에서 계획과 실행은 엄밀히 구분되는 순차적 과정이 아니다. 실행을 통해 계획과 연구주제가 수정되기도 하며 순환적으로 실행된다. 이제 앞선 활동 등을 통해 세운 계획대로 자료를 수집하기 시작했으면 이미 셀프스터디는 순조롭게 진행되고 있다. 셀프스터디에서 실행이란 쉽게 말하면 연구의 초점질문에 해당하는 자료와 근거를 모으는 과정이다. 이 책을 문제없이 따라오고 있다면 계획 단계에서 초점질문을 명료화하고, 이에 해당하는 자료를 모을 전략과 연구 방법을 결정했을 것이다. 이제 이대로 실행하면 된다.

앞서 계획 단계에서 설명한 대로 질적 연구의 자료 수집방법을 활용하여 초점 질문에 답을 할 수 있도록 면담, 관찰, 기록된 문서의 3가지 유형의 자료를 수집하자. 셀프스터디를 위한 것이므로 '나'의 문제에 관련된 증거를 면담, 관찰, 기록된 문서 등으로 수집한다고 생각하면 된다. 만약 나의 수업에 대한 증거 자료로서 학습자들의 성취도 향상이 필요하다면 양적 자료를 수집할 수도 있다. 이 경우에는 나의 수업에 대한 성찰일지와 같은 질적 자료 뿐 아니라 학습자의 양적 자료가 모두 다루어지므로 혼합연구 방법을 사용한다고 할 수 있다.

질적연구를 뒷받침해주는 자료 유형이 실제로 어떤 것이 가능한지 생각해보자. 먼저, 면담과 관찰은 말 그대로 이해에 어려움이 크진 않을 것이다. 면담자료는 학생과의 개인별 심층면담이나 여러 학생들과의 초점그룹면담 등을 통해 수집될 수 있다. 면담시에는 적절한 개방적 질문을 활용해 응답자에게 중요한 정보를 이끌어 낼 수 있도록 한다. 이때 질문은 명료해야 하며, 이해하기 쉬워야 한다. 또한, 연구자는 응답자가 부담을 느낄 만큼 질문을 쏟아내지 않도록 주의하며, 면담대상자에게 공감하고 집중하여 경청하는 모습을 보여주면서도 가치 중립적 태도를 유지해야 한다. 응답 내용에 따라 긍정적이거나 부정적 반응을 즉각적으로 보여주면 연구자가 유도하는 응답으로 편향될 수 있음을 주의해야 한다. 면담자료는 분석을 위해 당사자의 동의하에 녹음이나 녹화하고 그 결과를 전사하여 분석한다.

현장조사로서 면담과 관찰은 연구 '현장'에 대한 상호보완적 조사방법이다. 연구에 익숙한 독자라면 아마 관찰의 이론의존성에 대해 배웠을 것이다. 우리 인간의 인지 활동은 매우 이론 의존적이며 선택적인 특징을 보인다. 따라서 관찰에 의해 수집된 자료를 신뢰할 수 있으려면 체계적 준비와 훈련이 필요하다. 숙련된 관찰자가 되기 위한 방법으로 Patton(2015)은 집중하여 관찰하는 방법을 연습하기, 묘사적으로 글쓰기, 현장일지 기록하는 연습하기, 사소한 정보와 구체적 정보를 구분하기, 관찰의 타당성에 대한 삼각검증 확보하기, 연구자 자신의 관점을 보고하여 스스로 성찰하고 솔직하게 이야기하기 등을 권고하고 있다. 백문이 불여일견이라는 우리나라 속담에서 강조하듯이 남들에게 듣거나 읽은 정보와 현장에 직접 참여한 관찰 자료는 매우 큰 차이가 있다. 남들에게 들었던 특정 교육 프로그램의 특징만으로는 그 프로그램에 직접 참여하고 쉬는 시간에 참여자들에게 무슨 일이 일어나는지 관찰하고, 수업의 분위기를 직접 경험하는 것과 같은 중요한 경험을 대체할 수 없다. 따라서 연구자들에게 관찰은 중요한 자료 수집의 방법이다.

마지막으로, 연구자료로서 수집할 수 있는 문서기록에는 무엇이 있을까? 개인에 대한 기록이라면 일지, 사진, 이메일 기록, 과제 제출물 등이 있을 수 있다. 공동체나 기관에 대한 자료를 수집하려 한다면, 공동체 관련 기사, 역사자료, 관공서 기록, 소셜 미디어 기록 등이 증거로 수집될 수 있다. 이렇게 자료수집의 대상을 어느 단위로 볼 것이냐에 따라 다양한 자료가 활용될 수 있다. 본인이 관심 있는 주제에 근거로서 효과적으로 활용될 수 있으며, 수집 가능성까지 고려했을 때 적절한 방법을 선택하면 된다. 연구 방법에 따른 다양한 자료 수집방법에 대한 내용은 상당히 방대하므로 여기서 다루긴 어려움이 있다. 추가적인 정보는 자신이 선택한 연구 방법을 다룬 교육연구 방법론 참고문헌을 활용하기 바란다.

다만, 셀프스터디의 특성상 두드러질 수 있는 특징인 윤리적 문제에 대해서는 별도의 주의가 필요할 수 있다. 질적 연구도 그러하지만, 특히 셀프스터디는 개인의 수업 개선에 목적을 두고 정체성과 같은 내밀한 곳까지 성찰하는 과정이 포함될 수 있다. 이 과정에서 '나', 또는 비판적 동료의 정보나 상황에 대해 윤리적으로 문제가 발생할 여지가 없는지 자료 수집과 해석 과정에서 예민하게 살펴보아야 한다. 연구는 기본적으로 공개를 목적으로 한다. 셀프스터디는 일기 쓰기와 같이 개인적으로 간직하는 목적이 아니기 때문에 연구자의 경우에는 연구의 계획 단계에서 생명윤리연구위원회(IRB)의 심사를 받는 것도 사전 점검의 하나의 방법이다. 교사나 예비교사처럼 전문 연구자가 아닐 경우 심의를 받지 않더라도 연구자 스스로 철저히 자료 수집, 해석, 연구 발표의 전 과정에서 윤리적 이슈에 대한 고려를 잊지 말아야 한다.

셀프스터디에서 연구윤리가 특히 중요한 이유는 셀프스터디가 개인의 내밀한 측면에 대한 성찰이기 때문일 뿐 아니라 셀프스터디의 주제인 교육 현상에는 어린 학생들이 포함되기 때문이기도 하다. 우리가 연구라는 이름으로 어린 학생들의 민감한 정보들에 대해 동의받지 않고 내 멋대로 활용했을 때 벌어질 수 있는 일을 생각해보며 주의를 기울일 필요가 있다. 연구윤리에 대한 문제는 구체적 상황에 따라 개인적으로 받아들이는 정도가 달라 의견이 엇갈릴 수도 있다. 따라서 셀프스터디를 수행하는 연구자라면 기본적으로 연구에서 윤리적 문제가 될 만한 것에 주의를 기울이며 이를 혼자 결정하지 말고 비판적 동료, 지도교수, 학습 공동체, 검토 위원회(생명윤리위원회) 등과 논의를 통하는 것이 좋고, <표 5.9>와 같은 체크리스트를 사용한 결과, 예라고 답하지 못했을 경우에는 필요하다면 연구 설계를 수정하거나 연구 결과에서 제하는 것을 고려해야 한다.

자료의 수집 후에는 연구의 수정이 쉽지 않으니 최대한 연구 설계 단계에서 학생들이나 연구 참여자들을 보호할 수 있도록 신중하게 계획을 세우는 것이 필요하다. <표 5.9>는 이를 위해 연구윤리 측면에서 고려해볼 만한 사항들을 체크리스트로 정리한 것이다. 이 표를 활용하여 연구 계획 단계에서 비판적 동료와 함께 논의를 거치고 문제가 발견될 경우 연구를 개선하거나 보완해야 한다. 중요한 것은 셀프스터디를 수행하는 연구자는연구자이자 동시에 교사라는 사실이며, 따라서 기본적인 윤리적 책임 이외에도 학생들에

표 5.9 연구윤리 관련 점검 사항들

안내 질문	논의 결과
• 연구를 수행하는 과정에서 특정 그룹이 차별을 받을 가능성이 있는가?	√ 예 □ 아니오 □ 잘 모르겠음
• 연구로 인해 내가 속한 집단에 문제가 생길 가능성이 있는가?	√ 예 □ 아니오 □ 잘 모르겠음
• 연구 참여자들에게 자료 수집에 대해 동의를 구하였는가?	√ 예 □ 아니오 □ 잘 모르겠음
• 연구 참여자의 익명성을 보장하는가?	√ 예 □ 아니오 □ 잘 모르겠음
• 연구 발표를 하게 되면 특정 대상에게 혜택을 주게 되는가?	√ 예 □ 아니오 □ 잘 모르겠음
• 연구 발표를 하게 되면 특정 대상의 민감한 사항이 드러나게 되는가?	√ 예 □ 아니오 □ 잘 모르겠음
• 다른 연구나 자료를 표절하거나 무단 인용하지 않은 본인의 독창적인 연구자료와 주장인가?	√ 예 □ 아니오 □ 잘 모르겠음

대한 보호와 존중의 책임이 있다는 사실이다(Samaras, 2011).

한편, 이 책의 저자들은 연구 방법론에 익숙한 연구자가 아닌 예비교사들을 위한 셀프스터디를 고민하는 과정에서 포트폴리오를 자료수집의 방법으로 활용하였다. 셀프스터디를 연구에 익숙하지 않은 대상, 예를 들면 예비교사교육 프로그램에 도입하는 경우에는 셀프스터디의 연구 방법론을 조금 융통성 있게 확장하여 발전적 포트폴리오 방법(Samaras, 2011)을 활용할 수도 있다. 교수학습에서 포트폴리오는 학생들의 성장, 학습의 결과, 탐구의 성과에 관한 정보와 자료를 모은 서류철로서(Hart, 1994) 평가와 교수 · 학습을 통합하는 기능을 한다(Shores & Grace, 1998). 이 책의 저자들은 이를 활용하여 예비교사들이 강의 초기 자신을 성찰한 결과에 기반하여 목표를 설정하고, 지속적으로 실행을 개선한 과정에 대한 정보를 모아서 이를 학기말에 발전적 포트폴리오로 발표하도록 하였다.

사범대 학생들을 대상으로 수행한 발전적 포트폴리오 프로그램을 간략히 소개하면 다음과 같다. 프로그램은 셀프스터디의 핵심 요소인 자기이해, 협력적 성찰이 목표지향적으로 일어나는 것을 목표로 하였다. 자기이해를 기반으로 한 목표지향적 성찰이 일어나기 위해서 강의 초기에는 예비교사로서 자신에 대해 진단할 수 있는 자서전 쓰기, SWOT 분석 등의 활동을 통해 이번 학기 자신의 개선 목표를 설정할 수 있도록 하는 것이 핵심 전략이었다. 이후 각 주제에 따른 수업이 끝날 때마다 수업일지를 작성하고, 수업 시연 후에는 수업성찰 일지를 작성하였다. 이때에는 자신의 주관적 감정에 머무르지 않기 위해서 교수와 동료 학생들의 수업 시연 피드백을 중요하게 다루었다. 이러한 과정이 비판적 동료와의 상호작용 역할을 했다고 볼 수 있다. 즉 학생들은 매 수업 시연과 과제 발표 때마다 동료 간 상호작용을 활발히 나누었으며, 교수도 학생이 수업 후 제출한 수업일지에서 나타난 어려움이나 성찰 내용을 다음 강의 시간에 다루어서 성찰이 일회적으로 머무르지 않고 개선으로 이어질 수 있는 협력적 성찰을 수행하였다. 이 과정에서 수집의 목적과 해당 자료 유형에 대한 요약이 <표 5.10>에 제시되어 있다. 이 표는 2장에서 RPUS 전략에 대해 설명할 때 소개되었던 내용이지만, 예비교사를 위한 포트폴리오 사용에서 각 자료가 어떤 목표를 가지고 수집되었는지에 대한 이해를 위해 다시 한 번 제시하였다. 강의에서 학생들의 포트폴리오는 그들이 한 학기 동안 수행한 자신의 수행물의 모음이자, 학습의 기록이며, 성장 혹은 변화의 증거이다. 따라서, 이 과정에서 변화의 증거를 포착하기 위해 자신에 대한 성찰을 유도하는 여러 활동 등을 포트폴리오 작

표 5.10 예비교사의 셀프스터디를 위한 발전적 포트폴리오 활용

핵심요소	초점	자료 수집 전략과 자료 유형
자기 이해	현재 나에 대한 이해를 기반한 목표 설정 + 지속적이고 명시적인 개선 과정	· 자서전 쓰기, 자화상 그리기 등 · SWOT 분석 · 지속적인 반성적 일지 쓰기 등
변화감수성		· 변화에 관한 교육적 지향(목적) 표현하기 · 변화를 명시적으로 드러내고 두려워하지 않도록 격려하기
목표의식		· 수업을 통한 '나'의 성장 목표 설정하기 · 포트폴리오 작성하기 등
협력	협력적 수업 실행 성찰	· 자기분석(SWOT 분석) 및 수업 성찰에 대한 동료의 피드백 등
성찰		· 수업 동영상 성찰(개인별 개선 일지) 등
숙달	숙달	· 문제 해결을 위해 필요한 지식과 기능을 반복적으로 활용하는 기회를 제공하기

성 서식으로 구성하였으며, 모든 자료들은 교수와 학습자가 같이 수집하여 최종적으로 개인별 포트폴리오를 작성할 때에 포함하도록 하였다. 여기서 주의할 것은 자료 수집만으로는 셀프스터디라고 볼 수 없다는 것이다. 연구자는 자료를 해석해야 하는데 이에 해당하는 부분이 포트폴리오에 수집된 자료에 대해 성찰하는 과정이다. 교수자는 이를 위해 포트폴리오를 작성하는 서식에서 자료들을 학습자의 학습 목표에 비추어 성찰하는 질문들이 포함되도록 사전에 계획하여 제공하였다.

예비교사를 위한 셀프스터디 자료 수집시 사용한 주요 질문들을 강의의 단계별로 정리한 것이 <표 5.11>이다. 질문들과 성찰은 모두 학습자의 현 상태의 진단과 개선방향 설성을 도와주기 위한 것들로 고려된 것이다. 저자가 강의 시간에 활용했던 예비교사용 자기성찰지 중 첫 시간에 사용한 예시는 <부록1>에 실어 두었다. 제시된 성찰지는 2명의 예비교사가 짝이 되어 활동을 하도록 구성하였는데 첫 페이지는 본인이, 두 번째 페이지는 짝(비판적 동료)에게 주어 작성하도록 하고 돌려받는 형식으로 구성하였다.

표 5.11 예비교사를 위한 발전적 포트폴리오 프로그램의 주요자료 수집

[강의 시작 단계]

① '나'를 이해하기
- 나의 과학교육에 대한 인식 조사(좋은 물리수업이란 무엇인가? 내가 생각하는 물리 교실의 모습 그리기, 학생들에게 기억되고 싶은 물리교사로서 나의 모습 등)
- 나의 물리 교사로서의 장/단점, 동기, 목표, 장애물(SWOT 분석)
- 비판적 동료짝(미리 팀 구성하기)의 의견 듣기
- 나의 현재 역량 진단하기(리커르트 설문 활용)

② 나의 성장목표 설정하기
- 나는 이번 학기 강의를 통해 예비과학교사로서 무엇을 향상시키고 싶은가?
- 왜 이것으로 설정하였는가?
- 목표 달성을 어떻게 확인할 수 있을까?

[본 강의 단계]

③ 수업 시연 3회(동영상 촬영 2 + 실제 수업 시연)
- 수업 시연에 대한 동료와 교수의 피드백(비판적 동료 활동)
- 수업 시연에 대한 수업 시연자의 성찰일지

④ 매주 강의 종료 5분전 수업 일지 작성하기(인터넷 강의 게시판)
- 오늘 '나'의 수업 목표는 무엇이었는가?
- 오늘 배운 내용은 나의 목표에 어떻게 도움이 될 수 있는가?
- 오늘 강의에서 더 찾아보거나 질문하고 싶은 점은 무엇인가?
- 오늘 갈등을 느낀 부분은 무엇인가?

[강의 마무리 단계]

⑤ 강의 종료 시점: 포트폴리오 작성 및 발표
- 그동안 모은 자료(포트폴리오)를 분석한 결과, 나의 변화는 무엇인가?
- 증거는 무엇인가?
- 학기 초 설정한 목표 대비 부족한 점은 무엇인가?
- 앞으로 개선을 위한 계획은 무엇인가?

표 5.12 예비교사의 발전적 포트폴리오 작성 일부 예시

예비 물리교사 ' '의 성장 기록

-물리 교재 연구 및 지도법(2020-2학기) 포트폴리오-

※ 이 수업에서 나는 다음과 같이 했습니다.

Q1. 2015 개정 과학과 교육과정을 잘 이해했습니다. 2015 개정 교육과정 분석 내용을 정리한 자료가 첨부된 포트폴리오 9~12쪽을 참고하시기 바랍니다.

Q2. 교육과정에 따른 수업을 설계하기 위한 노력은?

A2. 이번 학기에 이루어지는 수업시연에서 전자기학 내용에 해당하는 부분의 시연을 준비했습니다. 물리학Ⅰ의 '물질과 전자기장'이라는 단원으로, 그 중에서도 패러데이 전자기 유도법칙과 렌츠법칙에 대한 내용이 학습주제였습니다. 해당 학습내용의 경우 자석의 운동 속도, 코일의 감은 횟수, 자석의 세기 변화라는 변인이 유도 전류의 세기에 어떠한 영향을 미치는지 이해하는 것이 학습 목표로 제시됩니다. 이때 패러데이 전자기 유도에 대한 $V=-N\frac{\Delta\Phi}{\Delta t}$라는 식은 제시되지만, 물리학Ⅰ 수준에서 식에 대한 정량적인 계산은 다루지 않습니다. 여러 내용 요소의 정량적 계산을 물리학Ⅱ 과정으로 다수 이동하면서 물리학Ⅰ에서는 물리현상에 대한 이해를 성취기준의 골자로 삼았다는 것이 2015개정 교육과정의 특징이라고 생각했습니다. 따라서 서로 다른 문제 상황을 제시하고, 학생들이 유도 기전력의 세기를 정성적으로 비교하는 것이 2015 개정 교육과정에서 제시한 성취 기준에 부합하는 학습 목표라고 생각하여 교수-학습 과정을 구성하였습니다. 이에 대한 내용은 지도안이 첨부된 포트폴리오 19~26쪽을 참고하시기 바랍니다.

2015 개정 교육과정의 교수·학습 방법 및 유의사항에 따르면 "전류의 자기작용이나 전자기 유도 현상은 실험을 통하여 이해할 수 있도록 지도"하라는 내용이 명시되어있으며, 평가 방법 및 유의사항에서도 "전류에 의한 자기장이나 전자기 유도 실험은 조별 토론을 통해 실험 방법을 구성하고 실험하여 결론을 도출하는 과정을 관찰 평가할 수 있다."라고 기재되어있습니다. 따라서 탐구학습모형 중 가설검증모형을 적용하여 수업을 구성하는 것이 해당 학습내용과 잘 부합한다고 생각했습니다. 2015 개정 교육과정의 원문을 발췌한 포트폴리오 33~34쪽을 참고하시기 바랍니다.

Q3. 여러 가지 교수·학습 모형 및 전략의 장단점을 파악하고 이를 학생 중심 수업에 적용하기 위한 노력은?

A3. 학생 중심 수업을 만들기 위해서는 교수-학습 과정에 학생이 스스로 탐구하고 고민하는 기회를 주는 것이 좋다고 생각했습니다. 교사가 모범답안을 제시하고 모든 학생이 그 방법을 기계적으로 따르게 하기보다는 틀리더라도 학생이 고민하고 틀린 답으로부터 다시 고민하고 고쳐나가는 것이 학생 중심 수업에 가깝다고 생각했습니다. 순환학습모형, POE모형, 발견학습 모형 등 학생이 고민하거나 예상하거나 무언가를 정의하는 활동이 포함되는 다양한 모형이 존재하는데, 그 중에서 저는 탐구학습모형(가설검증 모형)을 선택하여 수업을 구성했습니다.

탐구학습모형을 선택한 이유는 제가 선택한 수업 내용과 관련이 있습니다. 수업시연에서 저는 '전기와 자기' 영역의 '전자기 유도' 내용을 선택하여 수업을 구성했습니다. 사실 전기, 자기는 우리 눈에 직접적으로 보이는 것이 아니다보니 학생들이 어렵고 난해하다고 생각하는 경우가 많습니다. 그렇다고 물리적 현상을 이해하는 것이 아니라 단순히 공식만 외우도록 하는 것은 가뜩이나 어렵다고 느끼는 수업을 '재미없고 어려운' 수업으로 만드는 것 밖에는 되지 않습니다. 따라서 학생들에게 고민해 볼 문제를 제시하고 학생들이 직접 가설을 세운 뒤 이를 검증하기 위한 실험을 구상하고, 가

참조1 . 강의 초기 '나'에 대한 점검활동

강의 초기 '나'에 대한 점검활동	
나는 '예비물리교사'로서 나에 대해 잘 알고 있다.	보통
다른 사람들에게 내가 예비물리교사로서 어떤 사람인지 잘 설명할 수 있다.	보통
나는 내가 '예비물리교사'로서 적절하게 발전하고 있는지 자주 성찰한다.	우수
나는 '예비물리교사'로서 지식이 뛰어나다.	보통
나는 '예비물리교사'로서 열정이 뛰어나다.	우수
나는 '예비물리교사'로서 실행능력이 뛰어나다.	보통
나는 '예비물리교사'로서 협력능력이 뛰어나다.	우수
나는 '예비물리교사'로서 나의 목표를 가지고 있다.	우수
나는 좋은 물리 교사가 어떤 모습인지 고민한다.	우수
나는 '예비물리교사'로서 나의 목표를 달성하기 위해 무엇을 해야 할지 생각한다.	우수
나는 '예비물리교사'로서 내가 어떻게 변화하고 있는지에 대해 잘 인식한다.	우수
나는 '예비물리교사'로서 나에게 변화가 필요한 부분이 무엇인지 알고 있다.	우수
나는 좋은 물리 교사가 되기 위해 변화가 필요하다면 적극적으로 노력한다.	보통

참조2 . 강의 후기 '나'에 대한 점검활동

강의 후기 '나'에 대한 점검활동	
나는 '예비물리교사'로서 나에 대해 잘 알고 있다.	우수
다른 사람들에게 내가 예비물리교사로서 어떤 사람인지 잘 설명할 수 있다.	보통
나는 내가 '예비물리교사'로서 적절하게 발전하고 있는지 자주 성찰한다.	보통
나는 '예비물리교사'로서 지식이 뛰어나다.	보통
나는 '예비물리교사'로서 열정이 뛰어나다.	매우우수
나는 '예비물리교사'로서 실행능력이 뛰어나다.	매우우수
나는 '예비물리교사'로서 협력능력이 뛰어나다.	매우우수
나는 '예비물리교사'로서 나의 목표를 가지고 있다.	우수
나는 좋은 물리 교사가 어떤 모습인지 고민한다.	우수
나는 '예비물리교사'로서 나의 목표를 달성하기 위해 무엇을 해야 할지 생각한다.	우수
나는 '예비물리교사'로서 내가 어떻게 변화하고 있는지에 대해 잘 인식한다.	보통
나는 '예비물리교사'로서 나에게 변화가 필요한 부분이 무엇인지 알고 있다.	우수
나는 좋은 물리 교사가 되기 위해 변화가 필요하다면 적극적으로 노력한다.	우수

(강의 초기 점검활동 결과와 비교했을 때 더 나빠진 항목은 빨간색, 더 나아진 항목은 파란색으로 표기)

조11. 수업시연 피드백 정리

<표 5.12>는 실제 한 예비교사가 작성한 포트폴리오의 예시자료이다. 예비교사의 개인적 정보 보호를 고려하여 일부만 제시하였다. 예비교사들은 이 포트폴리오를 작성하는 과정을 통해 자신의 학습에 대한 해석과 주장을 도출하였으며, 이 결과를 강의의 마지막 시간에 발표하고, 동료와 교수들에게 자신의 학습에 대한 셀프스터디 결과를 공유하였다.

실제로 이 과정을 통해 한 예비교사의 경우 교사에 대한 진로동기가 확고해지는 변화를 보여주기도 하였다. 이 예비교사의 경우 학기 초에는 자신의 언어 습관, 임용시험에 대한 불안감 등으로 인해 교직에 대한 진로 동기가 불안정하였다. 그러나 학기 말 자신의 학습 과정에 대해 종합 성찰하고 분석한 결과, 자신의 교수역량에 대해 체계적으로 장단점을 분석할 수 있었고, 수업에 대한 자신감을 향상시켜 교직에 대한 진로 동기가 확고해졌다고 하였다. 교사나 예비교사들의 경우 역동적이고 변인이 많은 수업환경에서 자신의 문제점이나 수업 역량에 대해 모호한 인식을 가질 수 있다. 이러한 경우 셀프스터디가 문제 해결의 하나의 실마리가 될 수 있음을 보여주는 사례라고 할 수 있다.

3.2 성찰하고 개선하기

셀프스터디를 수행하는 과정 속에서 연구자는 자신과 나의 수업에 관련된 자료에 대해 지속적으로 성찰하고 개선을 꾀하게 된다. 따라서 독자의 이해를 위해 성찰과 개선에 초점을 둔 활동의 예시를 이 부분에서 모아서 다루고 있지만, 성찰과 개선의 과정은 마지막 과정이라기보다는 실행과정 속에 얽혀 있다. 앞 절의 마지막 부분에서 예비교사의 포트폴리오에 대한 성찰과 그 효과에 대한 내용이 바로 성찰하기의 한 예시라고 할 수 있다.

셀프스터디를 수행하는 동안 교사의 성찰의 목적은 나와 나의 수업에 대한 이해, 그리고 개선에 있다. 성찰하기는 자료를 수집하는 과정 내내 이미 암묵적으로 진행되며, 자료 수집을 마무리하고 전체 데이터를 해석하는 과정에서는 명시적으로 이루어진다. 셀프스터디의 핵심인 반성적 성찰에 대해서는 기존 교사교육에서도 이미 중요한 주제로 다루어져 왔다. 교사교육 연구자들은 자신의 교수 실행을 돌아보고 자신의 태도, 믿음, 가정 등에 대한 탐색을 바탕으로 교수활동에 대해 스스로 평가하고 비판적 반성을 함으로써 변화와 발전을 모색하는 반성적 실천가의 모습을 전문성을 갖춘 교사의 모습으로 보며(진영은과 함영기, 2009) 실제로 수업을 잘 하는 교사에게서 이러한 반성적 성찰의 특징이 나타난다고 본다(권민정과 김경숙, 2011). 이를 위해 의도적인 반성적 성찰과정을 도입하여 교사의 전문성이 증가시키려는 시도들을 참고하면 다양한 성찰의 방법을 얻을 수 있다. 예를 들면 예비교사들에게 수업 계획, 수업실제, 수업반성으로 구획되는 수업노트를 작성하게 하거나(조성민, 2009), 교육실습록을 활용하고(김현정 등, 2013), 다른 교사들의 수업 동영상을 보면서 수업상황을 모델링하고 성찰하는 과정을 거치기도 한다.

유사하게 셀프스터디 연구자들도 자신이 수집하고 있는 다양한 자료들에 대해 개인적으로, 혹은 비판적 동료와 함께 성찰함으로써 셀프스터디를 수행할 수 있다. 이때 반성적 성찰의 수준이 다를 수 있음을 고려할 필요가 있다. 그동안 교사교육자들에 의해 수행된 반성적 성찰에 대한 여러 연구들의 공통점은 교사의 전문성 수준과 숙련도에 따라 단순한 기술적 수준부터 비판적 반성에 이르는 다양한 수준의 반성적 성찰을 보여준다는 것이다. 따라서 교사교육자로서 예비교사들에게 반성적 성찰을 유도하는 과정은 데이터의 해석과 비판적 성찰에 익숙한 연구자들에 비해 좀 더 친절하고 안내된 과정으로 진행될 필요가 있다. 즉, 숙련된 연구자의 경우 초점질문에 해당하는 이론적 틀과 관련된 데이터의 수집과정 자체, 어떤 이론적 프레임으로 데이터를 바라보고 성찰할지에 대한 과정 자체가 중요한 과정이지만, 초심자의 경우 이 과정을 독립적으로 수행하는 것은 어려울 수 있다. 따라서 예비교사 프로그램에서 도입하는 성찰의 방법은 교수자에 의한 안내된 과정으로 계획되고 협력적으로 수집될 필요가 있다.

이에 따라, 이 책의 2부에서 볼 수 있듯이, 이 책의 저자들 역시 강의 전반에 걸쳐 다양한 질문과 활동 서식을 활용하여 안내된 반성적 성찰을 유도하였다. 예를 들면, 자서전 쓰기, 매 차시 수업일지 쓰기, 수업 시연 후 성찰일지 쓰기 등이 활동의 예시이며, 성찰 과정에 대해서도 가능한 주요한 성찰의 포인트를 교수자가 제시하여 단순 기술적 성찰에 그치지 않도록 의도하였다.

실제로 저자들이 수업 후 수업일지에서 성찰의 요소로 제시한 것은 다음과 같다.

- 오늘 '나'의 수업 목표는 무엇이었는가?
- 오늘 배운 내용은 나의 목표에 어떻게 도움이 될 수 있는가?
- 오늘 강의에서 더 찾아보거나 질문해야 할 점은 무엇인가?
- 오늘 갈등을 느낀 부분은 무엇인가?

또한, 예비교사의 후 작성하는 성찰일지에서 제시된 성찰 요소는 다음과 유사한 항목으로 제시될 수 있다.

- 자신이 제출한 1차 수업 시연 동영상을 보고 응답해주세요. 내 수업에 얼마나 만족하나요?
- 내 수업에서 만족스러운 점은 어떤 점이었나요?
- 내 수업에서 부족한 점은 어떤 점이었나요?
- 다음 수업 시연(2차 제출 예정)에서 무엇을 보완할 예정인가요?
- 나의 '좋은 물리 수업'의 목표에 수정할 사항이 있다면 어떤 점이 있는지 설명해주세요.

이러한 점들을 고려하여 예비교사가 후 작성한 성찰일지의 예시가 <표 5.13>이다.

한편, 셀프스터디에서 추구하는 성찰은 기본적으로 단순히 반성에 그치지 않고 실행의 개선을 목적으로 한다. 따라서 성찰의 요소를 안내할 때 성찰의 결과가 다음 실행의 계획과 연계되는 것이 중요하다. 물론 연구의 상황과 연구자의 의도에 따라 개선의 계획은 후속 연구로 제안될 수도 있고 셀프스터디 실행 중 개선이 이루어질 수 있으니 이것은 연구마다 다를 것이다. 다만, 성찰의 결과가 단순히 앎에 그치는 것이 아니라 실행으로 이어지도록 주의할 필요가 있다.

표 5.13 수업 시연 후 예비교사의 성찰일지 작성 예시

1. 오늘 수업에서 내가 가장 주안을 두었던 수업의 목표나 지향점은 무엇이었나요?

> 모형이 잘 나타나는 수업을 하고 싶었다. 이전에는 모형에 대해 제대로 알고 있지 않은 상태에서 준비하느라 대부분 강의형 수업을 했었다. 때문에 이번에는 어떠한 모형인지 드러나는 수업을 하고 싶었고 평소 활용하기 어렵다고 생각한 직소 모형을 쓰고자 했다. 또한 학생중심수업을 목표로 교사의 역할을 줄이고 학생이 직접 참여하여 수업을 운영할 수 있도록 실험수업을 준비했다.

2. 위에서 설정한 목표가 오늘 수업에서 어느 정도 달성되었다고 생각하나요? 그 증거는 무엇인가요?

> 여러모로 미흡하다고 생각한다. 먼저 실험 주제 선정을 잘못했다고 느꼈다. 실험 방법과 주의사항만 설명했음에도 시간이 많이 흘러서 한 차시에 끝내기엔 어려운 양이다. 또한 직소 모형의 단점이 꽤 크게 느껴졌다. 실험 모둠을 5조로 나누어 데이터를 다 모아도 관계식을 도출하기 어려울 수 있는데 만약 한 실험 모둠이라도 제대로 참여를 하지 않는다면 도출하는 게 불가능하다고 생각했다. 실험 자체도 여러 번 연습을 해야 해서 참여하는 학생과 겉도는 학생으로 나뉠 수 있을 것 같다. 학생중심수업을 목표로 두고 수업을 계획했는데 막상 수업을 해보니 생각한 것과는 다소 다른 것 같다. 교사의 역할을 줄이고 학생이 운영하도록 하고 싶었지만 실험 수업이라는 특성상 교사의 역할을 줄이는 것도 힘들 것 같다.

3. 오늘의 수업을 성찰한 결과, 어떤 점을 가장 개선하고 싶은가요? 그 이유도 서술하시오.

> 수업 모형에 대해 이해하고 어떻게 수업을 하는 게 학생들의 참여를 이끌어 낼 수 있는지 생각해봐야 할 것 같다. 수업을 준비할 때와 실제 수업을 했을 때 다른 점이 있어서 다양한 수업을 위해선 공부가 반드시 필요하다고 느꼈다. 또한 실험 수업에서 교사의 역할이 무엇인지 다시 생각해보고 수업을 계획해야 할 것 같다. 방법과 주의사항만 알려주고 학생들에게 실험을 진행하도록 하는 게 아니라 그 실험을 통해 답을 도출해낼 수 있도록 교사가 어떻게 안내를 해야 할지 고민해봐야 할 것 같다.

4. 위에서 성찰한 개선점을 위해 다음 수업시간에 설정할 목표와 목표 달성을 위한 계획을 세워보세요.

> 다음 수업 시연은 수업 내용에 맞는 모형을 선정하고 그 모형의 장단점에 대해 알아둔 후 단점에 대해선 유연하게 대처할 수 있도록 미리 인지한 상태에서 수업을 계획해야겠다. 모형 뿐아니라 수업 도중 발생할 수 있는 여러 상황을 미리 생각하고 대처방안을 준비하여 원활한 수업이 될 수 있게 준비해야겠다. 또한 한 차시 수업에 맞게 분량을 조절하고 모든 학생이 참여할 수 있도록 난이도를 잘 선정해야겠다고 생각한다.

현장 교사나 교사교육자가 시도할 수 있는 수업 후 성찰일지 작성의 예시는 <표5.14>와 <표5.15>에 제시하였다. 작성자의 관심사와 연구 의도에 따라 다양한 일지의 작성이 가능하지만, 기본적으로 자료의 특성, 예를 들면 사실인지, 감정인지, 사건인지, 생각인지로 구분하여 작성하거나, 수업의 계획, 실행, 차시 개선계획으로 수업의 단계로 나누어 작성할 수 있다. 반면 시간이나 상황의 제한으로 일지 작성에 어려움이 있는 경우에는 형식 없이 바로 즉각적인 일지 작성을 우선할 수도 있다.

표 5.14 교사용 수업후 성찰일지 작성 예시1

일시	11월 5일 (월) 현장 교사 특강 (000 교사)
내용	(활동) 현장학교에서 융합 수업의 실제와 사례
사실 현상	융합에 대한 아이디어도 좋았지만, 경력 있는 현장 교사만이 보여줄 수 있는 능숙한 수업 운영과 학생과의 소통의 기술이 더 부각되었음(이 부분이 좋았지만, 학생들에게 융합에 대한 실질적인 내용이 전해졌는지 걱정이라는 교사의 걱정에 나도 일부분 동의가 되는 부분임) 학생들이 특강 후 질문을 전혀 하지 않음. 지난 강의 때 질문을 많이 준비해오라고 했는데 어떤 이유로 질문이 없었을까? 2시간이 학생들을 지치게 한걸까? 아직 학생들이 직접 활동하는 차이의 시작 전이라 구체적 아이디어나 몰입이 없었기 때문일까? 특강 교사는 Forgaty의 융합수업 모형 중 거미줄 모형과 유사한 모형을 학생들에게 안내하였음. 아마 현장에서 브레인스토밍하기에는 가장 접근성이 좋은 모형이라서 그런 것으로 이해됨.
성찰/ 개선계획	융합수업 모형은 엄격한 교육과정 운영에서는 적용한 후 수업에서 재구성하기 어려울 것 같은데 예비교사들이 현장에 나갔을 때는 얼마나 교육과정이 융통적으로 운영될지 우려반 기대반. 어쩌면 교육과정에 얽매여 융합시도를 못하는 것은 현장 교사보다 우리 교수들이 더 한 것은 아닐까... 특강과는 별도로 실제로 융합 수업을 참관하거나 녹화한 동영상을 시청하는 게 좋을까? 2시간 특강은 단절적이기도 하고 실제적인 수업 모습에 대한 감이 잡히지 않는 듯했다. 융합 실습 전에 융합 수업의 동영상을 수집해서 보여줄 필요가 있을 듯하다. 융복합 설계 실습에 들어가기 전에 예비교사들에게 융합에 대한 동기 유발이 중요한 것 같다. 어떻게 할 수 있을까? 내년엔 이부분에 준비를 미리 해야겠다. 동기 유발. 가장 중요하고 가장 힘든 이슈. 직접 해보지 않고 필요성을 '마음'으로 동감하긴 어려운데 직접 해보려면 필요성을 동감해야하는 순환적 모순...

표 5.15 교사용 수업후 성찰일지 작성 예시2

일시	20XX. 00. 00 (월) 1 교시
대상	1학년 0반
장소	과학실험실
수업주제	오목렌즈에 의한 상의 작도
오늘 사건	1. 볼록거울에 의한 상으로 양초 대신 사과로 바꿔 노트에 상을 그려오는 과제 해결을 00이와 00이가 틀리게 해왔다. 이에 수업 중 상을 작도하는 모습을 개별적으로 모니터링 해보니 이해가 되지 않은 상태로 상을 찾기 때문에 계속 더 잘못되어가고 있었다. 2. 해결해오지 않은 과제이므로 수업 후에 하라고 하고, 수업에서 오늘 진도로 계획한 내용인 오목렌즈에 의한 상의 모습을 설명하였다. 역시나 염려한대로 숙제를 잘못 해온 아이들이 따라오지 못했다. 아이들의 학습 문제를 해결해주지 않고 걱정이 되면서도 수업을 끝까지 진행한 나는 누구인가?

표 5.15 교사용 수업후 성찰일지 작성 예시2(연결)

생각/감정	1. 내가 과학교사로 특히 학생들과 수업 중 셀프스터디를 한다는 것이 내 의식 속에 언제나 자리 잡게 되었다. 잘 전달하고 싶고 주어진 시간을 밀도 있게 사용하고 싶은 욕심이 더해간다. 그래서 영상을 찍으면서도 내가 사용하는 언어 사용이나 몸짓에도 나름 다소 신경은 쓰인다. 2. 오늘 같은 수업 상황에서 좀 더 좋은 교사라면 2명의 아이들을 도와 주고 동시에 나머지 학생들의 복습을 겸할 겸 지난 내용에 대해 자세하게 이해하도록 수업내용을 변경했어야 했는데 부족한 교사란 자책의 마음, 그래서 학생들을 점점 멀어지게 하고 있구나 반성하게 되었다. 3. 성실하지 않은 학생들에 대해 교사 입장에서 서운해서 멀리할 것이 아니라, 원인을 찾고 문제의 근원을 해결하려고 적극적으로 다가가는 ″친절하게 과학을 가르쳐 주는 좋은 선생님'이 되고 싶다.
차시 수업전략	1. 학생들에게 모르는 내용이 있는지 개별적으로 점검확인하고 자세하게 알려주자 2. 과제를 낼 때 과제를 할 수 있도록 확인하는 문자를 보내고 모른 내용은 물어 보는데 어려움이 없도록 편안하게 대하자. 2. 수업 설계를 좀 더 치밀하게 구성할 수 있도록 수업 지도안 아니더라도 구제적인 수업 계획을 학생들에게 알리고 시작하자.

지금까지 언급한 성찰의 과정은 연구자가 자료 수집 과정에서 지속적으로 행하는 실행에 대한 이해와 개선을 위한 과정으로서 논의하였다. 연구의 마무리 단계에서는 수집된 자료들이 내재한 패턴과 주장을 드러내는 성찰의 과정이 필요하다.

이러한 주장 도출 과정은 수집된 자료의 성격에 따라 각기 다른 방식으로 진행될 것이다. 만약 학생의 성취도나 자주 등장하는 용어의 개수 등 양적 데이터가 수집되었다면 양적 통계 기법을 사용하여 연구자의 가설을 검증하게 될 것이다. 이는 다양한 교육통계 관련 자료를 참고하길 권한다. 기본적으로 자료의 분포나 평균값 등을 말하는 기술 통계와 함께 연구자의 가설을 검증하는 추리 통계를 활용하게 될 것이다.

한편 면담이나 일지 등 질적 자료가 수집되었다면 질적연구에서 사용하는 주장 도출 방법에 기대어야 한다. 질적 자료는 기본적으로 개방적 코딩 과정을 바탕으로 귀납적 주장 도출을 사용하여 패턴을 파악한다. 즉, 연구자가 반복적으로 자료를 읽고, 자료에서 떠오르는 이슈나 범주를 귀납적으로 끌어낸다. 이 과정은 연구자의 숙련도에 따라 느끼는 난이도가 다르지만, 기본적으로 지루하고 어려운 과정이다.

특히, 자신의 생각에 따라 자료를 편협하게 취사선택하지 않는지 주의를 기울여야 한다. 즉, 자신의 주장을 미리 정하고 이를 뒷받침하기 위해 일부 자료만 사용한다면, 이는 적절한 연구라고 보기 어렵다. 일부러 그러한 시도를 한다기보다는 인간의 확증 편향과 같은 인지 편향 성향으로 인해 나도 모르게 그러한 연구가 되기 쉽다. 따라서 셀프스터디를 시도하는 연구자라면 비판적 동료와 공동으로 자료를 분석하고 주장을 도출하기를 권고한다. 동료 연구자들과 다른 시각과 주장을 다양하게 검토하는 과정, 그리고 하나의 자료에만 의지하지 않고 여러 자료들이 공통으로 지목하는 요소에 대해서 주목하는 삼각검증의 과정을 통해 질적 분석의 어려움을 극복하고 연구자의 목소리를 설득력 있게 만들 수 있다.

3.3 비판적 동료의 역할

앞의 절에서 비판적 동료의 역할은 연구의 흐름에 맞추어 틈틈이 논의하였지만, 다른 연구 방법에서 볼 수 없는 셀프스터디의 독특한 요소이기 때문에 다시 한번 정리하여 기술하고자 한다. 비판적 동료란 '수업 개선을 목적으로 셀프스터디를 수행하는 교사가 새로운 관점으로 자신을 이해하고, 자신의 해석을 재구성하도록 격려하면서 확신을 주는 믿을만한 동료'이다(Samaras, 2011).

셀프스터디는 교사의 실행연구, 문화인류학의 자문화기술지 등과 유사한 측면이 있다. 대부분의 연구가 타자에 대한 연구를 기본으로 하는 것과 대조적으로, 셀프스터디는 자전적으로 주관성이 가미된 연구자의 경험을 토대로 수행된다는 면에서 자문화기술지와 유사하며, 실행을 통한 현장의 개선에 주목적을 둔다는 점에서는 실행연구(action research 액션리서치)와도 맥을 같이 한다. 셀프스터디는 교사의 입장에서 보면 이 두 연구 방법의 장점을 가져온 연구라고 할 수 있으며, 더불어 비판적 동료라는 장치를 통해 연구의 방법론을 보강한다.

교사가 교육연구의 대상이 아니라 연구자 그룹의 일원이 되어 현장의 문제에 대해 계획, 실천, 발견의 연속적 과정을 통해 현장의 실행을 개선하는 실행연구는 셀프스터디의 목적과 닿아있다. 그러나 현장에 있는 교사로서 이러한 실행연구자 집단에 속하여 실행연구를 하는 것은 일반 교사에겐 기회가 많지 않다. 따라서 셀프스터디는 자신의 실행 개선에 목적을 두되, 대학의 연구자나 교육청 관계자와 공동연구를 조직하지 않고도 스스로 시작할 수 있는 연구로서 교사들에게 더 접근성이 있다.

한편 자신을 대상으로 하는 유사한 연구인 자문화기술지와는 다르게 셀프스터디는 ‘비판적 동료’라는 요소를 둠으로써 질적연구에 익숙하지 않은 연구자라 하더라도 자신의 이야기가 공동체의 이슈와 이론적 프레임에서 동떨어진 혼잣말이 되지 않도록 돕는다. ‘나’와 ‘비판적 동료’는 자료에 대한 비판적이고 협업적인 성찰, 분석을 통하여 대안적 설명과 다양한 관점에 대해 고려하고, 협동적 탐구를 수행한다. 이때, 비판적 동료는 보통의 공동연구자와 달리 ‘정서적 돌봄의 공동체’의 역할도 한다는 점에서 다른 공동연구 시스템과 차이점이 있다. 즉, 셀프스터디를 수행하는 교사가 자신의 문제점을 어렵사리 드러내는 과정에서 겪는 어려움에 대해 정서적 지지와 신뢰를 보여줄 수 있는 ‘믿을 만한’ 동료가 비판적 동료이며, 이들은 연구의 전 과정에서 연구자를 지지해주는 공동체의 역할을 한다.

다음 <그림 5.2>는 저자들이 셀프스터디를 수행하면서 도출한 ‘나’와 ‘비판적 동료’, ‘학습자’의 역할을 모식도로 표현한 것이다. 예를 들어 사범대의 교수로서 교사교육자인 ‘나’는 셀프스터디 수행을 통해 좀 더 적극적으로 학습자와 상호작용을 하면서 그 과정을 비판적 동료와 공유하고 협력적으로 성찰하였다. 이 과정에서 교수자와 학습자가 주고받는 상호작용의 내용이나 양상에서 의견의 충돌과 갈등이 가시화되었고, 이에 대한 비판적 동료의 정서적 지지와 협력적 성찰이 교수자를 지원해주었다. 협력적 성찰 과정 중에서 비판적 동료와 연구자가 함께 행한 주목현상에 대한 개방적 토론은 학습 과정 저

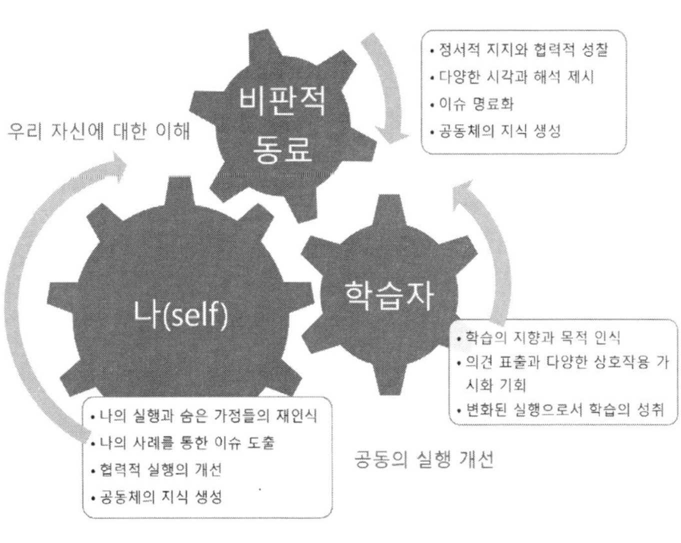

그림 5.2 셀프스터디에서 나, 비판적 동료, 학습자의 역할

변에 깔린 학습의 목적에 대한 인식이나 지향들이 충돌하고 있음을 부각시켰고(이슈 명료화), 이는 교수자가 자신의 실행에 대해 명시적인 것과 암묵적인 것을 동시에 고려하는 더 깊은 성찰을 하는 계기로 작용하였다(Choi et al., 2016).

정리하면, 셀프스터디에서 비판적 동료는 '비판적 성찰'과 '정서적 지지'라는 두 가지 역할을 동시에 수행하는 동료들로서 연구자에게 지적이며, 정서적으로 중요한 지원자들이다. 예비교사나 교사의 셀프스터디를 돕는 교사교육자의 경우 본인이 비판적 동료의 역할을 하거나 예비교사들의 비판적 동료 공동체를 구축해 줄 경우에는 비판적 역할 뿐 아니라 정서적 지지와 격려라는 역할을 수행할 수 있어야 한다는 점을 강조할 필요가 있다. 비판적 동료는 연구자가 투명하게 드러내는 자신의 사례에 대해 책임감을 가지고 존중하는 태도를 보여주어야 하며, 연구자는 비판적 동료가 제공하는 비판적 관점, 대안적 관점에 대해 개방적 태도로 포용하는 과정에서 협업적 탐구가 성공할 수 있다.

4 연구의 공유와 또 다른 시작

4.1 연구 공유하기

셀프스터디가 개인적 일기 쓰기와 다른 특징이 바로 연구 결과의 공유에 있다. 셀프스터디는 '나'를 위한 연구지만, 동시에 내가 속한 집단에 지식을 생성하기 위한 과정이다. 따라서 나의 연구 결과를 적합한 형태로 구성하여 공동체에 공유하고 피드백을 받는 과정은 연구로서 마무리되는 중요한 단계이다.

공유의 대상은 연구자의 상황과 주제에 따라 결정해야 할 것이다. 숙련된 연구자로서 셀프스터디를 수행했다면 연구자가 속한 학회에서 발표를 하게 될 것이지만, 처음 시도하는 교사나 예비교사의 경우는 먼저 자신이 속한 공동체에서 공유 과정을 거쳐 보는 것도 좋을 것이다. 예비교사의 경우 강의를 같이 들었던 동료와 교수자를 공유의 대상으로 설정할 수 있고, 교사의 경우에는 교사연구회나 지역교육청 발표대회 등에서 시도해볼 수 있을 것이다.

외국학술대회의 경우 셀프스터디 연구자만 모여 진행되는 학술대회로 2년마다 열리는 캐슬 컨퍼런스(https://www.castleconference.com/)가 있다. 1996년에 시작되어 현재까지 이어져 왔으며, 셀프스터디의 특성상 다른 발표와 달리 충분한 시간, 발표자와 청중의 적극적인 상호작용의 필요성에 의해 독립적인 모임을 진행하고 있다. 이 밖에도 미국교육학회의 셀프스터디 관련 분과로 S-STEP(Self-Study of Teacher Education Practices)이라는 분과모임(https://www.aera.net/SIG109/Self-Study-of-Teacher-Education-Practices)이 활동하고 있으며, 여러 국제적 교육관련 학회에서 셀프스터디 발표를 찾을 수 있다. 우리나라의 경우에도 여러 학회에서 셀프스터디 관련 연구를 발표할 수 있다. 예를 들어, 저자들이 속해 있는 한국과학교육학회에서도 셀프스터디 연구를 볼 수 있다.

연구자라면 학술대회에서 연구 결과를 공유하겠지만, 교사의 경우에는 학습 공동체가 주요한 공유의 장이 될 수 있을 것이다. 이미 셀프스터디를 통해 교사는 자신의 연구를 공동으로 수행한 비판적 동료와 팀이 되어 학습 공동체의 과정을 경험했을 것이다. 공동의 관심사와 정서적 지지를 바탕으로 실행을 공유하는 집단에서 교사는 협력적 작업의 긍정적 작용을 경험했을 것이다. 교사나 교사교육자처럼 이론적 지식보다는 실행의 개선이나 실행에 대한 이해가 중요한 상황에서는 공동의 실행을 추구하는 공동체 안에서 셀프스터디의 결과를 공유하는 것이 의미가 있다. 교수실행 개선이라는 공동의 목적을 공유한 공동체 안에서는 나의 셀프스터디가 무엇을 의미하고, 공동체에 어떤 의미를 가지는지 쉽게 소통하고 공감될 수 있기 때문이다. 나아가 이 결과가 공동체에 어떤 시사점을 주는지 함께 생각해보고 소통할 수 있다.

연구 결과를 발표하기로 결정하였다면 발표할 대상과 상황에 따라 적합하게 준비해야 한다. 구두발표, 논문, 포스터, 전시 등의 다양한 형식이 가능하며 청중의 주제에 대한 관심도, 익숙한 정도에 따라 내용의 길이와 주장의 구체성도 달리해야 할 것이다. 내가 청중이라면 듣고 싶은 발표의 모습이 무엇인지 고려하면서 준비한다면 무리가 없다. 예를 들면, 용어의 정확성, 발표 시간의 적절성, 발표의 전달력, 내용의 독창성, 내용의 윤리성 등을 미리 고려하여 발표를 준비해야 한다.

- **발표 자료의 구조와 용어**: 발표예정 학회나 모임에서 제시하는 구조(예를 들면 전통적인 연구발표 포맷으로 IMRaD:서론, 연구자료 및 방법, 결과, 토론)에 맞추어 내용을 작성하고, 사용하는 용어가 공동체에서 잘 소통되는 정확한 표현인지 점검한다.
- **발표 시간과 배당**: 학회에 따라 발표 시간은 15분에서 1시간이상까지 다양하다. 주어진 시간에 발표와 상호작용 시간을 적절히 배당하고 내 연구의 핵심적인 부분을

강조하여 발표 흐름을 배당한다.

- 내용의 독창성: 연구윤리에 적합한 인용에 주의 하며 내 연구에서 다른 연구와 다른 독창적인 부분이 무엇인지를 중심으로 발표를 구성하여 공동체에 의미 있는 시사점을 중심으로 상호작용할 수 있도록 한다.
- 내용의 윤리성: 셀프스터디에서 다룰 수 밖에 없는 개인적인 정보나 서사에 대해 연구 참여자에게 미리 공개 수준에 대해 확인을 받아야 하며, 이 밖의 윤리적 부분에 대해서도 세심히 주의를 기울여 책임감 있는 윤리적 발표가 되도록 한다.
- 발표의 전달력: 청중의 수준과 관심사를 고려하여 발표의 수준과 형식을 적절하게 수정해야 하며 발표는 일방향이 아니라 상호작용을 위한 과정임을 잊지 않는다.

4.2 마치며

지금까지 셀프스터디의 계획부터 실행, 공유의 단계에서 필요한 요소와 활동 등에 대해 살펴보았다. 모든 연구가 그렇듯이 한 번 직접 실행해본 것은 머리로만 이해하는 것으로는 얻을 수 없는 중요한 배움을 주지만, 한 번으로 온전히 셀프스터디가 무엇인지 이해하기도 쉽지 않은 것이 사실이다. 오히려 한 번 수행해본 뒤 다양한 실제적 이슈와 문제점을 이해한 두 번째 셀프스터디가 더 어렵게 느껴지기도 한다.

따라서 셀프스터디를 직접 겪어보면서 연구자가 생각한 셀프스터디의 주의할 점을 마지막으로 정리하면 다음과 같다. 첫째, 셀프스터디는 셀프에 대한 연구이지만, 나만에 대한 탐구가 아니다. 이에 대해 Samaras(2011)는 '셀프스터디는 자아도취적인 것이 아니며, 당신의 혹은 당신의 과거에 대한 정신분석학적 탐구도 아님'을 명확히 하고 있다. 셀프스터디에서 연구자는 자신의 경험을 무언가의 "한 사례"로 보도록 하는 것이지 자신의 성찰에 대한 고백이 아니다(Ham & Kane, 2004, p.117).

둘째, 셀프스터디는 단순한 성찰을 넘어서 연구로서의 방법론을 갖추어야 한다. 우리가 셀프스터디에 주목하는 이유는 단순한 개인적 성찰을 넘어서 학문적 연구 방법에 기대어 교육적 탐구를 함으로써 얻어지는 장점이 있기 때문이다. 따라서 자신의 내적 고백과 성찰에 그칠 것이 아니라 자신의 문제를 연구 공동체에 꺼내놓고 다른 체계적 탐구나 질적 연구들과 마찬가지로 체계적 연구 방법을 활용해야 한다. 이는 단순한 현상의 기술이

나 서술적 분석을 넘어서 공동체가 이해할 수 있는 새로운 지식의 생산을 가능하게 한다.

셋째, 셀프스터디에서 '셀프'와 '비판적 동료'의 협업은 연구를 진행하면서 다양한 긴장 관계를 유발하지만 이러한 측면 또한 셀프스터디의 중요한 요소이다. 셀프스터디에서 비판적 동료는 기존의 연구 공유 과정에서 동료 연구자들이 보여주는 비판적 논의에만 역할을 제한하지 않으며, 연구 진행 과정에서 '셀프' 역할을 하는 연구자에게 정서적 지지와 신뢰, 다양한 시각 등을 제공하는 역할을 한다. 즉, 셀프인 연구자가 자신의 데이터와 문제를 두려움 없이 꺼내놓을 수 있는 공동체 분위기가 중요하지만, 무조건적으로 셀프의 이야기를 받아들이는 것에 그치는 것도 적절치 않다. 따라서 비판적 동료는 나에 대한 지지와 비판 사이에 들어와, 나와 미묘한 긴장 관계에 놓이게 되는데, 이는 셀프스터디에서 나타날 수 있는 당연한 요소임을 이해하고 인정할 필요가 있다. 즉, 비판적 동료는 자신의 이중적 역할에 대한 조율의 필요성을 받아들일 필요가 있으며, 셀프인 연구자 또한 비판적 동료의 대안적 해석이나 비판적 점검에 개방적 태도로 임하는 것이 중요하다.

많은 이들이 왜 학교 교육은 혁신이 이루어지기 어려운가에 대해 질문을 한다. 반세기가 넘는 교육 개혁의 역사와 학교 혁신을 위한 노력에 대한 연구들이 공통적으로 보여주는 결론 중 하나는 교육 개혁의 주도권은 교사에게 있다는 것이며, 교사는 교육 개혁의 대상이 아니라 주체적 행위자여야 한다는 것이다. 또한, 현장에서 실행과 더불어 개선을 이루어가는 교사의 전문성은 외부에서 이론을 통해 학습하기 어려운 독특한 전문성의 영역이다. 특히 뛰어난 교사일수록 자기 성찰과 개선을 끊임없이 추구한다. 이와 같은 흐름에서 최근 교사들의 전문적 학습 공동체 활동도 활발히 이루어지고 있다. 그러나 교사들의 학습 공동체에서 무엇을, 어떻게, 해야 하는지에 대한 논의는 많지 않다. 셀프스터디는 이러한 최근의 환경에서 교사들이 자신의 수업 개선을 조금 더 체계적으로 수행하고, 이를 공동체에서 공유할 수 있는 방법론을 제공한다.

셀프스터디의 결론은 문제의 종착점이 아니라 문제의 재규정 및 개선된 문제로의 연구와 연결된다. 따라서 셀프스터디는 중독성이 있다! "시작하긴 어렵지만, 한 번으로 그만두기는 어렵다."라고 하면 과장처럼 들릴 수 있겠지만, 이 책을 쓴 저자들이 그 사례이다. 아마 저자들 중 그 누구도 우리가 시도한 셀프스터디가 이렇게 오래 지속되리라고는 예상치 못했을 것이다.

셀프스터디를 통해 시도되는 다양한 문제들은 인간과 교육 현상을 다루는 문제이기 때문에 한번의 연구로 상황이 완전히 달라지지도 않고, 개선의 끝이 있는 문제도 아니다. 우리는 셀프스터디를 통해 지속적으로 나침반을 재조정하고, 우리의 길이 나침반과 맞도록 한 걸음씩 나아 간다. 다른 사람들의 분석 결과와 지시를 받으며 여행을 떠날 수도 있지만, 우리가 어디를 가고 싶고, 무엇을 하고 싶은지는 우리 자신이 제일 잘 안다. 우리의 교육적 여정에서 나의 나침반을 다시 꺼내어 내가 가는 길과 맞춰 보는 셀프스터디를 용기 내어 떠나보자. 이 여정에 뜻을 같이하는 동료들과 함께 길을 떠난다면, 그 길이 험난하고 어려울진 모르지만, 셀프스터디라는 여행이 주는 결실은 다른 무엇으로도 얻을 수 없는 무언가가 있음을 독자들도 느껴보았으면 한다.

참고문헌

권민정, 김경숙(2011). 수업컨설팅 경험을 통한 중학교 체육교사의 전문성 요소 탐색. 한국스포츠교육학회지, 18(4), 145-163.

김현정, 홍훈기, 홍지혜(2013). 예비과학교사의 수업 실행에서 반성적 사고를 촉진하는 프로그램이 반성 분야와 반성 수준에 미치는 영향. 한국과학교육학회지, 33(6), 1087-1102.

윤혜경(2013). 과학 모의 수업에 대한 반성 저널 쓰기와 토론을 통한 초등 예비교사의 생산적 반성 증진. 초등과학교육, 32(2), 113-126.

이동엽, 허주, 박영숙, 김혜진, 이승호, 최원석, 함승환, 함은혜, 신연재(2019). 교원 및 교직환경 국제 비교 연구: TALIS 2018 결과를 중심으로 (I) (RR2019-22). [KEDI] 연구보고서, 1-331.

조광희, 김희경, 최재혁, 정용재(2016). 과학교육 연구에서 셀프스터디의 특징과 가능성 탐색: 이론적 배경과 기존 연구에 대한 고찰을 중심으로. 한국과학교육학회지, 36(3), 457-470.

조성민(2009). 교사의 반성적 행동이 교수학적 내용 지식에 미치는 영향에 관한 사례연구. 한국교원교육연구, 26(1), 201-220.

진영은, 함영기(2009). 수업 전문성 재개념화 연구 동향 및 과제. 열린교육연구, 17(2), 47-71.

최재혁, 조광희, 정용재, 김희경(2016). 탐색, 갈등, 도전, 그리고 변화 -물리교과교육 수업을 위한 한 교사교육자의 셀프스터디. 한국과학교육학회지, 36(5), 739-756.

황혜영(2013). 한국 교사교육자의 전문성 개발을 위한 셀프연구(Self-study)의 도입. 한국교원교육연구, 30(1), 59-80.

Beck, C., Freese, A., & Kosnik, C. (2007). The preservice practicum: Learning through self-study in a professional setting. In J. J. Loughran, M. L. Hamilton, V. K. LaBoskey, & T. Russell (Eds.), International handbook of self-study of teaching and teacher education practices (pp. 1259-1293). Dordrecht: Springer.

Berry, A. (2007). Tensions in teaching about teaching: A self-study of the development of myself as a teacher educator. In J. J. Loughran, M. L. Hamilton, V. K. LaBoskey, & T. Russell (Eds.), International handbook of self-study of teaching and teacher education practices (pp. 1295-1332). Dordrecht: Springer.

Choi, J., Joung, Y. J., Kim, H., & Jo, K. (2016, June 27-July 1). A Self-Study about

Teacher Educator's and Pre-service Teachers' Epistemological Views on the Course for Secondary School Physics Instruction. Paper presented at the 2016 ASERA Conference Canberra, Australia.

Clift, R. T. (2007). Self-study research in the context of teacher education programs. In J. J. Loughran, M. L. Hamilton, V. K. LaBoskey, & T. Russell (Eds.), International handbook of self-study of teaching and teacher education practices (pp. 1333-1366). Dordrecht: Springer.

Ham, V., & Kane, R. (2004). Finding a way through the swamp: A case for self-study as research. In J.J. Loughran, M. L. Hamilton, V. K. LaBoskey & T. Russell (Eds.), International handbook of self-study of teaching and teacher education practices (pp.103-150). Dordredcht: Springer.

Hart, D. (1994). Authentic Assessment: A Handbook for Educators. Assessment Bookshelf Series. Menlo Park, CA: Addison-Wesley Publishing Company.

Manke, M. P. (2004). Administrators also do self-study: Issues of power and community, social justice and teacher education reform. In J. J. Loughran, M. L. Hamilton, V. K. LaBoskey, & T. Russell (Eds.), International handbook of self-study of teaching and teacher education practices (pp. 1367-1391). Dordrecht: Springer.

Samaras, A. P. (2011). Self-study teacher research: Improving your practice through collaborative inquiry. Thousand Oaks, CA: Sage.

Shores, E. F., & Grace, C. (1998). The portfolio book: A step-by-step guide for teachers. Beltsville, MD: Gryphon House.

Soh, K. (2017). Fostering student creativity through teacher behaviors. Thinking Skills and Creativity, 23, 58-66.

Patton, M. Q. (2015). Qualitative evaluation and research Methods. Thousand Oaks, CA: Sage.

[부록 I] 강의 첫 시간에 활용할 수 있는 예비교사용 성찰지

1. 좋은 물리수업이란 무엇인가? (작성 후 짝에게 설명)

2. 미래에 학생들에게 기억되고 싶은 물리교사로서 나의 모습은?

3. 과학 예비교사로서 나의 내적, 외적 요인 파악하기

	강점	약점
내부		
외부		
	기회	위협

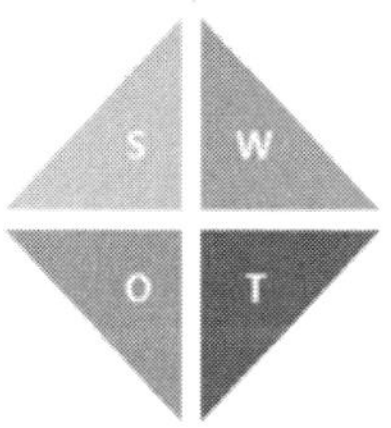

5. 현재 나의 물리교사가 되고 싶은 희망 정도를 숫자로 나타낸다면?
해당하는 칸에 O표를 해주세요.

1 (강한 부정)	2	3	4 (보통)	5	6	7 (강한 긍정)

6. 현재 나의 물리교사로서의 역량 정도를 숫자로 나타낸다면?

1 (매우 부족)	2	3	4 (보통)	5	6	7 (매우 월등)

7. (내짝과 토론 후) 이번 물지법에서 나의 목표 정하기(강의 마지막 날 발표예정)

4. 과학 예비교사로서 내 짝의 내적, 외적 요인 파악하기 (짝에게 주었다 의견 적어주면 돌려받으세요)

내부	강점	약점
외부	기회	위협

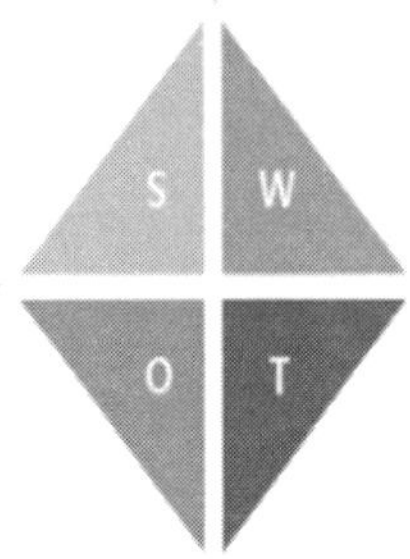

찾아보기

ㅇ

ㅈ

ㅊ

ㅋ

ㅌ

ㅍ

ㅎ

기타

과학교사의 성장과 수업 개선을 위한
셀프스터디 이론과 실천

초판 인쇄 | 2021년 09월 25일
초판 발행 | 2021년 09월 30일

지은이 | 정용재 · 김희경 · 조광희 · 최재혁
펴낸이 | 조승식
펴낸곳 | (주)도서출판 북스힐

등 록 | 1998년 7월 28일 제22-457호
주 소 | 서울시 강북구 한천로 153길 17
전 화 | (02) 994-0071
팩 스 | (02) 994-0073

홈페이지 | www.bookshill.com
이메일 | bookshill@bookshill.com

정가 15,000원

ISBN 979-11-5971-384-2

Published by bookshill, Inc. Printed in Korea.

* 이 저서는 2017년 대한민국 교육부와 한국연구재단의 지원을 받아 수행된 연구임 (NRF-2017S1A5A2A03067972).